Robert Havemann:
Berliner Schriften

Herausgegeben von Andreas W. Mytze

Deutscher
Taschenbuch
Verlag

dtv

Für die Taschenbuchausgabe erweiterte Fassung
November 1977
Deutscher Taschenbuch Verlag GmbH & Co. KG,
München

Umschlaggestaltung: Celestino Piatti
Gesamtherstellung: C. H. Beck'sche Buchdruckerei,
Nördlingen
Printed in Germany · ISBN 3-423-01311-7

Das Buch

Robert Havemann, der Dissident, oppositionelle Wissenschaftler und Systemkritiker in der DDR, übt in den Essays, Interviews und Gesprächen, die in diesem Sammelband zusammengefaßt sind, gerade deshalb scharfe Kritik an den Zuständen in der DDR und anderen kommunistischen Staaten, weil er ein leidenschaftlicher Streiter für den Sozialismus ist. Vom »realen« Sozialismus ausgehend, kommentiert er die Chancen eines »wirklichen« Sozialismus. Sein Ziel ist: Humanisierung des Systems, Verwirklichung eines demokratischen Kommunismus. Iring Fetscher meint zu der Haltung von Menschen wie Havemann: »Ihre Überzeugungstreue und ihre Intelligenz sind eine Bedrohung – nicht für den Sozialismus – wohl aber für die Funktionärsherrschaft, die dessen Namen für sich usurpiert hat. Aus dem gleichen Grunde passen sie auch so schlecht ins Konzept der Reaktionäre, die Sozialismus genauso bedingungslos mit dem bürokratischen Regime der Ostblockstaaten identifizieren wie dessen Machthaber.« Havemann ist ein leidenschaftlicher Befürworter der Freiheit des Geistes. Er wendet sich entschieden gegen eine Allmacht des Staates, in der er die einzige Bedrohung des von ihm erstrebten wahren Sozialismus sieht, der für ihn die einzige Hoffnung der Menschheit darstellt. Am Kapitalismus übt er harte Kritik: »Kapitalismus bedeutet sinnlose Verschwendung und Vergeudung von allem, was gut und teuer ist, Vergeudung der Naturschätze, Verschwendung menschlicher Arbeit und menschlichen Fleißes. Der Kapitalismus hat eine Welt geschaffen, die kulturell und moralisch verkommt.«

Der Autor

Robert Havemann, geb. 1910 in München, studierte in München und Berlin Chemie. 1935 Dr. phil. in Physikalischer Chemie. 1943 Habilitation. 1932 wird Havemann Mitglied der KPD. 1933 Mitglied der Widerstandsgruppe »Neu Beginnen«, 1938 der Widerstandsgruppe »Europäische Union«. 1945 Direktor des Kaiser-Wilhelm-Instituts für Physikalische Chemie. 1950 Lehrstuhlinhaber für Physikalische Chemie an der Humboldt-Universität. 1968 engagiert er sich für den Kurs der Prager Reformer. 1975 wird er aus der Mitgliederliste des »Komitees der Antifaschistischen Widerstandsmitglieder« gestrichen.

Inhalt

Der Sozialismus von morgen 7
Erstes Gespräch 22
Zweites Gespräch 25
Schreiben für die DDR 31
Über Antikommunismus 34
Antwort an Richard Löwenthal 41
Hoffnung auf den Sozialismus? 45
Die DDR: Der Sozialistische Staat Deutscher Nation 53
Bürgerkrieg oder Wiedervereinigung in Deutschland? 60
Freiheit als Notwendigkeit 62
Drittes Gespräch 78
Brief an Ernst Bloch 81
Viertes Gespräch (mit Wolf Biermann) 87
Über Zensur und Medien 96
Fünftes Gespräch (mit Erhard Eppler) 101
Sechstes Gespräch (mit Wolf Biermann) 106
Siebentes Gespräch 111
Die Berliner Konferenz der Kommunistischen Parteien Europas 114
Achtes Gespräch 120
Die DDR nach Stalin 124
Erster Brief an Erich Honecker 132
Der Sozialismus und die Freiheit 134
Neuntes Gespräch 141
Offener Brief an Oskar Neumann 146
Volksfront im Westen – Sozialismus im Osten: ein Widerspruch? 151
Zum Fall Reiner Kunze 165
Zweiter Brief an Erich Honecker 166
Appell an die Partei- und Staatsführung der DDR 168
Zehntes Gespräch 172
Elftes Gespräch 174
Diktatur oder Demokratie? 175
Bin ich Marxist? 189
Hartmut Jäckel: Havemann-Bibliographie 194
Havemann-Biographie 197
Anmerkung des Herausgebers zur 1. Auflage 200
Anmerkung des Herausgebers zur 3. Auflage 201
Anmerkung des Herausgebers zur Taschenbuchausgabe . . 203

Der Sozialismus von morgen

Es ist schwer und gefährlich, historische Epochen miteinander zu vergleichen. Es ist unmöglich, unsere Epoche mit irgendeiner vergangenen zu vergleichen. Sie ist einzigartig.

Von der ersten Flugmaschine zur Landung auf dem Mond, von der ersten Dampfmaschine zum Atomkraftwerk, von der handbetriebenen Rechenmaschine zum elektronischen Computer, vom Edisonschen Phonographen und dem Bellschen Telefon zum direkten Fernsehempfang der Mondlandung, von den ersten Granaten zur interkontinentalen Rakete mit Wasserstoffsprengkopf – alles innerhalb von knapp hundert Jahren.

In den Handwerkergilden des Mittelalters war es streng verboten, daß einzelne Meister sich persönliche Vorteile verschafften, indem sie bei ihrer Arbeit irgendeine neuartige Technik, neue Materialien oder Werkzeuge benutzten. In Indien in der Riesenstadt Neu-Delhi sah ich noch in unseren Tagen in einem Handwerksbetrieb einen alten Mann, der in einem großen Laufrad lief, das über lange Treibriemen verschiedene kleine Drechselbänke und Bohrer antrieb. Auf meine Frage, warum man nicht einen kleinen Elektromotor verwende, hieß es: Dann wären unsere Produkte keine »reine« Handarbeit. Seitdem diese Vorurteile geschwunden sind und es erlaubt ist, sich unbegrenzt persönlichen Vorteil zu verschaffen, indem man besser, billiger und schneller produziert als der Konkurrent, begann das Zeitalter des technischen Fortschritts und des modernen Kapitalismus.

Der Kapitalismus lebt vom technischen Fortschritt und produziert ihn. Marx prophezeite, daß die kapitalistischen Produktionsverhältnisse, also die private Aneignung von Produkten, die gesellschaftlich produziert werden, im Laufe der Zeit immer mehr zu Fesseln der Entwicklung der Produktivkräfte werden müssen. Der sich immer mehr verschärfende Widerspruch zwischen Arbeit und Kapital werde schließlich zur revolutionären Umwälzung der Gesellschaft führen, zur sozialistischen Revolution, die an die Stelle der kapitalistischen neue sozialistische Produktionsverhältnisse setzt, wodurch die Entwicklung der Produktivkräfte, von ihren Fesseln befreit, einen neuen stürmischen Aufschwung zum Wohle der ganzen Menschheit nehmen werde.

Marxens Prophezeiungen sind bisher nicht eingetroffen. Der

Kapitalismus ist gerade in den Ländern am wenigsten von revolutionären Kräften bedroht, wo sich der technische Fortschritt am weitesten entwickelt hat. Statt dessen fand die erste siegreiche sozialistische Revolution in einem sehr rückständigen Lande, im zaristischen Rußland, statt, hauptsächlich ermöglicht durch die militärische Niederlage Rußlands im Ersten Weltkrieg. Aber die sozialistische Revolution in Deutschland scheiterte, so sehr sie auch durch die Wirren der Niederlage begünstigt war. Erst im Gefolge des Zweiten Weltkrieges gelang es, die Revolution weiter auszubreiten. Mit dem Sieg der Roten Armee über die Hitler-Wehrmacht siegte in den osteuropäischen Staaten auch die Revolution, nur Finnland, Österreich und Griechenland ausgenommen. Mit dem Zusammenbruch Hitlerdeutschlands entstand auch der erste sozialistische deutsche Staat, die DDR. Die wahrscheinlich folgenschwerste sozialistische Revolution nach dem Zweiten Weltkrieg aber fand im riesigen China statt. Sie wurde weitgehend selbständig und nur durch den Zusammenbruch Japans begünstigt von den chinesischen Kommunisten erkämpft. Und schließlich Fidel Castros Revolution in Kuba, ein Sieg des Kommunismus ohne die kommunistische Partei, ohne jede Hilfe von außen, in einem kleinen Land direkt vor den Toren der USA, von denen es als Monoproduzent von Zucker total wirtschaftlich abhängig war, also mit einer in höchstem Maße durch koloniale Ausbeutung deformierten Wirtschaft, wie sie für die meisten lateinamerikanischen Staaten typisch ist.

Lenin erklärte den Sieg der sozialistischen Revolution in einem rückständigen Lande mit seiner Theorie vom schwächsten Kettenglied. Die kapitalistische Kette riß nicht da zuerst, wo sie am stärksten war, sondern im rückständigen Rußland. Aber die Hoffnung der russischen Revolutionäre, daß, wenn die Kette erst einmal gerissen ist, auch der ganze daran hängende Kapitalismus in den Abgrund stürzen werde, erfüllte sich nicht. Trotzki bestritt, daß es nun überhaupt möglich sei, den Sozialismus in einem Lande, noch dazu in einem politisch und ökonomisch derart rückständigen Lande wie Rußland, aufzubauen. Die Revolution dürfe nicht zum Stillstand kommen, sie müsse permanent sein.

Also hatte Marx unrecht. Und sie hatten alle unrecht, auch Lenin und Trotzki. Die kapitalistische Kette überstand das Reißen ihrer schwächsten Glieder. Die sozialistische Revolution ist typisch nicht für fortgeschrittene, sondern für rückständige Länder. Der Aufbau des Sozialismus in einem Lande ist möglich: Die

Sowjet-Union ist heute die eine der beiden Supermächte der Welt, das kapitalistische Amerika die andere. Demnach behielt ein Mann recht, der das Gesicht der Sowjet-Union am meisten geprägt hat: Stalin.

Stalin beendete nach Lenins Tod die NEP, begann systematisch mit seinen Fünfjahrplänen zum Aufbau der Wirtschaft, führte rigoros die Kollektivierung der Landwirtschaft durch, entwickelte die Schwerindustrie mit Vorrang, um das Land militärisch zu stärken und auf den Krieg mit Hitlerdeutschland vorzubereiten. Um Zeit zu gewinnen, schloß er den Pakt mit Hitler in der Hoffnung, Hitler werde sich im Krieg mit den Westmächten zermürben. Im Verein mit dem russischen Winter und den riesigen Weiten des Landes besiegte er schließlich Hitler und jagte die faschistischen Okkupanten und Landräuber zum Teufel. Stalin gelang es, die schweren und gefährlichen Jahrzehnte der kapitalistischen Einkreisung der Sowjet-Union zu überstehen und schließlich im Zweiten Weltkrieg sogar noch kapitalistische Verbündete im Kampf gegen den für ihn gefährlichsten Kapitalisten-Staat, Hitlerdeutschland, zu gewinnen.

Die tödliche Bedrohung der Sowjet-Union von außen, die in wechselnder Heftigkeit von 1917 bis 1950, als das nukleare Patt mit den USA erreicht war, andauerte, hatte zwangsläufig auch eine große innere Unsicherheit zur Folge. In keinem Augenblick dieser langen Zeit konnte das Regime auch nur die geringste politische Erschütterung im Innern zulassen. Die Entwicklung eines Systems brutaler Unterdrückung war die fast unvermeidliche Folge dieser Lage. Morde werden fast immer aus Angst verübt. Die millionenfachen Massenmorde in Stalins Lagern waren Taten der Angst. Das Furchtbare an der Angst, so begründet sie auch sein mag, ist, daß sie blind macht. Die Angst des stalinistischen Regimes ist schrecklich in ihrer Blindheit bis auf den heutigen Tag. Und sie ist auch nicht unbegründet.

Das Wesentliche am stalinistischen Sozialismus ist aber nicht nur der Polizeiterror, die Tätigkeit der Geheimpolizei, die jeder Kontrolle entzogen ist, und die Unterdrückung jeder kritischen oder gar oppositionellen politischen und weltanschaulichen Meinung. Im Grunde weit bedeutungsvoller ist die ökonomische Struktur. Sie ist der Nährboden, auf dem der stalinistische Überbau blüht, wächst und gedeiht. Ökonomisch ist im stalinistischen Sozialismus die sozialistische Revolution nur halb vollendet: Nicht die Produzenten, die Arbeiter und Bauern, sind als Eigentümer an die Stelle der Kapitalisten und Grundbesitzer getreten, sondern der Staat. Die Volksmassen üben gar nicht die Diktatur des Proletariats aus. Dies wäre eine Diktatur der Mehrheit über eine historisch abgewirtschaftete Minderheit. Statt von den Volksmassen wird die Diktatur von einer Minderheit von Funktionären ausgeübt, die sich als die Repräsentanten der Volksmassen ansehen. Und damit entstehen wieder alle Erscheinungen der Diktatur einer Minderheit. Die Frage ist: Wäre es möglich gewesen, in der Oktoberrevolution nicht auf halbem Wege stehenzubleiben? Hätten damals bereits die Arbeiter ihre Betriebe mit allen Entscheidungsrechten, die die ehemaligen Eigentümer hatten, übernehmen können? Was wäre auf dem Gebiet der Ökonomie dann die Aufgabe des Staates gewesen?

Es ist kein Zweifel, daß diese Vollendung der Revolution im Oktober 1917 und selbst lange Zeit danach überhaupt nicht möglich war. In diesem Sinne hatte Trotzki recht, daß der Aufbau des Sozialismus in einem einzelnen, von innen und außen bedrohten Lande, das außerdem ökonomisch extrem rückständig war, nicht möglich war. Im Grunde geht aus diesem Zusammenhang nur hervor, daß Marxens Grundthese von den ökonomischen Voraussetzungen der sozialistischen Revolution doch richtig ist. Weil die ökonomischen Voraussetzungen damals in Rußland gänzlich fehlten, konnte die revolutionäre Bewegung zwar siegen, aber ihre Ziele nicht erreichen. Es blieb ihr nur eins: der verzweifelte Kampf um die Erhaltung der revolutionären Macht gegenüber den Angriffen der Konterrevolution. Deshalb führte Lenin in der Partei das Verbot der Fraktionsbildung ein, nachdem er selbst in meisterhafter Weise von der Technik der Fraktionsbildung Gebrauch gemacht hatte. Dieses Verbot und auch alle anderen Einschränkungen der innerparteilichen und staatlichen Demokratie wurden damals als Provisorien angesehen, die nur vorübergehend in Anbetracht der inneren und äußeren Gefährdungen gelten sollten. Aber sie überdauerten ihre Zeit und wurden zur Grundlage des politischen Stalinismus.

Im stalinistischen Staat wird die gesamte Wirtschaft einheitlich vom Staat geleitet. Wie weit dabei einzelne Betriebsleitungen oder die Leiter von Gruppen von Betrieben in begrenztem Umfang über die Möglichkeit freier Entscheidung verfügen, ist unwichtig. In allen wichtigen Fragen entscheidet der Staat und das Zentralkomitee. Im Grunde geht es zu wie in einem riesigen monopolistischen Konzern. Jeder Einfluß wirtschaftlicher Konkurrenz ist praktisch ausgeschaltet, selbst auf dem Gebiet des Außenhandels. Zu welchen Preisen die staatlichen Handelsorgane die Waren im In- und Ausland absetzen, bleibt für die Herstellerbetriebe ohne jede wirtschaftliche Bedeutung. Vor der Einführung der ökonomischen Reformen der letzten Jahre war allein die qualitative und quantitative Planerfüllung der entscheidende Maßstab für die Betriebe. Man war sich darüber klar, daß die Kosten in Geld zu berechnen eine ziemlich problematische Sache war. Die Mehrzahl der Preise war völlig irreal. Obwohl die Baukosten in der DDR wahrscheinlich nicht niedriger sind als in der Bundesrepublik, zahlt man in der BRD etwa drei- bis viermal höhere Mieten. Auch die Preise für Strom, Gas, Wasser, Verkehr, Post und Telefon sind in der DDR erheblich niedriger. Dafür sind die Preise für Zigaretten, Kaffee, Wein, für viele Industrieprodukte wie Fernseher, Kühlschränke, Waschmaschinen, Fahrräder, Autos zwei- bis dreimal höher als in Westdeutschland. Mit den Mehrerlösen bei der einen Warengruppe bezahlt man die Preissubventionen der anderen. Im ganzen geht die Rechnung natürlich immer auf, muß immer aufgehen, da der Staat ja bei der Festsetzung der Preise völlig freie Hand hat. Das Schlimme dabei ist nur, daß im Gestrüpp der irrealen Preise schließlich jeder Maßstab für die effektiven wirtschaftlichen Kosten der Produkte verlorengeht. Aber ohne Kenntnis der wahren Kosten ist schließlich eine vernünftige Planung der Wirtschaft nicht mehr möglich. Es besteht die Gefahr, eine Wirtschaft zu organisieren, die zwar reibungslos funktioniert, aber nur einen Bruchteil von dem leistet, was mit den vorhandenen Arbeitskräften und Mitteln erreichbar wäre.

Es handelt sich vom Standpunkt der marxistischen ökonomischen Theorie gesehen um die Folgen der Nichtbeachtung der Wirkung des Wertgesetzes. Dieses Gesetz wirkt auch in einer sozialistischen Wirtschaft. In der ČSSR war – vor vielen Jahren – das Mißverhältnis zwischen den Fleischpreisen und dem Brotpreis so kraß, daß man billiger zu Fleisch kam, wenn man ein eigenes Schwein oder Kaninchen mit dem billigen Brot fütterte. Das Wertgesetz verlangt, daß der Wert einer Ware und ihr Preis – von konjunkturellen Schwankungen abgesehen – auf die Dauer nicht voneinander abweichen dürfen. Der Wert ist eine abstrakte Größe. Er wird durch die gesellschaftlich notwendige Arbeitsmenge bestimmt, die zur Produktion einer Ware erforderlich ist. Der Preis ist eine konkrete Größe. Er wird in einer Marktwirtschaft durch Angebot und Nachfrage auf dem Warenmarkt täglich ausgehandelt. Steigt die Nachfrage, so steigt der Preis. Steigt der Preis, so stimuliert der erzielbare Mehrgewinn die Produktion, wodurch das Angebot steigt und der Preis wieder sinkt. Der Markt ist ein kybernetisches Regelsystem der Wirtschaft. Stalin erklärte es für ein Grundgesetz der sozialistischen Ökonomie, daß der Markt keine Rückwirkung auf die Produktion haben dürfe. Aber ein Markt, der keine solchen Rückwirkungen hat, ist überhaupt kein Markt, sondern nur eine meist schlecht und ungerecht funktionierende Verteilungsstelle von rationierten Waren. Solange die Warenproduktion nicht ausreicht, um die Nachfrage zu befriedigen, kommt man zur Not mit einem solchen Marktersatz aus. Sowie aber in einem sozialistischen Staat angebotene Waren keinen Käufer mehr finden, weil die Preise zu hoch sind, muß der Staat entweder die Preise senken oder die Produktion einschränken. Beides tut er, wenn auch nur äußerst ungern.

Die Notwirtschaft, ja größtenteils reine Kriegswirtschaft der stalinistischen Periode hat zu einer Reihe völlig unhaltbarer fixer Ideen in den Köpfen der Parteiökonomen geführt. Weil sich auf dem Markt der kapitalistische Gewinn realisiert, hielt man einen echten Markt, auf dem die Preise nach Angebot und Nachfrage ausgehandelt werden, für eine böse Sache, wo die Käufer betrogen werden und die Ausbeutung ihren Höhepunkt erreicht. Daß nach Marx die Ausbeutung in der Produktionssphäre vor sich geht, daß auf dem Markt äußerstenfalls das Verkaufspersonal ausgebeutet wird und daß auf dem kapitalistischen Markt nur durch die Fixierung von Kapital in Warenbeständen und Handelseinrichtungen eine relativ geringfügige Umverteilung des in der Produktion gewonnenen Mehrwertes stattfindet, schien man vergessen zu haben. Tatsächlich wird auf dem Markt praktisch kein Mehrwert gewonnen. Der Markt ist eine äußerst zweckmäßige Methode zur automatischen Regulierung der wirtschaftlichen Prozesse und ermöglicht die optimale Befriedigung der Wünsche der Käufer. Natürlich dient der Markt im Kapitalismus den Interessen des Kapitals. Warum sollte er im Sozialismus nicht ebenso gut und besser den Interessen der Allgemeinheit dienen?

Der vollkommen freie Markt der liberalistischen Theorie existiert natürlich nirgends und hat nie existiert. Immer wurde und wird der Markt manipuliert. Im Kapitalismus von großen Konzernen und Trusts und neuerdings auch in wachsendem Maß vom Staat. Auch der sozialistische Staat wird den Markt manipulieren, mit verschiedenen denkbaren Motiven: im Interesse der Landesverteidigung, der wirtschaftlichen Unabhängigkeit – und schließlich zur Förderung seines eigenen Absterbens und im Maße dieses Absterbens. Indem der Staat abstirbt, wird auch der Markt verschwinden. Denn der Markt wird überflüssig werden, in dem Maß, wie der gesellschaftliche Konsum an die Stelle des individuellen Konsums treten wird. Im Kommunismus schließlich wird es keinen Markt mehr geben.

Viele der Ideen, die ich hier nur angedeutet habe, werden seit Jahren von verschiedenen marxistischen Theoretikern in den sozialistischen Ländern diskutiert, von Oskar Lange in Polen, Liberman in der Sowjet-Union, Fritz Behrens in der DDR und Ota Šik in der ČSSR. Erste Versuche von wirtschaftlichen Reformen wurden bereits unternommen. In der DDR hat man versucht, durch Industriepreisreformen die allzu schroffen Verletzungen des Wertgesetzes schrittweise abzubauen. Aber die Ideen dieser Reformer sind in den letzten Jahren wieder zunehmend in Mißkredit gekommen. Sie werden als die Repräsentanten des modernen Revisionismus angefeindet.

Die Schwierigkeiten kommen einfach daher, daß ökonomische Fragen immer zugleich politische Fragen sind, daß sie Machtfragen sind. Man kann die stalinistische Wirtschaft nicht ökonomisch reformieren, ohne sie zugleich politisch zu reformieren, das heißt ohne den Stalinismus als politisches System zu überwinden. Die wirtschaftliche Demokratie, also die Herrschaft des Volkes über die Wirtschaft, erfordert die Verwirklichung der politischen Demokratie, also den Übergang zum demokratischen Sozialismus. Und dies erst bedeutet politisch und gesellschaftlich die Vollendung der sozialistischen Revolution.

Die Kommunisten der ČSSR taten im Januar 1968 diesen entscheidenden Schritt zur Vollendung der sozialistischen Revolution. Nach langen Jahren der Unterdrückung und der Verbrechen des stalinistischen Novotny-Regimes, das die Wirtschaft des Landes zerrüttet und Wissenschaft, Kunst und Literatur geknebelt hatte, siegte im Zentralkomitee eine Gruppe von Reformern unter der Führung von Alexander Dubček. Es war eine Revolution von oben, der Sieg der besseren Kommunisten über die Stalinisten. Sie verbanden zum ersten Mal nicht nur mit Worten, sondern in ihren Taten die Ideen des Sozialismus mit der Idee der Freiheit. Das Ergebnis war die breiteste Massenzustimmung, die je einer kommunistischen Partei zuteil wurde, in erster Linie bei den Industriearbeitern und den Studenten.

Die acht Monate vom Januar bis zum August 1968 waren eine Zeit der großen Hoffnungen. Was in der ČSSR geschah, war wie die endliche Verwirklichung eines alten schon fast nicht mehr geglaubten Traums. Sozialismus und Demokratie sollten in Einklang gebracht werden. Die faszinierenden Ausstrahlungen der Entwicklung in der ČSSR wuchsen von Monat zu Monat. Im Mai kam es zu den schweren revolutionären Kämpfen in Frankreich, die fast zum Umsturz führten. Aber die Bewegung lief sich tot, weil ihr eine klare und entschlossene Führung fehlte. In der ČSSR ging die Entwicklung unaufhaltsam vorwärts, bis zu jenem unheilvollen, schwarzen Tag in der Geschichte der kommunistischen Bewegung, als die Truppen von fünf Staaten des Warschauer Paktes einmarschierten und das Land besetzten, das den Weg zu einem menschlichen Sozialismus eingeschlagen hatte.

Seitdem liegen wieder düstere Schatten über der Zukunft des Sozialismus. Alexander Dubček, erst verhaftet, dann doch respektiert, schließlich aber abgesetzt und durch einen willfährigen Mann ersetzt: Husak, der selbst zehn Jahre in Novotnys Gefängnissen gesessen hatte. Das einzige wirklich Positive dieser Zeit: Der massenhafte Protest kommunistischer Parteien in aller Welt gegen die Invasion, Proteste auch innerhalb der fünf Staaten, die aber scharf unterdrückt wurden. Die sowjetische Parteiführung versucht die Invasion als Hilfeleistung zur Abwehr einer drohenden Konterrevolution zu rechtfertigen. Es entsteht in der kommunistischen Bewegung eine heftige Diskussion über die sogenannte Breschnew-Doktrin. Sie wird von vielen kommunistischen Parteien, besonders in Westeuropa, dort auch von den größten Parteien, der französischen und der italienischen, aber auch im Osten von der rumänischen und der jugoslawischen mit großer Entschiedenheit abgelehnt. Nicht nur der Sieg der Reformer in Prag, auch ihre Unterdrückung brachte den Weltkommunismus in Aufruhr und Bewegung!

Geschichtliche Ereignisse von dieser Dimension lassen sich nicht rückgängig machen. Im Gegenteil, auch hier wird sich der alte Grundsatz der griechischen Tragödie bewahrheiten: Die Menschen führen ihr Schicksal herbei, indem sie es abzuwenden trachten. Aber diese Tragödie, die da unaufhaltsam heranrückt, wird nur die Tragödie des Stalinismus sein, der einfach deshalb enden muß, weil er nicht mehr zeitgemäß ist. Die bange Frage, die alle Kommunisten heute bewegt, lautet nur: Wie und unter welchen Erschütterungen wird sich dieser Koloß umwälzen, und wie lange wird das quälende Schauspiel seines Lebensendes noch dauern?

Alle geschichtlichen Abläufe unterliegen der Wirkung objektiver Gesetze. Dies ist eine Fundamentalerkenntnis des Marxismus. Sie gilt auch hier. Aber sie bedeutet nicht, daß die historischen Prozesse streng determiniert sind, nicht einmal in ihren großen Zügen. Die Gesetzmäßigkeiten der Geschichte bestimmen nur, was unter den jeweils entstandenen Bedingungen möglich ist. Und es gibt stets mehrere, ja viele Möglichkeiten, viele Alternativen der Entwicklung. Welche der möglichen sich realisiert, hängt von den Menschen ab. Das ist der Sinn der Marxschen Formulierung: Die Menschen machen ihre Geschichte selbst. Darum kann man auch nicht in Ruhe die Hände in den Schoß legen und warten, bis der Stalinismus seinen letzten Atemzug getan hat. Zwar ist seine Überwindung heute möglich – das haben die Ereignisse in der ČSSR demonstriert –, aber ohne daß Hand an ihn gelegt wird, kann er noch lange leben.

Daß der sowjetische Sozialismus zum Stalinismus entartete, war ja auch kein Zufall. Es war auch nicht die Folge von Irrtümern, unmenschlichen Charakterzügen einzelner Personen oder von Machtkämpfen innerhalb der Partei. Der Stalinismus war einfach unter den historisch gegebenen Bedingungen politischer, militärischer und ökonomischer Art eine der gesetzmäßig entstandenen Möglichkeiten, die übrigens Lenin ganz offensichtlich mit großer Sorge bereits geahnt hat. Es war eben die Wahrscheinlichkeit, daß sich diese Variante der nachrevolutionären Entwicklung realisieren würde, extrem hoch. Es hat jetzt nachträglich wenig Sinn, zu diskutieren, welche Chance andere Varianten hatten, etwa die Trotzkische, die vielleicht auch nur eine Variante des Stalinismus geworden wäre. Wichtiger ist die Frage, warum der Stalinismus möglich wurde. Auf einen Satz reduziert kann man sagen: Er wurde möglich, weil die kapitalistischen Produktionsverhältnisse im zaristischen Rußland gerade begannen, die Entwicklung der Produktivkräfte anzutreiben, und also die dieser rückständigen Ökonomie durch die Revolution aufgezwungenen sozialistischen Produktionsverhältnisse dem Entwicklungsstand dieser Produktivkräfte völlig inadäquat waren, sie mehr hemmten als förderten. Dadurch entstand ein bürokratischer Staatssozialismus ohne demokratische Kontrolle. Wie schon gesagt, war die ununterbrochene äußere Bedrohung der Sowjet-Union ein weiterer entscheidender Grund. Hält man sich die Geschichte der nach der Revolution vergangenen fünfzig Jahre vor Augen, bedenkt man die furchtbaren Hungersnöte und die Verwüstungen der industriellen Ausrüstung im Zweiten Weltkrieg, so kann man angesichts dessen, was dieses erste sozialistische Land heute erreicht hat, nur die größte Hochachtung vor seinen Erfolgen haben. Alle Handicaps und anachronistischen Widersprüche, mit denen die Revolution nach ihrem Sieg zu kämpfen hatte, und auch alle äußeren Bedrohungen gehören heute der Vergangenheit an. Unter den heutigen ökonomischen Bedingungen wäre die originäre Entstehung eines Stalinismus in der UdSSR nicht mehr möglich. Um so mehr ist heute dort die Überwindung dieser Entartung, die Beseitigung auch ihrer letzten Reste, eine Möglichkeit, mehr noch eine Aufgabe, die auf die Tagesordnung der Geschichte gesetzt ist.

Der Übergang zum demokratischen Sozialismus in einem modernen hochindustrialisierten Staat, wie ihn die UdSSR heute darstellt, bedeutet einfach die Anpassung des Überbaus an die in der Basis bereits vollzogenen Veränderungen. Diese Umwälzung des Überbaus ist eine entscheidende Phase der sozialistischen Revolution. Die erste Phase, die Erringung der Macht und die Entmachtung der Bourgeoisie, vollzieht sich zwangsläufig in den Formen der Diktatur des Proletariats. Nur in ökonomisch und politisch rückständigen Ländern besteht die Gefahr, daß die Revolution in dieser Phase längere Zeit steckenbleibt. Je schneller es gelingt, die ökonomische Rückständigkeit zu überwinden, je eher wird die Revolution in ihre zweite, entscheidende Phase eintreten können. In der Phase der Diktatur zerstört die Revolution die Privilegien der bisher herrschenden Klasse, im Kapitalismus die Privilegien, die auf dem Privatbesitz an den Produktionsmitteln beruhen und Freiheit und Demokratie weitgehend zu Illusionen machen. In der zweiten Phase, in der die Diktatur aufgehoben wird, weil die Spaltung der Gesellschaft in antagonistische Klassen beseitigt ist, werden Freiheit des Individuums und Demokratie des Staates erstmalig in der Geschichte als reale Grundlagen der Gesellschaft durchgesetzt. In der ersten Phase wird zwar die Grundlage der revolutionären Macht geschaffen, aber erst in der zweiten Phase, in der sich die Revolution vollendet, wird diese Macht endgültig gesichert.

Der zeitliche Abstand der beiden Phasen, also die Dauer der ersten Phase, könnte in hochindustrialisierten Staaten so kurz sein, daß beide Phasen zu einer Einheit verschmelzen. Aber auch bei längerer Dauer der ersten Phase bleibt der Gesamtablauf ein einheitlicher revolutionärer Prozeß. Dieser Umstand ruft den Eindruck hervor, als ob der Übergang zur zweiten Phase eine reine Revolution von oben wäre. Einziges bisher realisiertes Beispiel hierfür ist der Verlauf der Umwälzung in der ČSSR im

Jahre 1968. Der Übergang wurde nicht gegen die Partei, sondern durch die Partei herbeigeführt. Aber er konnte sich nur vollziehen, weil er zugleich von einer Bewegung der Volksmassen getragen wurde. Je mehr der stalinistische Überbau mit der sozialistischen Basis in Widerspruch gerät, je mehr wachsen die Spannungen zwischen dem Staat und den Volksmassen. Aus diesen Spannungen werden die revolutionären Kräfte gespeist, mit deren Hilfe die zweite Phase durchgesetzt werden kann. Wenn aber die Partei in dieser kritischen Phase versagt und sich gegen die Volksmassen stellt, dann entartet die revolutionäre Kraft. Es kommt zu meist führungslosen und unkoordinierten konterrevolutionären Aufständen, deren Niederschlagung zu einer langdauernden tiefen Enttäuschung und Entmutigung führt. Beispiele für diesen tragischen Verlauf sind die Aufstände in der DDR und in Ungarn.

Mit dem Übergang zum demokratischen Sozialismus ist zwar die Revolution vollendet, aber nun beginnt erst die lange Phase der Lösung ihrer Aufgaben. Es befreien sich endlich alle schöpferischen Kräfte. Kunst, Literatur und Wissenschaft blühen und entfalten ein Spektrum unendlicher Mannigfaltigkeit und Individualität. Dies ist die Zeit, in der es möglich sein wird, daß die Volksmassen reifen und sich von den hohlen Idealen und barbarischen Bedürfnissen abwenden, die ihnen in der vergangenen Epoche andressiert wurden.

Es gibt drei sozialistische Länder, deren Entwicklung unter den hier skizzierten Gesichtspunkten weniger einfach zu beurteilen scheint: China, Jugoslawien und Kuba.

China ist ein Land, das Europäer nur schwer verstehen. Ich war 1951, zwei Jahre nach der Gründung der chinesischen Volksrepublik, einige Wochen in China. Wie jeder Europäer war ich angefüllt mit dummen Vorurteilen. Aber die Chinesen befreiten mich von ihnen in ihrer wunderbaren sanften Art, fast ohne daß man es fühlt, so wie es eben nur ein Volk mit hoher Kultur mit einer unbeschreiblichen Selbstverständlichkeit fertigbringt. Die chinesische Kultur hat einen viel größeren Abstand von der Barbarei erreicht als die europäische. Dafür mag es viele Gründe geben. Einen sehe ich darin, daß nirgends in der Welt eine derart große Zahl von Völkern seit Jahrtausenden eine einzige große kulturelle Einheit bildet, eine Einheit, die bei aller Verschiedenheit der Sprachen und Lebensverhältnisse durch ein gleichfalls ganz ungewöhnliches Mittel zusammengehalten wird: die chinesische Schrift. Die chinesische Kultur hat eine uns Europäern so fremde – fremd, weil wir eben noch viel mehr Barbaren sind – Identität von Individualität und Kollektivität zustande gebracht. Bei den Chinesen ruht das Ich im Wir, fast versinkt es darin. Das Ich steht dort nicht im Vordergrund, die Aussicht auf das Nächste verdeckend, wie bei uns. Aber in dieser Zurückstellung des Ich drückt sich weder Unterwürfigkeit noch Heuchelei aus, was wir von unserer Perspektive aus meinen möchten. Das Ich des Chinesen ist viel stärker als unseres, weil es ruht. Ich glaube, daß die bewundernswerten Eigenschaften der Chinesen, Fleiß, Ausdauer und Mut, eng mit dieser Grundstruktur ihrer Seele zusammenhängen.

In China hat sich nie ein Kapitalismus und eine Bourgeoisie selbständig aus der chinesischen Gesellschaft heraus entwickelt. Nur unter dem Einfluß der europäischen Kolonialmächte entstand in den Küstenstädten kapitalistischer Handel und Industrie und eine mit den Kolonialmächten zusammenarbeitende Klasse, die heute als nationale Bourgeoisie bezeichnet wird. In China hat auch nie eine Sklavenhaltergesellschaft existiert, wie in Ägypten und im alten Rom. Der chinesische Feudalismus hat sich direkt aus der ursprünglichen Gentilordnung entwickelt und hat einen Entwicklungsgrad erreicht wie in keinem anderen Land der Welt.

Der chinesische Kommunismus ist der zweite Versuch, europäische Ideen ins Chinesische zu übersetzen. Der erste war der Bauernaufstand der Tai-Ping in der Mitte des vorigen Jahrhunderts, wo gewaltige Volksmassen unter der Fahne des Christentums den Kaiser und die Feudalherren stürzten, das Geld abschafften und versuchten, eine Art christlichen Kommunismus zu errichten. Die Macht der Tai-Ping brach in wenigen Jahren zusammen. Der moderne chinesische Kommunismus aber wird nicht zusammenbrechen. Er ist mit dem europäischen nicht zu vergleichen, zumindest was seine Entwicklungsformen und Gesetzmäßigkeiten anlangt. Die tiefe Entfremdung, die sich zwischen den russischen und den chinesischen Kommunisten entwickelt hat, ist ein großes Unglück für die weitere Entwicklung der sozialistischen Revolution in der Welt. Zum nicht geringen Teil beruht sie darauf, daß beide Seiten sich einfach nicht verstehen. Verstehen heißt hier für beide, die große Verschiedenheit anzuerkennen, das Recht, ja die Notwendigkeit dieser Verschiedenheit zu respektieren und zu begreifen.

Das 700-Millionen-Volk der Chinesen wird in dem Maße Industriearbeiter aus seinem riesigen Bauernreservoir freisetzen, wie es gelingt, die Produktivität der Landwirtschaft zu erhöhen. Es scheint, daß hier schon viel geschehen und erreicht ist. Wenn erst einmal die Industrialisierung in China in großem Stil in Gang gekommen sein wird, wird dieses Land unvermeidlich zur ersten Industriemacht der Welt aufrücken. Ich bin überzeugt, daß China dann auch den demokratischen Sozialismus verwirklichen wird, einen immer noch sehr chinesischen zwar, aber wohl kaum einen schlechten. Dann wird auch wieder die Zeit kommen, in der alle Blumen blühen. Es scheint, daß die chinesische Revolution in eine größere Zahl von Phasen und Etappen gegliedert sein wird. Die Kulturrevolution, die den bereits erstarrten bürokratischen Machtapparat zerschlug, wird jedenfalls nicht ihre letzte Phase einleiten.

Der jugoslawische Sozialismus stellt eine Übergangsform dar. Sein Überbau ist nicht mehr stalinistisch, besonders seit der Entmachtung von Rankovic, aber er ist auch noch nicht konsequent demokratisch. Dem entspricht der noch ungenügende Entwicklungsgrad der ökonomischen Basis. Dort sind zwar die Produktionsverhältnisse in einem weit höheren Maße sozialistisch als in irgendeinem anderen europäischen sozialistischen Staat. Aber die Entwicklung der Produktivkräfte muß noch ein großes Stück weiter kommen. Aber es scheint, daß die Industrialisierung in Jugoslawien in wenigen Jahren einen hohen Stand erreichen wird, der die freie Entfaltung der Demokratie erfordern wird.

Die kubanische Revolution verdankt ihren Sieg der Barbarei des von den USA ausgehaltenen Batista-Regimes – und der Klugheit, dem Mut und der Ausdauer seiner revolutionären Führer Fidel Castro, Che Guevara und ihrer Genossen. Die alte KP Kubas hatte keinen Anteil daran. Kuba war wie alle lateinamerikanischen Staaten wohl ein rückständiges Land, aber kein »unterentwickeltes«. Die Wirtschaft dieser Länder ist durch die koloniale oder halbkoloniale Unterdrückung und Ausbeutung nicht unter-, sondern fehlentwickelt. Sie ist deformiert. Die erste Aufgabe der Revolution ist die Überwindung dieser Deformation, beginnend in der Landwirtschaft mit der Beendigung der Zuckermonokultur und einer schnellen Hebung der Produktivität. Das kleine Kuba kann schnell ein reiches Land werden. Dann erst wird es zum revolutionären Dolch im Rücken des US-Kapitalismus. Dann wird es aber auch weiter durch ihn gefährdet sein. Ich glaube, daß seine Rolle als Schrittmacher und Initiator der Revolution in den lateinamerikanischen Staaten der Entwicklung der Revolution in Kuba einen besonderen und unvergleichlichen Verlauf bereiten wird.

Die Zukunft des Sozialismus – wo liegt sie? Immer noch in der Zukunft. Auch hier bei uns. Aber man kann von der DDR nicht sprechen, ohne die Revolution in ganz Deutschland ins Auge zu fassen. In der Bundesrepublik gab es in den letzten Jahren einen kräftigen Aufschwung revolutionärer Kräfte. Die Bewegung nahm ihren Ausgang nicht von den etablierten Parteien, weder von der illegalen KPD noch von linken Gruppen der SPD. Sie formierte sich im Widerspruch zu allem Angemessenen, also auch zu diesen Parteien, die als Bestandteil des Establishments verstanden werden, selbst wenn sie sich noch so revolutionär geben. Diese Bewegung begann im Grunde in Berkeley in den USA. Die Studenten der Universität veranstalteten ein Sit-in als Protest gegen den Krieg der USA in Vietnam. Dieser Krieg und alles, was in zynischer Offenheit in Presse und Fernsehen über ihn berichtet wurde, verwandelte die ganze politische Führung des Staates mit allen ihren salbungsvollen Reden in Heuchler und Lügner. Jedes große Wort, das diese Bosse in den Mund nahmen, Freiheit, Gerechtigkeit, Demokratie, Gleichberechtigung, Menschenwürde, Liebe, alles wurde zur schamlosen Lüge in ihren verlogenen Mäulern. Von dieser Frustration zum Entschluß, den revolutionären Kampf gegen das ganze System, gegen den Kapitalismus aufzunehmen, war nur ein Schritt. Diese Protestbewegung, die sich zunehmend radikalisierte, griff dann auf Europa und andere Kontinente über. Aber sie erfaßte zunächst nur die Studenten. In der Arbeiterschaft fand die Bewegung wenig Widerhall. Die Kommunisten standen ihr mit großem Mißtrauen gegenüber. Herbert Marcuse gab der Bewegung eine auf den Leib geschneiderte Theorie, deren Kernpunkt die Feststellung war, daß es keine Arbeiterklasse in Marxens Sinne mehr gebe, daß vielmehr, was noch davon übrig, längst Bestandteil des Establishments geworden sei und in der spätkapitalistischen Consumer-Society durch Auto, Kühlschrank und Waschmaschine saturiert und um den revolutionären Verstand gebracht sei. Die große revolutionäre Streikbewegung in Frankreich im Mai 1968, bei der Studenten und Arbeiter gemeinsam kämpften und der französischen Bourgeoisie einen tödlichen Schrecken einjagten, widerlegte diese Theorie. Die Bewegung zog aus den Erfahrungen in Frankreich die Lehre, daß sie eine Massenbasis in der Arbeiterschaft gewinnen müsse, wenn ihr revolutionärer Kampf über die Stufe des Protestes hinauskommen soll. Aber dies ist eine mühevolle Arbeit, die Geduld und Sachkenntnis erfordert. Insbesondere erfordert sie, die in den intellektuellen Gruppen üppig wuchernde Sektiererei zu überwinden.

Vorläufig bedeutet die DDR mit ihren politischen Widersprüchen, mit der Mauer, mit ihrer Gängelung von Kunst und Literatur und ihrem kleinbürgerlichen Puritanismus ein schweres Hindernis für die junge revolutionäre Bewegung. Sie muß sich einerseits von der DDR distanzieren, muß aber doch andererseits anerkennen, daß in diesem Teil Deutschlands Kapitalismus und Faschismus ein für allemal der Garaus gemacht wurde. Wann wird sich diese beklagenswerte Lage ändern? Sie wird sich ändern, radikal ändern, wenn erst der Dubčeksche Funke in ganz Osteuropa und der UdSSR gezündet haben wird.

Dann wird man sagen können: Die Zukunft des Sozialismus hat begonnen.

Abgedruckt in: ›Das 198. Jahrzehnt. Eine Team-Prognose für 1970 bis 1980‹. Wegner Verlag, Hamburg 1969. S. 199–212.

Kann man heute schon die Rolle Walter Ulbrichts in der ostdeutschen, in der deutschen Geschichte beurteilen?
Seine Bedeutung kann man gar nicht hoch genug einschätzen. Ulbricht hat eben doch ganz entscheidend die Entwicklung Deutschlands in den letzten zwanzig Jahren bestimmt – oder mitbestimmt zumindest. Und eins steht fest: daß er nicht einfach ein abhängiger Verbündeter der Sowjetunion war, sondern auch in hohem Maße ein selbständiger Politiker.
Glauben Sie, daß der Wechsel der Führungspersönlichkeiten in einem kommunistischen System wie dem der DDR Wesentliches zu besagen hat?
Ich glaube nicht, daß die persönlichen oder individuellen Eigenschaften eine so große Rolle spielen. Bedeutender erscheint mir die Frage: Was führte zu dem Wechsel? Und welche Art Auseinandersetzungen gingen diesem Wechsel voraus, falls das überhaupt so war? Man kann das ja wirklich nur vermuten. Im Augenblick kann man schwer übersehen, was eigentlich vor sich gegangen ist, weil es etwas überraschend und plötzlich kam, ohne rechte äußere Vorbereitung.
Muß man vermuten, daß Auseinandersetzungen vorausgingen? Oder könnte es sich angesichts von Ulbrichts Alter um einen ganz natürlichen Vorgang handeln?
Es könnte auch ein ganz natürlicher Vorgang sein. Das kann man wahrscheinlich erst in den nächsten Wochen beurteilen.
Wird der Wechsel an der Parteispitze zu Kursänderungen in der Ostberliner Politik führen?
Er wird sie nicht verursachen, aber es könnte sein, daß Kursänderungen die Ursache des Wechsels sind.
Wie würden Sie Ihre eigenen Wünsche an den neuen Ersten Sekretär formulieren? Was erhoffen Sie sich von der neuen Ära?
Ich würde mich sehr freuen, wenn Erich Honecker eine großzügige und selbstsichere Politik treiben würde, die nach innen nicht so ängstlich und so defensiv ist, nach außen nicht so verkrampft-offensiv wie die bisherige.
Wird dieser Ihr Wunsch von vielen DDR-Bürgern geteilt?
Ich weiß nicht. Ich glaube, die meisten werden ähnlich wie ich sagen: Man muß abwarten, was jetzt geschieht. Allenfalls um unsere Hoffnungen werden wir betrogen werden.

Könnten Sie sich vorstellen, daß sich der Wechsel an der Spitze auf die Beziehungen zwischen der Bundesrepublik und der DDR auswirken?
Das könnte ich mir denken, ja.
Zum Positiven oder zum Negativen?
Ich glaube, eher zu einer Verbesserung.
In Westdeutschland gilt Honecker eher als ein Harter.
Ich habe das auch gehört, daß diese Meinung in der Bundesrepublik vertreten wird, aber ich glaube das nicht. Ich halte schlimmstenfalls eine unveränderte Politik für möglich und bestenfalls eine gewisse Auflockerung und größere Beweglichkeit.
Wenn Ulbrichts ausgleichendes Gewicht in der SED-Führung wegfällt, könnte das nicht eine Unsicherheit bewirken, die sich zunächst in Härte ausdrückt?
Das glaube ich nicht. Ich glaube auch nicht, daß der Einfluß Ulbrichts etwa schon so stark gesunken ist, daß er nicht mehr ausgleichen könnte. Er kann noch sehr entscheidend mitwirken. Nur wird er natürlich wegen seines Alters nicht in der Lage sein, fünfstündige Reden beim Parteitag zu halten und ähnliche große Strapazen auf sich zu nehmen. Aber um im Politbüro und an entscheidenden Stellen aufzutreten und wichtige Anweisungen zu geben, wirksame auch, dazu wird er noch lange fähig sein.
Herr Professor, Erich Honecker ist selber fast sechzig Jahre alt. Man kann nicht sagen, daß mit ihm die junge oder auch nur die mittlere Generation die Führung übernommen hätte. Ist er nur eine Übergangslösung?
Nein, ich glaube, er hat vorläufig die Chance, längere Zeit in dieser Funktion zu sein. Ich glaube sogar, wenn man die verschiedenen möglichen Bewerber um diese Stellung vergleicht, dann wird er auf jeden Fall doch wohl der beste Mann sein.
Welches Image hat Honecker bei den Bürgern der DDR?
Er hat eigentlich verhältnismäßig wenig Kontakt zu ihnen. Aber ich glaube, er wird sicher gerade beim Parteitag im Juni und auch in der nächsten Zeit einiges unternehmen, um sich in einen innigeren Kontakt mit der Bevölkerung zu bringen.
Im Westen ist zuweilen die Rede von Spannungen zwischen Honecker und dem Ministerratsvorsitzenden Willi Stoph.
Nein, die gibt es bestimmt nicht. Das sind zwei inkommensurable Größen, Honecker und Stoph. Die können sich gar nicht verkrachen.

Weil sie auf so verschiedenen Schienen laufen, daß eine Kollision ausgeschlossen ist?
Genau, der Stellenwert ist verschieden.

›Die Zeit‹ 7. 5. 1971.

Herr Professor Havemann, wie sehen Sie jetzt die Lage der DDR an? Wie beurteilen Sie die Situation?
Ich glaube, daß die internationale Anerkennung der DDR, Aufnahme in die UN, die Herstellung diplomatischer Beziehungen zwischen der DDR und vielen westlichen Ländern und anderen Staaten sehr dazu beigetragen hat, daß auch die Bevölkerung der DDR das Gefühl hat, ihr Staat stellt eben etwas dar, man findet in der Welt Anerkennung. Früher kam sich der Bürger der DDR vor wie jemand, über dessen endgültige staatliche Zugehörigkeit erst noch entschieden werden wird. Heute dagegen fühlen die Bürger ein gewisses Selbstvertrauen in ihren Staat, obwohl natürlich durch die neuen und engeren Beziehungen der DDR zum Westen gleichzeitig auch die Ansprüche der Bürger der DDR an ihren Staat wachsen. Es sind ganz zweifellos in weiten Kreisen große Erwartungen vorhanden. Man erwartet, daß die Reisebeschränkungen in Zukunft nicht mehr so streng und engherzig gehandhabt werden wie in der Vergangenheit, und daß nicht nur Rentner, sondern auch andere Bürger mehr oder weniger reisen können. Vielleicht nicht so leicht, wie das in westlichen Ländern üblich ist, aber doch immerhin leichter als bisher.

Auch möchten die Menschen hier nicht immer behandelt werden, wie jemand, dem man mißtraut. Ich meine, die bisherige Beziehung der Regierung zu den Bürgern ist doch geprägt von einem Mißtrauen der Regierung. Die Regierung hat immer das Gefühl, daß der Bürger irgendeine Straftat beabsichtigt. So kommt sich jedenfalls der DDR-Bürger bisher vor. Die Überwindung dieser Art von Mißtrauen erhofft man sich in der DDR von der jetzigen Entwicklung.
Glauben Sie, daß bei den Bürgern der DDR das Bewußtsein stärker wird, daß ihnen so manches fehlt?
Ich meine, in dem Maße, in dem die materiellen Existenzbedingungen immer besser werden, stehen die Fragen der materiellen Existenz nicht mehr im Vordergrund. Aber im Zusammenhang mit der nationalen Anerkennung empfinden die Leute immer mehr das Eingesperrtsein durch die Abgrenzung. Man sagt sich eben, man möchte gerne reisen, irgendwohin, wie andere Leute auch. Vielleicht werden gar nicht so viele Leute dann reisen, wenn es möglich ist. Man will nur die Sicherheit haben, daß man

es kann. Das ist nämlich eine Frage des Vertrauens. Wenn nur ganz wenigen Genehmigungen gegeben werden zu reisen, nur denen, die direkt Vertrauensleute der Regierung sind, dann müssen sich alle anderen vorkommen wie Menschen, denen mißtraut wird. Und das gerade möchte man nicht. Man möchte gern, daß die Regierung dem eigenen Volk Vertrauen schenkt.

Ob man dann von der Reisemöglichkeit wirklich Gebrauch macht, ist eine zweite Frage. Es gehört einfach zur Anerkennung der menschlichen Grundrechte durch den eigenen Staat, daß man seinen Bürgern zutraut, daß sie selbst entscheiden können, was für sie gut ist. Dieser Wunsch nach Anerkennung des Individuums durch den Staat, der wird wachsen und stärker werden, gerade in dem Maße, wie die materiellen Sorgen, die Lebensstandardprobleme in den Hintergrund treten.

Das hat alles mit dem Begriff Freiheit zu tun. Ich habe darüber mit vielen Leuten gesprochen. Manche Mitglieder der SED haben mir gesagt, Freiheit sei für sie die Diktatur des Proletariats. Der westliche Begriff der Freiheit, der sei etwas anderes. Was verstehen Sie unter Freiheit?

Ich glaube nicht, daß das Gerede von der Diktatur des Proletariats mehr ist als eine, ich möchte sagen, aufgetragene, übertriebene Phrase. Wir haben in der DDR keine Diktatur des Proletariats. Wenn wir hier von einer Diktatur reden können, ist es eine Diktatur einer Clique von Parteifunktionären, eine Bürokratie, eine Parteibürokratie. Dieses Proletariat will übrigens auch gar keine Diktatur ausüben. Ich meine, es gibt ja hier gar keine kapitalistische Klasse, die unterdrückt werden müßte. Nach Marx ist die Diktatur des Proletariats nur für eine kurze Zeit der Zustand, wo noch eine starke bürgerliche und Kapitalisten-Klasse existiert, die von der Mehrheit, eben von dem Proletariat, unterdrückt werden muß. Aber das gibt es ja gar nicht mehr.

In der DDR gibt es keine Kapitalisten und keine Bourgeois. Hier gibt es eben keine Notwendigkeit einer Diktatur. Und so ist es eine scheinrevolutionäre Phrase geworden, wenn heute von der Diktatur des Proletariats gesprochen wird gegenüber dem Freiheitsbegriff. Die Freiheit, die die Menschen hier wollen, ist zweifellos nicht die oft illusionäre Freiheit der bürgerlichen Gesellschaften, also mehr eine Freiheit für die Ausbeuter als für die Ausgebeuteten. Nein, die Leute hier wollen Willensfreiheit, nicht weniger, mehr Freiheit als die vergangenen Gesellschaftsformationen ihren Gesellschaften gewähren konnten.

Also die erste Freiheit ist eben, daß man darüber entscheiden kann, wohin man sich begeben will, also die Wahl des Ortes, des Arbeitsplatzes. Man will, wie ich schon sagte, daß der Staat seinen Bürgern dient und nicht umgekehrt. Die Leute im Sozialismus erwarten, daß überhaupt kein Dienst mehr für den Staat, für irgendeine Art von privilegierter Schicht, für irgendeine Art von Machtposition geleistet werden muß, sondern daß der Staat mit allen seinen Einrichtungen nur noch seinen Bürgern dient. Das ist meine Überzeugung.

Zum Begriff der Freiheit gehört auch die Freiheit der Presse?

Ja, ich meine, daß unsere Presse ganz mangelhaft informiert. Die wirkliche Freiheit der Presse muß darin bestehen, daß sie frei und vollständig über die Vorgänge in der Welt informiert. Man muß nicht unbedingt dieselben Zeitungen hier erscheinen lassen wie in der Bundesrepublik oder wie in anderen westlichen Ländern. Man muß eigene Zeitungen machen, die frei sind. Das heißt: frei informieren. Es müssen, wie Rosa Luxemburg gesagt hat, die Andersdenkenden die Freiheit haben. Das ist die wahre Freiheit.

Aber Sie werden doch hier in der Presse, im Rundfunk und im Fernsehen von der Partei kaltgestellt. In den letzten Jahren sind Sie nur im Westen publiziert worden.

Ja, das ist auch genug. Wenn meine Artikel und Erklärungen im Westen publiziert werden, dann kommt es ja auch zur Kenntnis der Bürger der DDR. Die hören es im Radio, es wird übertragen, Titel werden vorgelesen. Viele Bücher werden auch illegal herübergebracht. Ich brauche mich nicht zu beklagen. Ich glaube, daß meine Schriften hier verbreiteter sind, ich meine, was die Leser betrifft, als die offiziellen Dokumente der SED. Die Parteitagsbeschlüsse werden zwar von vielen Leuten pflichtgemäß gelesen, aber mit sehr wenig Interesse. Dagegen, wenn ein Exemplar meiner Bücher hier irgendwo herüberkommt, dann lesen das Hunderte, ein einziges Buch.

Aber ich bin davon überzeugt, daß die Mehrheit der Bevölkerung der DDR gar nicht mehr wünscht, ihr System in eine kapitalistische Gesellschaft umzuwandeln.

Nein.

Ich meine, daß die sozialistische Gesellschaft hier in der DDR fest gefestigt ist.

Ja, sie ist überhaupt nur noch durch die Umstände, unter denen sie jetzt existiert, bedroht. Die einzige Bedrohung des Sozialismus ist die gegenwärtige staatliche Form, die hier herrscht. Und das gilt auch für die Sowjetunion. Als in der Tschechoslowakei der Prager Frühling Schluß machte mit der neostalinistischen

Politik und mit der stalinistischen Politik, da war der Kommunismus gesichert. Bedroht ist der Sozialismus jetzt noch hier durch diejenigen, die sich selbst als seine wahren Verteidiger hinstellen. Wenn die SED und die DDR-Regierung nicht das eigene Volk mit solchem Mißtrauen verfolgen würden, dann würden sie das Vertrauen dieses Volkes auch gewinnen können.

Glauben Sie an die Möglichkeit eines »Prager Frühlings« in der DDR?

Ja, ich glaube, in allen sozialistischen Ländern besteht diese Möglichkeit, und sie ist eigentlich eine historische Notwendigkeit. Ohne eine solche Umwandlung ist letzten Endes das große Unternehmen des Sozialismus in der Gefahr, zu scheitern.

Aber wie kann ein solcher Prozeß in Gang gesetzt werden? Ist es nicht für oppositionelle Kräfte sehr schwer, sich zu äußern?

Na ja, die weitere Entwicklung, die historische Entwicklung in der DDR, kann man schwer voraussagen. Sie ist auch nicht unabhängig von entsprechenden Prozessen in der Sowjetunion und in den anderen sozialistischen Ländern, sogar von der gesamten Entwicklung im Weltmaßstab. Es gibt ja auch viele Diskussionen darüber, daß es gegenwärtig schon in der Sowjetunion sehr gegensätzliche Strömungen gäbe. Daß im Grunde sogar Breschnew einer von denen sei, die eine positive Entwicklung anstreben. Die jetzigen Erklärungen von Solschenizyn und Sacharow deuten auch darauf hin. Die Tatsache, daß solche Erklärungen überhaupt so leicht an die Öffentlichkeit kommen konnten, daß Pressekonferenzen stattfinden konnten, alles das spricht für gewisse Prozesse in der Sowjetunion, die wir aber hier gar nicht richtig beurteilen und einschätzen können. Sie zeigen aber, daß sich schon wieder etwas geändert hat, gegenüber dem, was vor Jahren war. Ich glaube, daß man den Prozeß der Veränderung nicht in irgendwelchen Details heute voraussehen kann. Aber eines kann man voraussehen: es wird sich verändern.

Sie erwähnen Sacharow und Solschenizyn. Kann man sagen, daß Sie eigentlich eine Art DDR-Sacharow sind, oder nicht?

Nein, ich bin ja auch, wissen Sie, mit dem, was Sacharow tatsächlich äußert, keineswegs in jedem Punkt einverstanden. Seine Äußerungen haben einen hohen Grad, ich möchte sagen, von sehr ehrlicher, aber doch naiver politischer Dimension. Aber ich bin sehr froh darüber, daß Menschen wie Sacharow sich frei äußern können. Ich würde glauben, daß es sehr viele gibt unter den Wissenschaftlern in der Sowjetunion, die ganz ähnlich denken, und eine wirkliche öffentliche Auseinandersetzung erforderlich ist. Auch Solschenizyn, den ich für einen sehr großen, bedeutenden Schriftsteller halte, vertritt Meinungen und Grundtendenzen, die ich nicht billigen würde, die, sagen wir mal, nicht in meiner Art, die Welt zu betrachten, enthalten sind. Aber das heißt natürlich noch nicht, daß ich das ablehne. Im Gegenteil, ich lese ja auch Böll mit Freude, mit großem Interesse, ohne Bölls Religiosität zu verstehen oder anzunehmen. Das Schlimmste ist eben die Unterdrückung des Geistes.

Wie erklären Sie sich eigentlich, daß Sie sich schon seit Jahren in dieser Richtung äußern können?

Ich glaube, das hängt damit zusammen, daß Sie zum Beispiel hierherkommen und andere Leute, daß ich mich international äußern kann. Das ist also auch eine Frage der Publizität. Sehr viele Leute, die sehr viel weniger sagen und vieles vielleicht sagen, was harmlos ist, landen dafür im Gefängnis. Aber nur, weil sie niemand kennt. Ich kenne sie auch nicht. Ich höre manchmal von den Leuten, denen es schlecht gegangen ist, aber vielleicht nach Jahren. Das erfährt man ja nicht rechtzeitig.

Betrachten Sie es für sich selbst als gefährlich, so ein Interview wie dieses zu geben?

Nein, gar nicht. Das ist auch gar kein Gesichtspunkt. Wozu würde ich denn hier diese Art von Existenz aufrechterhalten, wenn ich nicht bereit wäre, mich frei zu äußern.

Wenn mehrere Leute in der DDR so etwas machen würden, wäre das ein Weg zu einem, sagen wir einmal, »Berliner Frühling«?

Das wäre sicherlich sehr hilfreich. Ich wäre sehr dafür, wenn sehr viele Leute ebenso oder vielleicht noch besser als ich Kritik üben würden und öffentlich Kritik üben würden und ihre eigene Meinung und Überzeugung ohne jede Einschränkung und ohne jede Rücksicht auf ihre eigene Person ausdrücken würden.

Aber ist die materielle Zufriedenheit nicht Hemmnis für eine weitere Entwicklung?

Ich sagte schon, man muß da unterscheiden. Natürlich kann man nicht von einem Ingenieur, der sich einen gewissen Lebensstandard erarbeitet hat, erwarten, daß der nun plötzlich in der Parteiversammlung lauthals schwere Kritik übt. Der verliert seine Stellung, es geht ihm schlecht, und niemand wird ihm helfen. Das geht nicht. Nein, es gibt Leute, wenige, vielleicht gar nicht so wenige, die das können. Die sogar verpflichtet sind, sich zu äußern. Bedeutende Künstler, bedeutende Wissenschaftler, Schriftsteller. Sie müssen endlich einmal aufhören, mit ihrer wahren Meinung hinter dem Berge zu halten. Sie müssen sich aussprechen, sie müssen den Mut haben. Es ist nicht so gefährlich, das Leben steht nicht auf dem Spiele, wie Biermann gesagt hat, euer Wohlleben ja nur. Das müssen die Leute natürlich riskieren können, das Wohlleben.

Wird eine breitere Anerkennung der DDR ein Faktor in dieser ganzen Entwicklung sein? Wird sich die Regierung von sich aus ändern?

Ich bin sehr dafür, wenn eine fortschreitende und bessere politische Entwicklung möglichst von oben ausgeht in diesem Lande, weil das die wenigsten Risiken in sich birgt. Alle Bewegungen, die unter starkem Druck von unten stattfinden, bergen immer eine Gefahr von Unruhe, auch von Gewaltsamkeit, in sich. Ich setze da immer noch auf Honecker, daß er in der Lage ist, doch eine Politik der inneren Entspannung und – ich möchte sagen – Solidarisierung mit den Massen herbeizuführen.

Glauben Sie, daß eine Entwicklung zu mehr persönlicher und geistiger Freiheit ohne die Zustimmung der Sowjetunion möglich ist?

Ich meine, daß es notwendig ist, daß die Sowjetunion von allen Seiten unter geistigen Druck gesetzt wird. Daß geistige Freiheit von ihr abgefordert wird, auch von ihren Verbündeten. In gewissen Grenzen kann ein solcher Einfluß ausgeübt werden. Ich glaube, daß auch jetzt schon von Ungarn aus, von Polen, vielleicht auch von der DDR aus, auf dem Gebiet der Kultur, des Theaters, der Literatur, auch auf die Sowjetunion Einfluß ausgeübt worden ist. Es gibt schon einige sowjetische Filme von erstaunlich neuer Lebensauffassung mit ganz anderer Denkweise als früher. Natürlich, wenn in der Sowjetunion eine rücklaufende Welle alles wieder hinwegspült, dann wird sich das auch in diesen Ländern erschreckend auswirken, auch bei uns. Aber daß wir auch nicht ohne Einfluß sind, daß auch die DDR in der Lage ist, politisch auch auf die Sowjetunion zu wirken, halte ich für sicher.

›Frankfurter Rundschau‹ 6. 12. 1973.

Schreiben für die DDR

1. Warum bleiben Sie in der DDR, obwohl Sie dort daran gehindert werden, in Ihrem Beruf zu arbeiten, und obwohl Sie dort nicht eine Zeile publizieren können?
2. Aus Ihren Schriften geht hervor, daß Sie Kommunist sind. Warum veröffentlichen Sie dann in westdeutschen und anderen westlichen Publikationsorganen und Verlagen, die den Interessen des Kapitalismus dienen?

Beide Fragen hängen eng zusammen, so eng, daß man sie überhaupt nicht getrennt beantworten kann. So könnte ich zum Beispiel das, was ich publizieren will, gar nicht im Westen publizieren, wenn ich nicht hier in der DDR wäre. Das klingt vielleicht paradox, ist es aber nicht. Wenn ich ein Feind der DDR und des Sozialismus wäre, dann wäre es ganz selbstverständlich, wenn ich in jenes Wunderland der Freiheit und des Wohlstands hinüberwechselte und dort ätzende Anklagen gegen das System der neostalinistischen Unterdrückung veröffentlichte. Aber ich bin gerade das Gegenteil, ein Freund der DDR und überzeugter Sozialist. Wenn ich in den Westen ginge, würde ich sehr darunter leiden, daß ich mich dort kaum politisch betätigen könnte. An den komplizierten Auseinandersetzungen der Linken könnte ich mich nur schwer beteiligen. Ich würde auch mit Recht von vielen meiner Freunde wegen Fahnenflucht verurteilt werden. Dieser Umstand würde es praktisch unmöglich machen, mich bei meinen linken Freunden politisch frei bewegen zu können. Ich wäre einfach unglaubwürdig. Im Westen könnte ich mich weder für die DDR einsetzen, noch Kritik an ihr üben, ohne in einen falschen Geruch zu kommen. Beides aber kann ich als Bürger der DDR, der in der DDR lebt, in sehr wirksamer Weise tun. Das liegt auch daran, daß ich zu einem großen Teil gar nicht für den Westen, sondern in erster Linie für die DDR und die Länder des Sozialismus publiziere. Es ist mir zwar sehr daran gelegen, daß politisch Interessierte auch im Westen meine dortigen Veröffentlichungen lesen. Aber noch mehr bin ich daran interessiert, daß möglichst viele Exemplare hierher in die DDR gelangen, weil hier die Leser leben, an die ich mich eigentlich wende. Das ist das Vorteilhafte an der Spaltung Deutschlands (es gibt kaum sonst noch etwas, was daran vorteilhaft ist), daß man in dem einen Teil drucken kann, was die Leute dann in dem anderen Teil lesen können. Das gibt es nur in zwischen Ost und West geteilten Ländern. Meine tschechoslowakischen Freunde zum Beispiel genießen diesen Vorteil nicht. Darum haben sie es sehr viel schwerer, sich in ihrem eigenen Land politisch zu betätigen und es wäre unklug, wenn ich mich dieses Vorteils begeben würde. Wenn ich die DDR verließe, würde ich auch alle meine Freunde hier sehr enttäuschen. Und das Schlimmste wäre nicht einmal die Enttäuschung, die sie über mich empfänden, schlimmer wäre, daß ich ihren Zweifeln an unserer guten Sache Vorschub leisten würde. Weil aber von diesen Menschen, die in den sozialistischen Ländern leben und den Glauben an den Sozialismus nicht verloren haben, die Zukunft abhängt, ist es wirklich Verrat, wenn man ohne dringende Not hier einfach wegläuft. Es ist zwar richtig, daß wir in der DDR – wie auch in den anderen Ländern des Warschauer Paktes – den entscheidenden zweiten Schritt der sozialistischen Revolution noch vor uns haben, den Schritt in die freie sozialistische Demokratie, den unsere tschechoslowakischen Genossen im Jahre 1968 schon unternommen hatten. Auch ist es richtig, daß man sich hierzulande zwar sehr gegen die Konvergenztheorie ereifert, um so mehr aber in praxi Konvergenz der Systeme betreibt, indem man bedingungslos den Götzen der Consumer-Society huldigt. Aber trotzdem sind wir hier in der DDR unserem Ziel, dem Sozialismus, um einen entscheidenden Schritt näher. Um einen Schritt, von dem die Linken in der Bundesrepublik vorläufig nicht einmal mehr träumen können, nachdem ihr hoffnungsvoller Aufschwung dahin ist. Außerdem ist es ja ganz offensichtlich geworden, daß ein gerüttelt Maß Schuld an den politischen Enttäuschungen, die unsere linken Freunde und Genossen erlebt haben, bei uns liegt. Ohne die gewaltsame Niederschlagung des Prager Frühlings wäre die Zersplitterung der Linken im Westen undenkbar. Die kommunistische Bewegung in den nordischen Staaten, in Frankreich und Italien wäre ungleich stärker und auch die DKP in der Bundesrepublik hätte vielleicht Chancen bei Wahlen.

Solange es also in der DDR überhaupt Möglichkeiten politischer Betätigung gibt, wird jede politische Aktivität für den Sozialismus hier um ein vieles effektiver sein, als in der Bundesrepublik. Die Zukunft des Sozialismus in Deutschland wird eben doch hier in der DDR entschieden. Und ich bin überzeugt, daß die Möglichkeiten politischer Betätigung in den kommenden Jahren nicht ab- sondern zunehmen werden. Dies hängt auch mit der endlich erreichten internationalen Anerkennung der DDR zusammen, deren jahrzehntelange Verweigerung zur inneren Erstarrung wesentlich beigetragen hat.

Wie lange werden wir, deren Schriften hier nicht gedruckt werden und deren Namen hier niemand nennen darf, gezwungen sein, für die DDR im Westen zu publizieren? Genau bis zu dem Tage, an dem auch unsere Genossen hier sich stark genug fühlen werden, sich mit unseren Ansichten und unserer Kritik öffentlich auseinanderzusetzen und bereit sein werden, unsere Artikel, unsere Bücher und unsere Lieder auch hier in der DDR zu veröffentlichen. Ob unsere führenden Genossen wissen, wie sehr das zur Hebung auch ihres Ansehens und ihrer Popularität beitragen würde?

›europäische ideen‹ 1/1973. – Der für die erste Nummer der Zeitschrift ›europäische ideen‹ geschriebene Beitrag wurde im Februar 1973 verfaßt. Abdrucke in: ›Die Zeit‹ 11. 5. 1973. – ›Spandauer Volksblatt‹ 13. 5. 1973. – ›Berliner Liberale Zeitung‹ 19. 5. 1973. – ›Basler Nachrichten‹ 24. 5. 1973. – ›Die Weltwoche‹ (Zürich) 6. 6. 1973. – ›Deutsches Allgemeines Sonntagsblatt‹ 10. 6. 1973. – ›Die Furche‹ (Wien) 30. 6. 1973. – ›Frankfurter Neue Presse‹ 16. 7. 1973. – ›Dagens Nyheter‹ (Stockholm). Teilweise gekürzt. – Sendungen des Beitrages in: BBC London, RIAS Berlin, Sender Freies Berlin. – Die Deutsche Presse-Agentur und der Axel-Springer-Inlandsdienst brachten Meldungen, die von zahlreichen Zeitungen übernommen wurden.

Der Antikommunismus ist wesentlicher Bestandteil der herrschenden politischen Doktrin zahlreicher Staaten. Ich nenne einige der wichtigsten:

1. Die faschistischen und faschistoiden Staaten:
   Spanien, Portugal, Griechenland, Südafrikanische Republik, Libyen, Marokko, Jordanien, Iran, Dominikanische Republik, Guatemala, Brasilien.
2. Die USA.
3. Von den USA wirtschaftlich, politisch und militärisch abhängige Staaten:
   Die Philippinen, Indonesien, Thailand, Südkorea, Südvietnam, Taiwan, einige lateinamerikanische Staaten, und – die Bundesrepublik Deutschland.

Die Bundesrepublik befindet sich hier in einer sehr unerfreulichen Gesellschaft.

Der scharfe Antikommunismus der faschistischen Staaten wie auch der Rechtsradikalen in den übrigen Ländern zeugt davon, daß der Kommunismus der einzige Gegner ist, den die Faschisten wirklich ernst nehmen. Über die bürgerliche Demokratie urteilen sie milder, mit herablassender Geringschätzung. Faschistische Regime gingen oft ganz legal aus bürgerlichen Demokratien hervor, höchstens durch einen Staatsstreich der Militärs, niemals durch einen Volksaufstand oder eine Revolution. Der Faschismus ist eben die politische ultima ratio der Bourgeoisie. Die »Herrschaft des Volkes« besteht in der bürgerlichen Demokratie nur rein formal. Es wird zwar der Anschein erweckt, als ob das Volk durch die von ihm gewählten Abgeordneten im Parlament die Macht im Staate ausübe. In Wirklichkeit aber herrschen Leute, die von niemandem gewählt wurden, die Industrie- und Bankherrn, die Manager und Konzerndirektoren, denen die Wirtschaft gehört und damit auch die Macht. Wenn die wirtschaftliche und politische Entwicklung diesen Leuten bedrohlich erscheint und sie fürchten, es könne ihnen an den Kragen gehen, dann machen sie mit dem ganzen demokratischen Firlefanz – wie sie ihn verstehen – ohne Bedenken Schluß und etablieren ein faschistisches Regime. Die Machtverhältnisse ändern sich dabei überhaupt nicht, im Gegenteil, die Macht der herrschenden Klasse wird nur mit brutaleren Mitteln aufrechterhalten, weil die

Bourgeoisie es nicht zulassen kann, daß die parlamentarische Demokratie wirklich ernst genommen wird. Das ist es ja, was die Kommunisten wollen: Die Beseitigung der Privilegien der von niemandem gewählten kapitalistischen Bosse und damit der Übergang von einer rein formalen Demokratie zu einer wirklichen mit demokratischem Inhalt. Selbst wenn dabei kein einziger Artikel der geltenden Verfassung verletzt wird, wäre das vom Standpunkt der herrschenden Klasse der Staatsnotstand, der selbst brutalste Formen des staatlichen Eingreifens rechtfertigen würde. Wenn es einmal gelingt, diesen legalen Weg doch zu beschreiten, wie in Chile unter Allende, dann müssen schon ganz besondere Umstände vorliegen: Die Entwicklung eines scharf USA-feindlichen Nationalismus in den bürgerlichen und kleinbürgerlichen Schichten infolge der schamlosen Ausbeutung des Landes durch das USA-Kapital, die zu einer fortschreitenden wirtschaftlichen Zerrüttung des Landes und zur Ausbreitung der Verelendung breiter Volksmassen führt. Als sich die Ausbeutung durch das USA-Kapital noch verschärfte, während die Macht des Dollars infolge der Vietnam-Krise zu wanken begann, gelang den demokratischen Kräften der Unidad Popular der Durchbruch. Voller Schrecken bemerkt aber nun die chilenische Bourgeoisie, daß unter Allende nicht nur die Macht des Dollars, sondern auch die Macht jeder Form von Kapital beseitigt werden soll. Nun führen die relativ kleinen Kapitalisten Chiles praktisch als Handlanger des USA-Kapitals einen verzweifelten Kampf gegen das eigene Volk. Kann irgendein Zweifel daran bestehen, was das politische Ergebnis ihres Sieges wäre? Eine faschistische Diktatur mit scharfem Antikommunismus als Staatsdoktrin.

Der Antikommunismus ist immer der Geburtshelfer des Faschismus gewesen. Das besagt aber auch, daß es ihn stets schon vor der Geburt gegeben hat. So hat sich der Antikommunismus der USA schon des öfteren als Geburtshelfer reaktionärer bis faschistischer Regime betätigt, beispielsweise in Griechenland. Aber es kann keine Rede davon sein, daß etwa in den USA selbst bereits ein faschistisches Regime bestünde. Schon der Watergate-Skandal zeugt dagegen. Was die amerikanische Presse an Berichten und Kommentaren dazu veröffentlicht, brächte in einem faschistischen Staat jeden der Autoren zumindest ins KZ, wenn nicht an den Galgen. Da sich die politische Entwicklung in den USA gegenwärtig immer mehr verschärft, könnte man allerdings fragen, ob diese Entwicklung zum Faschismus führen kann, wie weit die USA noch davon entfernt sind und welche Rolle dabei der Antikommunismus spielt. Aber ich kann mich mit diesen wichtigen Fragen hier nicht beschäftigen, einfach weil ich mich für ungenügend informiert halte. Einigermaßen überschaubar erscheint mir dagegen die Rolle des Antikommunismus in der Außenpolitik der USA.

Ursprünglich ist der Antikommunismus hier einfach der ideologische Ausdruck des machtpolitischen Wettkampfes mit der Sowjet-Union. Auch Big Business fürchtet ernsthaft und auf die Dauer die kommunistische Konkurrenz. Nach dem Zweiten Weltkrieg ging es ja für die USA nicht nur um die Teilung Deutschlands und Europas, sondern um die Neuaufteilung der ganzen Welt. Nach dem Zusammenbruch des britischen Empire und der übrigen Kolonialreiche hoffte die reichste Nation der Welt den ganzen Ramsch für gute ehrliche Dollars billig aufzukaufen. Aber fast überall kamen diesem edlen Streben kommunistische Freiheitsbewegungen in die Quere. Seitdem firmiert amerikanischerseits der machtpolitische Wettlauf als Kampf für die Freiheit und Selbstbestimmung der Nationen. Bezeichnenderweise sind aber die Verbündeten der USA in diesem Freiheitskampf immer die reaktionärsten und korruptesten Regierungen und Gruppen. Dieser perspektivelose und überhebliche außenpolitische Antikommunismus hat die USA schließlich in die heutige würdelose und katastrophale Lage gebracht. Der sinnlose und verbrecherische Krieg in Vietnam, Laos und Kambodscha hat nicht nur die amerikanischen Finanzen ruiniert, sondern auch das politisch-moralische Ansehen des Landes besudelt. Nach diesem Bankrott gibt es wohl kaum noch ein Land in der Welt, das sich nach amerikanischer Waffenhilfe sehnt.

Der Antikommunismus in den wirtschaftlich und militärisch von den USA abhängigen Staaten erscheint danach einfach als eine logische Folge eben dieser Abhängigkeit. Aber das ist nicht in allen Fällen so einfach. In den asiatischen und den lateinamerikanischen Staaten ist der Antikommunismus sicher aus den USA importiertes Unkraut, das allerdings in den von den USA ausgehaltenen reaktionären Regimes einen günstigen Nährboden gefunden hat. In Europa aber ist der Antikommunismus eine heimische Pflanze, vielleicht sogar der Stammvater allen Antikommunismus in der Welt. Der Niedergang des Faschismus im Zweiten Weltkrieg schien ihm fast den Garaus gemacht zu haben. Aber in der Periode des kalten Krieges erlebte er eine neue unerwartete Blütezeit.

Der europäische Antikommunismus ist das wohl am meisten

zu beklagende Ergebnis der widerspruchsvollen und im Ganzen bisher tragischen Entwicklung der Arbeiterbewegung in Europa. Es ist der beherrschende Einfluß des Marxismus, der der kontinentaleuropäischen Arbeiterbewegung die weltanschaulichen Grundsätze und die politischen Ziele gab, der aber auch schon früh zu einer starren, dogmatischen Indoktrination führte. Der Marxismus ist seinem Wesen nach eine Form des politischen Besserwissens. Das ist ohne jede Abwertung gesagt. Aber es geschieht eben sehr leicht, daß das marxistische Besserwissen sich als politische Besserwisserei wenig angenehmer Art aufführt, besonders wenn seine Verfechter den Geist der Marxschen Ideen erst sehr oberflächlich in sich aufgenommen haben. Wer sich im Besitze der allein selig machenden Weisheit wähnt, sieht in jedem Andersdenken gleich den Todfeind der ganzen Menschheit. Es ist dies die Grundkonzeption jeder Sektiererei, die in der Arbeiterbewegung immer wieder zur Abspaltung radikaler linker Sekten, aber auch zur Ausbildung opportunistischer, politisch rein pragmatischer rechter Flügel geführt hat. So entstand als Gegenbewegung gegen den dogmatisierten prinzipienfesten Marxismus der sozialistische Reformismus, der den revolutionären Umsturz ablehnt und die theoretischen Grundpositionen des Marxismus infragestellt. Der widersinnige und ganz und gar »unmarxistische« Kampf zwischen diesen beiden Tendenzen hat nicht nur zur Spaltung der internationalen Arbeiterbewegung in Kommunisten und Sozialdemokraten geführt, er hat schließlich sogar die ganze kommunistische Weltbewegung in Stücke gerissen. Er ist auch die unversiegbare fließende Quelle des Antikommunismus, der heute sein Unwesen nicht nur bei den notorischen Reaktionären treibt, sondern auch innerhalb der sozialdemokratischen Parteien Unheil stiftet.

Auf dem 7. Weltkongreß der Komintern hat Dimitroff ausführlich begründet, wie verfehlt und schädlich es war, daß die KPD vor 1933 ihren Hauptgegner nicht in den Nazis, sondern in der Sozialdemokratie erblickte, die als Sozialfaschisten denunziert wurde, was die Arbeiterklasse verwirrte und lähmte. Als dann die Nazis die Macht ergriffen und Deutschland die Schrekken des faschistischen Terrors und schließlich die Judenvernichtung und den Zweiten Weltkrieg erlebte, hätte man erwarten können, daß nach dem Sieg über Hitlerdeutschland die Arbeiterbewegung die Lehre aus den Fehlern ihrer Vergangenheit ziehen würde. Und diese Lehre konnte nur die endgültige Überwindung der unseligen Spaltung sein. Das war auch der feste Wille aller im gemeinsamen Widerstandskampf längst geeinten deutschen Antifaschisten. Aber die Kommunisten und Sozialdemokraten, die aus der Emigration zurückkehrten, hatten es mit der Einheit nicht so eilig. Die westlichen Besatzungsmächte waren überhaupt dagegen, weil sie ein Überwiegen des kommunistischen Einflusses fürchteten. Und die Kommunisten waren erst dafür, als es schon zu spät war. In der DDR gelang 1946 immerhin noch unter Pieck und Grotewohl der große symbolhafte Akt des brüderlichen Händedrucks, aber eben auch hier schon nicht mehr ganz freiwillig und mit Bedenken auf beiden Seiten. Es dauerte nicht lange, bis sich in der neuen Einheitspartei der alte, blinde Dogmatismus besonders unter dem Einfluß der Stalin-Ära mit ihren devoten Huldigungen für den größten Wissenschaftler, den größten Feldherrn, den schöpferischen Weiterentwickler des Marxismus-Leninismus wieder durchsetzte. Die SED wurde zur »Partei neuen Typus« und der Sozialdemokratismus und der Revisionismus wurden ihre Todsünden. Ganz analog wurde in Westdeutschland der Antikommunismus nicht nur zum Credo der Rechten, sondern aller »demokratischen« Parteien, wobei es die SPD wegen ihrer marxistischen Vergangenheit besonders nötig hatte, lautstark ins antikommunistische Horn zu stoßen, um den Beweis ihrer politischen Stubenreinheit zu erbringen. Trotzdem versuchen die deutschen Reaktionäre immer wieder, die Sozialdemokraten als latente Kommunisten zu denunzieren. Da wird der Kanzler Willy Brandt wegen seiner Teilnahme am antifaschistischen Widerstandskampf ebenso verdächtigt wie der geheimnisvolle ehemalige Kommunist Wehner. Oder es sind die Jusos und der SDS, die eines Tages in der SPD die Macht gewinnen und die Bundesrepublik geradewegs in den Höllenschlund des Kommunismus führen werden. Die neue Ostpolitik der SPD+FDP-Regierung wird natürlich auch nur als Vorbereitung des geplanten Verrats der freiheitlichen Rechtsordnung und der Auslieferung der BRD an Moskau verstanden. Euer Antikommunismus ist nicht echt! – schreien die Reaktionäre, und die biederen SPD-Genossen pochen an ihre Brust und schwören, daß es noch nie etwas echteres auf diesem Gebiet gegeben hat.

Die SPD versteht sich selbst als eine sozialistische Partei. Ihr politisches Ziel ist der Sozialismus, zwar kein Sozialismus nach Moskauer oder Pekinger Art, aber eben doch eine Gesellschaftsform, in der es keine Privilegierten mehr gibt und in der die Leistungen wirtschaftlicher Unternehmen ebenso einer öffentlichen, demokratischen Kontrolle unterliegen, wie jede andere mit irgendeiner Form von Macht ausgestattete Funktion. Die größten Meinungsverschiedenheiten zwischen Sozialdemokraten und Kommunisten gibt es wahrscheinlich über den Weg zu diesem Ziel, weniger über das Ziel selbst. Aber die Vorstellungen von diesem Ziel sind noch sehr unbestimmt, sofern man nicht die Zustände in den etablierten sozialistischen Staaten als ausreichende Verwirklichung dieses Ziels anerkennen will. Es wäre so sehr förderlich für den möglichen Fortschritt auf dem Wege zum Sozialismus, wenn eine ohne sektiererischen Eifer geführte Auseinandersetzung gerade über das Ziel zwischen Sozialdemokraten und Kommunisten ohne gegenseitige Verdächtigungen geführt würde. Dazu müßte sich die SPD allerdings von ihrem im Grunde antidemokratischen Antikommunismus lossagen. Von Rosa Luxemburg stammt das Wort, daß wahre Freiheit immer die Freiheit der Andersdenkenden ist, ein Wort, das gerade Sozialdemokraten gern – und oft mit Recht – ihren kommunistischen Klassengenossen vorhalten. Sollte dieses Wort nicht auch für die Sozialdemokraten selbst gelten? Kann diesen Begriff von Freiheit eine Partei für sich in Anspruch nehmen, die einem Andersdenkenden eine Stellung als Hochschullehrer, als Richter, Lehrer oder sonstigem staatlichem Beamten einfach nur deshalb verweigert, weil der betreffende Kommunist ist? Oder genauer gesagt: Weil er Mitglied einer erlaubten Partei ist, die sich Deutsche Kommunistische Partei nennt und bei ihrer Zulassung feierlich erklärt hat, daß sie das Grundgesetz der BRD anerkennt und nicht die Absicht hat, ihre politischen Ziele auf einem anderen als demokratischen und verfassungsgemäßen Wege zu erreichen.

Der Antikommunismus ist eine schlimme Krankheit, die in vielen Ländern die Kraft der Arbeiterbewegung lähmt und die Spaltung der Progressiven aller Schattierungen fördert. Er ist überall der Bundesgenosse der konservativen und reaktionären Kräfte. Seine Hauptaufgabe ist die Verhinderung der Wiedervereinigung der Arbeiterbewegung. Denn nur durch die Überwindung der Spaltung und die Herstellung einer neuen Einheit der Linken kann das Ziel eines demokratischen Sozialismus erreicht werden. Dazu bedarf es einer Wandlung im Selbstverständnis der Sozialdemokraten und ihres Verhältnisses zu den Kommunisten. Aber nicht weniger bedarf es auch eines gründlichen Wandels bei den kommunistischen Parteien, ganz besonders bei denen, die in den sozialistischen Ländern im Besitz der Staatsmacht sind.

Wenn der Sozialismus von der überwältigenden Mehrheit des Volkes wirklich gebilligt wird, dann hat er die Kraft, auch die Freiheit der Andersdenkenden zu verwirklichen. Solange er aber diese Freiheit nicht verwirklichen kann, wird er die Mehrheit des Volkes nie für sich gewinnen. Wer die kritischen Stimmen eines Solschenizyn, eines Sacharow und Amalrik mit Gewalt zu unterdrücken versucht, statt sich kritisch mit ihnen auseinanderzusetzen, wird nur bewirken, daß der weltweite Antikommunismus um Argumente auch in Zukunft nicht zu bangen braucht.

›europäische ideen‹ 3/1974. – Abdrucke in: ›Berliner Extra-Dienst‹ 18. 12. 1973. – ›Berliner Stimme‹ 12. 1. 1974. – ›Deutschland Archiv‹ (Köln). – Sendung in der BBC London. – ›Sette Giorni‹ (Rom) 4. 11. 1973.

Antwort an Richard Löwenthal

Statt einer Antwort an viele will ich mich nur mit dem Beitrag von Richard Löwenthal befassen.

Er unterscheidet zwei Formen des Antikommunismus, die faschistische und die »demokratische«. Die erste lehnt er ab, zur zweiten bekennt er sich. Wir Linken lehnen auch die zweite ab. Und zwar unabhängig davon, ob wir selbst Kommunisten sind oder nicht.

Das bedeutet nicht, daß wir die faschistische Diktatur und die parlamentarische Demokratie für gleich halten. Sie sind es schon deshalb nicht, weil nicht nur eine kapitalistische sondern auch eine sozialistische parlamentarische Demokratie möglich ist. Aber so verschieden der Faschismus von der bürgerlichen parlamentarischen Demokratie auch ist, sie sind doch beide nur zwei Varianten der Herrschaftsform einundderselben Klasse. So sind auch Löwenthals zwei Formen des Antikommunismus nur Varianten der gleichen Spezies. Die ideologische Quelle ist bei beiden dieselbe, nämlich die begründete Angst der herrschenden Klasse vor dem Verlust ihrer Privilegien.

Die parlamentarische Demokratie ist gegenüber den Herrschaftsformen des Feudalismus ein gewaltiger Fortschritt. Sie ist sogar formal und in ihren Institutionen in großen Zügen ein mögliches Modell einer freien Demokratie in einer klassenlosen Gesellschaft. Aber wir haben in keiner der bürgerlich-kapitalistischen Staaten eine klassenlose Gesellschaft. In allen herrscht die gleiche Klasse der Reichen und Manager, der Multimillionäre und Konzernherren. Und sie herrscht mithilfe ihres Staatsapparats, der je nach Lage der Dinge ein faschistischer oder ein parlamentarisch-demokratischer oder auch eine der möglichen Zwischenformen dieser beiden Extreme ist.

Die parlamentarische Demokratie ist für die bürgerliche Klassenherrschaft deshalb von ganz besonderem Wert, weil sie diese Klassenherrschaft in der wirksamsten Weise verhüllt und nahezu unsichtbar macht. Sie vermag dies gerade deshalb, weil sie Modell einer Gesellschaft ohne Klassenherrschaft ist. So wird der Anschein erweckt, als sei die Gesellschaft in ihrer Grundstruktur bereits perfekt und bedürfe nur noch kleiner schrittweiser Reformen – auf parlamentarischem Weg –, um sie gänzlich zur vollkommenen freien menschlichen Gesellschaft ausreifen zu lassen.

In Wirklichkeit ist aber auch der bürgerliche Staat mit parlamentarischer Demokratie nichts anderes als ein Instrument zur Unterdrückung des Volks und zur Sicherung der bestehenden Klassenherrschaft.

Auch Richard Löwenthal wird nicht bestreiten, daß die wahren Machthaber in der Bundesrepublik die Herrn von Chemie, Kohle und Stahl sind, die niemand gewählt hat, die sich vielmehr selbst die Leute wählen, die ihre Interessen an den Schaltstellen der staatlichen Macht zu sichern haben. Diese Leute bestimmen, wie weit die Demokratie gehen darf und wo ihre Grenzen sind, nämlich da, wo die Macht des Kapitals in Frage gestellt wird. Man denke bei dieser Gelegenheit nur an den jüngsten Streit zwischen dem Bundeskartellamt und den Ölkonzernen. Hier konnte man sehen, wer die Macht hat. Aber wer von diesen Tatsachen auch nur spricht, wer also die schamhaft versteckte Klassenherrschaft entblößt, der ist nach Richard Löwenthal Anhänger »einer Irrlehre, die unter jungen Intellektuellen ohne politische Erfahrung mit ihrem Anspruch totaler Lösungen und Erlösungen mehr Anklang findet als in den arbeitenden Massen«. Auch Richard Löwenthal hat einmal zu solchen jungen Intellektuellen gehört, vor und nach der Machtergreifung Hitlers, die schon damals der Meinung waren, das kapitalistische System sei die Wurzel allen Übels und die unselige Spaltung der deutschen Arbeiterbewegung in Sozialdemokraten und Kommunisten sei eine der entscheidenden Voraussetzungen dafür gewesen, daß 1933 nicht die Sozialisten siegten sondern der faschistische Terror. Auch damals fand diese »Irrlehre« mehr Anklang bei jungen Intellektuellen als bei den arbeitenden Massen, mit dem Erfolg, daß es dann mit einem Mal aus war mit der parlamentarischen Demokratie der Weimarer Republik.

Aber nach Löwenthal existiert in der Bundesrepublik heute diese Spaltung nicht mehr, weil die »DKP als politischer Faktor belanglos ist«. Wahr dagegen ist, daß sich in Westdeutschland – von Anfang an mit kräftiger Unterstützung der Besatzungsmächte – auch in der SPD eine Gruppe von Rechten an die Spitze gesetzt hat, die auf scharfen antikommunistischen Kurs eingeschworen waren. Gleichzeitig wurden die Kommunisten brutal unterdrückt, wobei das Verbot der KPD den Gerichten die Handhabe lieferte, kommunistische Funktionäre und Anhänger reihenweise in die Gefängnisse zu schicken. Trotzdem blieben die Kommunisten das Schreckgespenst der rechten SPD-Führer, was besonders deutlich in einem ausführlichen Bericht demonstriert wird, den sich der Parteivorstand vor geraumer Zeit von keinem anderen als Richard Löwenthal anfertigen ließ. Wenn es sich bei den westdeutschen Kommunisten um eine belanglose Gruppe linker Sektierer handelte, dann würde die gegenwärtige SPD-Führung wohl kaum auf jeden Kontakt ihrer Genossen mit ihnen derart hektisch reagieren. Daß man die DKP bei Aufrechterhaltung des KPD-Verbots legal gewähren läßt, bedeutet keineswegs eine Lossagung vom alten Antikommunismus, sondern ist nur eine weisere Taktik. Denn man behandelt die Mitglieder dieser legalen Partei nach wie vor wie politisch Aussätzige. Bei Löwenthal liest sich das so: »die Freiheit der Andersdenkenden begründet keine Pflicht für den Staat, seine grundsätzlichen Gegner zu privilegierten Staatsdienern zu machen –«. Was ist das für eine Freiheit der Andersdenkenden, wenn die Herrn privilegierten (!) Staatsdiener selber darüber zu befinden haben, wer ein Gegner ihres Staates ist, den sie dann jederzeit als Hochschullehrer, Richter, Lehrer feuern können! Mit welchem Recht eigentlich, muß man da fragen, regt sich Löwenthal dann über die ganz entsprechende Praxis der Behörden der DDR auf? Ich wiederhole also: Die Verteufelung des Sozialdemokratismus in der DDR hat im Antikommunismus der BRD ihr spiegelbildliches Analogon. Nur mit dem Unterschied, daß ein Hochschullehrer in der DDR wegen seines Sozialdemokratismus wohl von der Partei gerügt, vielleicht sogar ausgeschlossen werden kann, aber keineswegs mirnichtsdirnichts aus seinem Amt verjagt wird.

Richard Löwenthal weiß natürlich ganz genau, daß sein Wort von der politischen Belanglosigkeit der westdeutschen Kommunisten gelinde gesagt ein frommer Wunsch, wenn nicht einfach großtuerisches Gehabe ist. Was bereitet denn der opportunistischen rechten SPD-Führung mehr Sorgen als der Linksdrall ihrer Parteimitglieder, ganz besonders der jungen! Es ist ja gerade die Attraktivität der sozialistischen Ideen der Kommunisten, dieser »Systemveränderer«, die jetzt in der Phase der sich ständig verschärfenden internationalen Krise des Kapitalismus beginnt, in der ganzen Welt aufs Neue die Massen zu ergreifen und in Bewegung zu setzen.

Nun findet sich in Löwenthals Beitrag wie auch in den Äußerungen mancher anderer Autoren des Antikommunismus-Heftes der Hinweis auf die tragischen Folgen des Stalinismus in den sozialistischen Staaten. Ich denke, Richard Löwenthal weiß, daß er mir Unrecht tut, wenn er meint, ich hätte Stalin und den Stalinismus vergessen. Sehr vieles, was heute viele unserer Genossen mit dem Wort vom Personenkult zu verharmlosen versuchen, hat der kommunistischen Bewegung mehr geschadet, als der ganze Antikommunismus. Aber es erscheint mir dabei wichtig, daß Stalinismus und Antikommunismus nicht etwa in einem kausalen Zusammenhang stehen. Sie haben sich nur stets gegenseitig die Argumente geliefert. Der blutige Terror der Stalinzeit, dem Millionen Unschuldige zum Opfer fielen, wie auch die heutigen subtileren Techniken der Unterdrückung Andersdenkender, nicht zu vergessen das furchtbare Unrecht, das der mutigen kommunistischen Partei der ČSSR und dem ganzen tschechoslowakischen Volk zugefügt wurde, sie haben dem internationalen Ansehen und der Glaubwürdigkeit der kommunistischen Bewegung unermeßlichen Schaden zugefügt. Aber sie sind nicht die Ursachen des Antikommunismus. Den Antikommunismus gäbe es auch, wenn in den sozialistischen Staaten alle Freiheiten verwirklicht wären, die der Sozialismus verspricht. Nur hätte er es dann schwerer, die Massen irrezuführen und ihnen weiszumachen, Sozialismus bedeute zwangsläufig Unterdrückung der Massen durch eine Clique von Apparatschiks. Wahrscheinlich wäre der Antikommunismus dann sogar viel militanter als heute, wo es ihm die politischen Zustände in den sozialistischen Ländern so unverdient leicht machen.

Der Antikommunismus Richard Löwenthals richtet sich nämlich nur scheinbar gegen den Kommunismus. Denn den Kommunismus gibt es noch gar nicht, selbst nach Ansicht der Kommunisten in den sozialistischen Ländern. Noch befinden wir uns in der Phase des Aufbaus des Sozialismus, wobei schon einige Elemente der zukünftigen kommunistischen Gesellschaft herangebildet werden können. Der Antikommunismus Löwenthals richtet sich aber gegen die Kommunisten und gegen alle Linken, und zwar deshalb, weil sie den Sozialismus wollen und weil sie der Meinung sind, daß man auf dem Wege, den die gegenwärtige Führung der SPD eingeschlagen hat, niemals zur Verwirklichung des Sozialismus gelangen kann.

Es erhebt sich darum die Frage: Will Richard Löwenthal überhaupt den Sozialismus?

›europäische ideen‹ 7/1974. – Die BBC sendete diesen Beitrag am 16. 7. 1974 (zusammen mit Löwenthals Text aus den ›europäischen ideen‹ 3/1974).

Von Selma Lagerlöf gibt es einen eigenartigen Roman, ›Die Wunder des Antichrist‹, der mich, als ich ihn vor langer Zeit las, tief beeindruckt hat. Heute ist meine Erinnerung an die meisten Einzelheiten dieser langen Geschichte fast ausgelöscht. Nur das allem zugrundeliegende Gleichnis habe ich nie vergessen: Eine reiche Amerikanerin, leidenschaftliche Sammlerin wertvoller Kunstschätze, hat in einer alten italienischen Kirche eine holzgeschnitzte Christusfigur entdeckt. Um sich in ihren Besitz zu setzen, besticht sie einen armen Holzschnitzer, der eine genaue Nachbildung der Figur herstellt. Sie wird gegen das Original ausgetauscht, das die Amerikanerin sich aneignet. Nun war aber der arme Bildschnitzer ein frommer Mann, der sich wegen des mit seiner Hilfe begangenen Betruges sehr grämte. Von seinem Gewissen gequält hatte er – als ob das seinen Frevel aufhöbe – auf die Rückseite der Kopie die Worte geschnitzt: Mein Reich ist *nur* von dieser Welt! Und nun geschieht das Erstaunliche: Das falsche Christusbild wirkt plötzlich Wunder. Und zwar hilft es den Armen und Unterdrückten im Kampf und Widerstand gegen die Reichen.

Als Christus vor zwei Jahrtausenden den Armen und Ausgebeuteten die himmlische Gerechtigkeit verhieß, als er sagte: »Mein Reich ist *nicht* von dieser Welt«, war die Verwirklichung einer Welt, frei von Not, Ausbeutung und Ungerechtigkeit tatsächlich außerhalb jeder realen Möglichkeit. Dies wunderbare Reich, die große Hoffnung auch der Christen, war damals noch nicht von dieser Welt. Aber in unserer Zeit erleben wir das Ende dieser Welt. Die Ausbeutergesellschaft hat in der Form des Kapitalismus ihren höchsten Entwicklungsgrad erreicht. In »dieser Welt« wurden die furchtbarsten Verbrechen begangen, mit denen verglichen alle vergangene Barbarei von Jahrtausenden verblaßt: die zwei Weltkriege, die Judenvernichtung, die Atombomben auf Hiroshima und Nagasaki, der Vietnam-Krieg, die faschistischen Verbrechen in Chile, hier Reichtum und Verschwendung, dort Massenelend und Hungertod, in Afrika, in Indien, in Südamerika. Diese barbarische Welt gilt es zu überwinden, wenn die Menschheit weiterleben will. Aber was zur Zeit Christi nur eine Hoffnung auf Menschlichkeit und Gerechtigkeit im Jenseits war, ist heute hier im Diesseits möglich und sogar notwendig: Dies ist die Hoffnung auf den Sozialismus.

Die Schrecken der Welt, in der wir leben, sind die Schrecken des Kapitalismus, teils direkt, teils indirekt. Um das zu begreifen, ist es notwendig, die ökonomischen, politischen und moralischen Erscheinungen unserer Zeit ohne jede Schönfärbung zu betrachten.

Daß der Hitlerfaschismus, das NS-System, eine schreckliche, grauenhafte Barbarei war, durch die das Antlitz der deutschen Nation so beschmutzt wurde, daß dies im Gedächtnis der Menschen wohl für Jahrhunderte, ja Jahrtausende nicht ausgelöscht sein wird, wird heute nur noch von einer verschwindenden Minderheit bestritten. Viele meinen aber, die Verbrechen des NS-Staates seien eine spezifisch deutsche Erscheinung gewesen, nicht typisch für eine bestimmte Gesellschaftsordnung, sondern hervorgegangen aus einer historischen Erkrankung der deutschen Seele, die sich einbildete, »am deutschen Wesen werde die Welt genesen«. Andere meinen, der wildgewordene deutsche Kleinbürger, dessen Selbstbewußtsein durch die Niederlage im Ersten Weltkrieg schwer verletzt wurde, habe für alles ihm zugefügte Unrecht weltweit Rache nehmen wollen. Das besondere Unglück dabei sei gewesen, daß die letzte Etappe der sich in Deutschland so mühevoll dahinschleppenden bürgerlichen Revolution erst mit der deutschen Niederlage 1918 erreicht werden konnte. So erschien die Revolution nicht als ein Sieg, nicht als Errungenschaft und Fortschritt, sondern als äußerer Ausdruck einer nationalen Katastrophe. Der notorische Antisemitismus der ehemaligen Feudalklasse, deren Macht auch in der Weimarer Republik keineswegs völlig gebrochen war – man denke nur an die Fürstenabfindung –, habe schließlich dazu geführt, daß nach der Vernichtung der Republik der Antisemitismus zur allgemeinen Staatsraison wurde. Es gibt noch manche andere Theorie zur Erklärung des Hitlerfaschismus aus spezifischen Umständen und zufälligen Besonderheiten der deutschen Geschichte, sogar aus der deutschen Psyche. Ich will mich nicht im einzelnen mit ihnen beschäftigen. Diese Theorien sind auch keineswegs in jeder ihrer Aussagen falsch. Auch sind viele ihrer Argumente unbestritten. Worauf es den Urhebern dieser Theorien allein ankommt, ist, zu beweisen, daß der Faschismus und seine Greuel zwar eine schreckliche Abirrung der politischen Entwicklung seien, daß sie aber keineswegs aus dem Wesen der bürgerlich-kapitalistischen Gesellschaftsordnung hervorgehen.

Aber sehen wir uns doch in der Welt von heute um, wo es doch wahrhaftig genug, zum Teil ganz frische Beispiele faschistischer Umstürze gibt. Wer stürzte das legale demokratische Volksfront-Regime und Unidad Popular in Chile? Es waren die kleinen chilenischen und die großen USA-Kapitalisten. Sie machten Schluß mit der Demokratie, weil sie fürchteten, in Chile könnte sonst die Demokratie endgültig Schluß mit ihnen machen. Ein USA-Publizist meinte dazu zynisch: Demokratie ist eben nur gut, wenn sie hin und wieder in Blut gebadet wird. In Blut gebadet wurde die Demokratie auch in Guatemala, in der Dominikanischen Republik und in Griechenland, immer unter mehr oder weniger offener Mitwirkung des großen Weltpolizisten USA, der angeblich uns alle vor dem Kommunismus beschützen will. Auch der barbarische und verbrecherische Krieg, den die USA in Vietnam geführt haben und der heute immer noch mit amerikanischen Waffen und amerikanischem Geld von dem faschistischen Thieu-Regime in Saigon fortgesetzt wird, soll angeblich die Ausbreitung des Kommunismus hindern. Nicht anders war es unter Salazar in Portugal und Franco in Spanien. Die Demokratie bewegte sich zu weit nach links. Also mußte sie in Blut gebadet werden. So war es auch in den klassischen Geburtsländern des Faschismus gewesen, in Italien und Deutschland.

Hitler, der seine politischen Ziele in seinem Buch ›Mein Kampf‹ ungeniert dargelegt hatte, wollte den Kommunismus aber nicht nur in Deutschland schlagen, er wollte ihn ein für allemal in der ganzen Welt vernichten. Solange Hitler bei seinem Angriff auf die Sowjetunion noch Aussicht auf Erfolg hatte, ließen die kapitalistischen Westmächte ihn praktisch widerstandslos gewähren. Erst als seine Niederlage offen wurde und die sowjetischen Armeen ihren unaufhaltsamen Vormarsch in westlicher Richtung begonnen hatten, entschloß man sich zur Invasion in der Normandie. Der deutsche Faschismus, auf den das Großkapital nicht nur in Deutschland so viele Hoffnungen gesetzt hatte, hatte versagt, und was noch schlimmer war: Hitlers Niederlage hatte den Kommunismus nicht nur nicht geschwächt, sie hatte ihn gestärkt und ihm dazu verholfen, sich ein großes Stück weiter in der Welt auszubreiten. Das war in den Augen seiner kapitalistischen Gönner Hitlers schlimmstes Verbrechen. Konzentrationslager und Massenmord an unschuldigen Opfern sind diesen Leuten, die bedenkenlos zwei Atombomben auf dichtbesiedelte Städte werfen und mit einem Schlag Hunderttausende töten und verstümmeln, keine Träne wert. Darüber war man bereit, großzügig hinwegzusehen. Schließlich gab es ja die Konzentrationslager und den Mord an politischen Gegnern und Juden auch schon vor 1938, seit fünf Jahren also, als Chamberlain und Daladier sich mit Hitler und Mussolini in München an einen Tisch setzten und die Zerstückelung der Tschechoslowakei vereinbarten. Auch die berüchtigten Nürnberger Gesetze gegen die Juden existierten damals bereits seit drei Jahren, jene schändlichen und mittelalterlichen Bestimmungen, deren amtlicher Kommentar von einem Herrn Globke verfaßt worden war, der später Staatssekretär im Bundeskanzleramt unter Adenauer wurde. Woran man sieht, wie nahe uns in Deutschland der Faschismus noch immer ist.

Wo die Bourgeoisie fest im Sattel sitzt und die Macht des Kapitals nicht bedroht ist, da ist die parlamentarische Demokratie die für den Kapitalismus optimale Staatsform. Sie ist deswegen optimal, weil sie die wahren Machtverhältnisse in der wirksamsten und überzeugendsten Weise verhüllt. In dieser Demokratie scheinen alle Menschen vollkommen frei zu sein. Ein jeder, ob arm oder reich, hat die gleichen Rechte und Pflichten. Alle sind vor dem Gesetz gleich. Eine progressive Besteuerung sorgt sogar dafür, daß die Bäume der Großverdiener nicht in den Himmel wachsen. Jedermann kann gehen, wohin er will, arbeiten, wo er will, oder es auch sein lassen, wenn er will – und kann. Die Regierung unterliegt der ständigen Kontrolle durch das Volk. Denn die Parlamentarier, die durch freie und geheime Wahlen in das Parlament gekommen sind, können jede Regierung stürzen, deren Politik vom Volk nicht gebilligt wird. Wenn sie das nicht tun, so werden sie bei den nächsten Wahlen ihren ehrenvollen Platz im Parlament verlieren. Wie gesagt, die Gerechtigkeit und Freiheitlichkeit dieses Systems scheint lückenlos zu sein.

Aber sie scheint es eben nur. Denn in Wirklichkeit geht die Macht gar nicht vom Volke aus, wie behauptet wird, sondern die Macht ist in den Händen derer, denen die Fabriken, die Bergwerke, der Grund und Boden, eben die Produktionsmittel gehören. Diese Leute hat niemand gewählt. Sie sorgen dafür, daß das Eigentum heilig bleibt, ihr Eigentum nämlich, das sie zu den Herren im Lande macht. Sie brauchen nicht zu arbeiten, weil sie das haben, was die anderen zum Arbeiten brauchen. Die Bourgeoisie schaffte die Privilegien des Adels und der Feudalklasse ab und setzte an ihre Stelle die Macht des Geldes. Der Sozialismus wird auch die Privilegien des Kapitals abschaffen und damit eine

Demokratie begründen, in der es keine Herrschaftsverhältnisse mehr zu verhüllen gibt.

Was der Kapitalismus allein in den letzten zehn Jahren an Schrecklichem zustande gebracht hat, den Vietnam-Krieg, die faschistischen Putsche in Griechenland und Chile und das Massenelend in den ehemaligen Kolonien und halbkolonialen Staaten, das allein genügte schon, ihn für immer zu verurteilen und durch die gerechte Ordnung des Sozialismus zu ersetzen. Aber bekanntlich gehen Gesellschaftsordnungen nie an ihren Untaten zugrunde. Sie gehen erst zugrunde, wenn sie sich als unfähig erweisen, die Probleme ihrer Zeit zu lösen. Und die bürgerliche Gesellschaftsordnung ist heute soweit.

Nach dem Zweiten Weltkrieg erlebte der Kapitalismus noch einmal einen gewaltigen Aufschwung. Die früheren zyklischen Krisen schienen endgültig der Vergangenheit anzugehören. Enorme technische Fortschritte erhöhten die Produktivität in ungeahnten Ausmaßen. Bei einer jährlichen Zunahme von über sieben Prozent erhöhte sich der Energieverbrauch in 30 Jahren auf das Achtfache. Unaufhörliches Wachstum schien alle Gebiete der Produktion erfaßt zu haben. Atomenergie, Computertechnik, Automation, Eroberung des Weltraums, Massenproduktion höchstwertiger Güter wie Fernseher, Airconditioner, programmierte Waschmaschinen, automatischer Telefonverkehr rund um die Welt, Automobile mit Motoren bis zu 500 PS in Massenproduktion – alles in allem: Wohlstand ohne Grenzen. Der Kapitalismus schuf die »Consumer-Society«, in der der Konsument mit allen Mitteln einer hochentwickelten Reklame zum Sklaven künstlich geschaffener Bedürfnisse gemacht wird. Man bedenke, daß der Bürger der BRD mehr Geld für Werbung und Marketing ausgibt als für seine nicht eben billige Bundeswehr.

Aber jetzt, knapp 30 Jahre nach 1945, werden die Grenzen des Wachstums sichtbar. Energiekrise, Umweltverschmutzung, Währungsverfall, schleichende Dauerinflation sind die Vorboten des herannahenden Elends. Denn das muß jedem klar sein: Wenn der Kapitalismus aufhört zu funktionieren, dann wird er versuchen, sein eigenes Elend auf die Massen abzuwälzen. Heute fangen viele an zu begreifen, daß es im Kapitalismus nicht mehr nur kleine »Rezessionen«, sondern auch richtige, tiefgreifende große Krisen geben kann. Und wieviel gefährlicher sind solche Krisen heute! Wie leicht könnten Männer wie Nixon auf die Idee kommen, doch mit der Atomwaffe zu spielen. Schon hat der amerikanische Verteidigungsminister den arabischen Ölstaaten mit militärischer Intervention gedroht, wenn sie ihren Ölboykott nicht aufgeben. Und man weiß doch, daß die Energiekrise der kapitalistischen Staaten auch bei offenem Ölhahn der Araber unvermeidbar ist.

Der Kapitalismus ist in diese Krise hineingeschlittert, wie er überhaupt immer in alles hineinschlittert, weil er unfähig ist, in die Zukunft zu schauen. Man kann das verstehen. Die Zukunft gehört ihm ja auch nicht. Jeder Kapitalist, jeder Konzern denkt nur an seinen momentanen Vorteil. Keiner denkt weiter, weil er dann Angst bekommen würde. Denn daß es auf die Dauer so nicht weitergehen kann, das wissen sie alle. Wenn der Energieverbrauch, wie bisher, jährlich um 7% zunimmt, so bedeutet das, daß er sich in hundert Jahren vertausendfacht, in zweihundert Jahren vermillionenfacht. Das ist unmöglich. Man hat ausgerechnet, wann alle Öl-, Kohle- und Uranvorräte aufgebraucht sein werden, wenn das so weiterginge. Man hat auch ausgerechnet, wann die knappen Vorräte an wertvollen, technisch wichtigen Metallen wie Kupfer, Zinn, Wolfram, Chrom, Molybdän, Cadmium usw. erschöpft sein werden, wenn die gegenwärtig betriebene hemmungslose Vergeudung und Verschwendung fortgesetzt wird. Vom Standpunkt späterer Geschlechter muß die Art, wie der Kapitalismus wirtschaftet, als reiner Wahnsinn erscheinen. Jedenfalls verderben wir heute unseren späteren Nachfahren sehr gründlich den Spaß an den Schätzen dieser Erde. Sie werden deshalb nicht gut auf uns zu sprechen sein. Es kann sein, daß sie gezwungen sein werden, von dem Müll zu leben, den wir hinterlassen haben.

Kapitalismus bedeutet sinnlose Verschwendung und Vergeudung von allem, was gut und teuer ist, Vergeudung der Naturschätze, Verschwendung menschlicher Arbeit und menschlichen Fleißes. Bekanntlich ist das Auto einer der Eckpfeiler dieser Wirtschaftsform. Es ist ein hochwertiges Industrieprodukt, das dazu hergestellt wird, daß es 95% seiner Lebenszeit unbenutzt, Wind und Wetter preisgegeben, herumsteht und verrostet. Es hat 4 bis 5 Sitzplätze, wird aber überwiegend nur von einer Person benutzt. Es existiert in solchen Massen, daß es zu bestimmten Tageszeiten die Straßen derart verstopft, daß man zu Fuß oft schneller vorankommt. Es erreicht hohe Geschwindigkeiten, wird aber von unerfahrenen, ehrgeizigen, aggressiven und nervösen Personen gefahren. Wenn es mit einem anderen Auto zusammenstößt, verwandelt es sich in einen rauchenden

Blechhaufen. Im Jahr sterben etwa 18000 Menschen in der BRD bei Verkehrsunfällen. Als wegen der Ölkrise kürzlich in der BRD Geschwindigkeitsbegrenzungen eingeführt wurden, nahm die Todesrate bei Verkehrsunfällen um 50% ab. Im Jahr würden also 9000 Menschen leben bleiben, statt zu sterben. Aber die Wirtschaftsminister setzen sich für die Aufhebung der Geschwindigkeitsbegrenzung ein. Der Absatz der Autoindustrie sank nämlich. Scheinheilig erklären sie, es gehe um die Erhaltung der Arbeitsplätze, womit sie in Wirklichkeit die Erhaltung der Dividenden meinten. Der Verkauf eines Gebrauchsgegenstandes, bei dessen Gebrauch allein in der Bundesrepublik 18000 Menschen jährlich den Tod finden, müßte eigentlich sofort verboten werden. Aber davon kann im Kapitalismus natürlich keine Rede sein. Schließlich verdient nicht nur die Industrie viele Milliarden am Auto, sondern auch der Staat schröpft seine Bürger mit der Mineralölsteuer gehörig, wobei von dem Ertrag dieser Steuer nur ein kleiner Teil für Straßenbau und Maßnahmen zur Erhöhung der Verkehrssicherheit verwendet wird.

Der Kapitalismus hat zwar sehr viel für die Entwicklung von Wissenschaft und Technik getan. Der technische Fortschritt war ja nicht nur eine unerschöpfliche Quelle der Bereicherung, er war auch die materielle Grundlage für die immer wieder erfolgreiche Überwindung der inneren Widersprüche dieses seinem Wesen nach instabilen Systems. Aber heute erleben wir, wie der Kapitalismus mit den Folgen des technischen und wissenschaftlichen Fortschritts nicht mehr fertig wird. Der Gebrauch, der im Kapitalismus von den technischen Erfindungen gemacht wird, verwandelt sich infolge des hemmungslosen Profitstrebens immer mehr in barbarischen Mißbrauch.

Der Kapitalismus hat eine Welt geschaffen, die kulturell und moralisch verkommt, die die Natur teils mit geschmackloser Reklame verunstaltet, teils mit ihrem Wohlstandsmüll verpestet. Und während in den hochentwickelten Zentren die Menschen an physischer und psychischer Verfettung leiden, darben Hunderte von Millionen in den sogenannten unterentwickelten Ländern. Diese Länder sind fast alle ehemalige Kolonien der reichen Länder, die lange Zeit rücksichtslos ausgebeutet wurden und wesentlich zum Reichtum der Reichen beigesteuert haben. Heute müssen die Hungernden in diesen Ländern zusehen, wie in den reichen Ländern Lebensmittel verkommen und sogar absichtlich zerstört werden, weil die »wirtschaftlichen« Interessen der Reichen das erfordern. Kann es angesichts all dieser Tatsachen, die hier sogar nur sehr summarisch und keineswegs gründlich betrachtet werden konnten, noch irgendeinen Zweifel daran geben, daß es Zeit ist, daß die bürgerliche Klasse und ihr Kapitalismus vom Schauplatz der Geschichte abtreten?

Im Sozialismus gibt es kein Privateigentum an den Produktionsmitteln. Damit ist der Profit als Antriebskraft der wirtschaftlichen Prozesse ausgeschaltet. Die produktiven Tätigkeiten der Menschen werden von der Beherrschung durch ein niedriges Motiv befreit. Die Folge ist, daß sich nicht nur alle ökonomischen Vorgänge und Verfahren grundlegend ändern, es ändern sich auch die ökonomischen Ziele. Während der Kapitalismus den Mehrwert und den Profit optimiert, strebt die sozialistische Ökonomie nach einer Maximierung des geschaffenen Gebrauchswertes. Im Sozialismus gibt es keine Ausbeutung des Menschen durch den Menschen mehr, keine Herrschaft einer Klasse über eine andere. Weil es keine Klassenherrschaft mehr gibt, ändern sich auch die Funktionen des Staates. Er hört auf, das Instrument der Unterdrückung zu sein, und wandelt sich von einem Verwalter von Menschen in einen Verwalter von Sachen.

Nun werden viele einwenden: Dieser Sozialismus ist eine reine Utopie. Der »reale Sozialismus«, wie man ihn heute in der DDR ganz offiziell bezeichnet, ist doch ganz anders. Ich lebe hier in der DDR, und ich bin mit diesem »realen Sozialismus« ganz und gar nicht einverstanden. Wenn ich trotzdem die DDR mit ihrem Sozialismus für den einzig zukunftsträchtigen deutschen Staat ansehe, so deshalb, weil ich weiß, wie schwer es schon ist, den ersten Schritt der sozialistischen Umwälzung zu tun, den Schritt, den wir hier schon hinter uns haben, die Vergesellschaftung der Produktionsmittel. Aber erst wenn wir auch den zweiten Schritt getan haben werden, die volle Entfaltung des sozialistischen Überbaus in der sozialistischen Demokratie, dann erst werden wir hier und in den anderen sozialistischen Ländern sagen können: Der Sozialismus ist keine Hoffnung mehr – er ist Wirklichkeit geworden.

›Radius‹ März 1974. Hrsg. der in Stuttgart erscheinenden Zeitschrift ist die Evangelische Akademikerschaft in Deutschland. Die Zwischentitel wurden weggelassen.

Die DDR: Der Sozialistische Staat Deutscher Nation
Wunsch und Wirklichkeit

Es gibt viele Staaten, die in ihren Grenzen mehrere Nationen beherbergen. Wir Deutschen aber sind eine Nation, die in mehreren Staaten wohnt. Während jene ihre Nationalitätenprobleme haben, haben wir unser nationales Problem. Der Sozialismus wird es lösen.

Die beiden großen Teilstaaten, die Bundesrepublik Deutschland und die Deutsche Demokratische Republik, sind das Ergebnis des von Deutschland angezettelten Zweiten Weltkrieges. Dieser Krieg war ein letzter, schon anachronistischer Versuch der deutschen Bourgeoisie, die Aufteilung der Welt, bei der sie sich zu kurz gekommen fühlte, mit Gewalt zu ihren Gunsten zu revidieren. Dieses Ziel hoffte Hitler hauptsächlich durch eine rücksichtslose Kolonialisierung des Ostens, in erster Linie Polens und der Sowjetunion, zu erreichen. Schon 1938 in München, als Daladier und Chamberlain der Zerstückelung der Tschechoslowakei zustimmten, noch deutlicher aber in der folgenden ersten Phase des Zweiten Weltkrieges – also vor der Eröffnung des Angriffs auf die Sowjetunion –, als nacheinander Polen, Holland, Belgien, Luxemburg, Dänemark und Frankreich fast widerstandslos und dann auch noch Norwegen von der deutschen Kriegsmaschine überrannt wurden, zeigte es sich, daß man in den kapitalistischen Staaten Westeuropas bereit war, dem Hegemonialstreben Hitlers entgegenzukommen, sofern es ihm gelingen sollte, sein Hauptziel zu erreichen, die Vernichtung des Kommunismus in der Sowjetunion. Die Kolonialisierung des Ostens würde – so hoffte man – die Kräfte Deutschlands derart in Anspruch nehmen, daß es später ein leichtes wäre, die Vormacht des Reiches in Europa auf ein erträgliches Maß zu reduzieren. Sollte Deutschland hingegen mit Rußland nicht fertigwerden, so würden sich beide in dem mörderischen und gnadenlosen Krieg doch gegenseitig derart schwächen, daß die von diesen Ländern drohenden Gefahren für lange Zeit gebannt wären. Erst als sich zeigte, daß die Sowjetunion, trotz schwerer Verluste, über militärische Kräfte verfügte, die nicht nur ausreichten, Hitlers bis dahin unbesiegte Armeen vernichtend zu schlagen und aus dem Lande zu jagen, sondern auch auf dem Wege waren, bei der Verfolgung der deutschen Truppen ganz Deutschland zu besetzen und womöglich bis zur Atlantikküste vorzudringen, entschloß sich der Westen zur Invasion in der Normandie. So wurden die Hoffnungen derer, die im stillen auf Hitler gesetzt hatten, enttäuscht. Nicht der Kommunismus wurde damals vernichtet, sondern der deutsche Faschismus, und nicht die Sowjetunion wurde in Stücke gerissen, sondern Deutschland, in vier Stücke, von denen zwei inzwischen aufgehört haben, ein Stück Deutschland zu sein: die Hälfte Ostpreußens, die sich die Sowjetunion nahm, und die Gebiete östlich der Oder und Neiße, die Polen erhielt. Deutschland blieben die Teile, die heute die BRD und die DDR bilden. Die Hoffnung, daß die Bundesrepublik Deutschland und die Sowjetunion gleichermaßen den Krieg verlieren würden, erfüllte sich also nicht.

Was die territorialen Veränderungen betraf, war die Sowjetunion sogar der größte Gewinner: Ein Stückchen Finnland an der Karelischen Landenge, die drei baltischen Staaten, jeweils die Hälfte Ostpreußens, Polens und Bessarabiens waren ein recht beträchtlicher Gebietszuwachs. Die politische Geographie Europas hatte sich 1945 in einem Ausmaß zugunsten der Sowjetunion verändert, daß die herrschenden Kreise in den westlichen Staaten von einem regelrechten Schrecken erfaßt wurden. Der eben erst abgeschlossene Potsdamer Vertrag, der die Bewahrung der Einheit Deutschlands garantieren sollte, wurde schon nach wenigen Monaten von westlichen Kommentatoren als raffiniertes Meisterstück der kommunistischen Diplomatie diffamiert, zu dem alleinigen Zweck ausgeklügelt, die legale kommunistische Unterwanderung Westdeutschlands und Westeuropas zu ermöglichen. Spätestens mit der Ausschaltung des Alliierten Kontrollrats war der Vertrag nur noch ein Fetzen Papier. Schon 1945 erschien in dem amerikanischen Magazin ›The New Yorker‹ eine Karikatur, die zwei Schweine zeigte, ein geschlachtetes, an einer Wand hängend, und ein lebendiges, das höchst fröhlich herumlief, das geschlachtete mit den Gesichtszügen Hitlers, das lebendige mit denen Stalins, darunter die Worte: Verdammt, jetzt haben wir das falsche Schwein geschlachtet! Von diesem Aspekt gesehen, war es dann völlig konsequent, als der amerikanische Außenminister – wie er sich ausdrückte – seine Glacéhandschuhe auszog und den Kalten Krieg eröffnete. Der Haupttrumpf, in dessen Besitz sich die USA damals wähnten, die Atombombe und schließlich die Wasserstoffbombe, stach nicht. Blockade Westberlins, Währungsreform und die Etablierung der beiden

Deutschlands waren die ersten Stationen dieser unseligen Epoche.

Über zwanzig Jahre lang lebten und entwickelten sich die beiden Deutschlands nebeneinander her, handelten zwar miteinander, beschimpften und bekämpften sich aber wie Todfeinde, wobei die Bundesrepublik sogar die Existenz eines zweiten deutschen Staats mit zäher Verbissenheit überhaupt bestritt. Heute ist das vorüber, die Hallstein-Doktrin schon fast vergessen. Wir haben einen regulären Vertrag zwischen den beiden Staaten und nur noch den üblichen deutschen Streit um die kleinen »Prinzipielligkeiten«, schon darum zum Beispiel, ob es ein Grund- oder ein Grundlagenvertrag sei.

Unsere Nation lebt seitdem mit internationaler Anerkennung von Ost und West in zwei souveränen und voneinander unabhängigen Staaten. Aber wohin geht nun der Weg? Werden sich die beiden Teile der Nation, im vergangenen Jahrhundert erst kaum vereint, schon wieder auseinanderleben wie die Österreicher und die »Reichsdeutschen«? Wird es in Zukunft nicht nur ein kapitalistisches und ein sozialistisches Deutschland, sondern auch eine kapitalistische und eine sozialistische deutsche Nation geben? Werden die Hoffnungen und Wünsche, die Urteile und Vorurteile, die Ideen und Anschauungen der Menschen in diesen beiden Deutschlands sich von Grund auf wandeln und auseinanderstreben, nach dem Grundsatz, daß die herrschenden Ideen immer die Ideen der Herrschenden sind? Es wäre schlimm und beinahe hoffnungslos, wenn es so einfach wäre. Die umwälzenden Ideen gehen eben stets den Umwälzungen voraus; aber auch keine noch so tiefgreifende Umwälzung wäscht innerhalb einer Generation den ideologischen Unrat aus den Gehirnen. Das gilt im kapitalistischen Deutschland ebenso wie im sozialistischen. Nicht die Nationen, sondern die Herrschaftsverhältnisse, unter denen sie leben, sind kapitalistisch oder sozialistisch.

Für das Zusammenleben der beiden deutschen Staaten gelten – das wird von beiden Seiten bekräftigt – die Grundsätze der friedlichen Koexistenz von Staaten verschiedener Gesellschaftsordnung. Ist damit nun jede Perspektive auf eine Wiedervereinigung der deutschen Nation in einem einheitlichen Staatsgebilde ad acta gelegt? Niemand wird bestreiten, daß ein kapitalistisches und ein sozialistisches Deutschland wahrhaftig nicht zu einem einheitlichen Staat auf friedlichem Wege vereinigt werden können. Eine deutsche Wiedervereinigung kann es nur geben, wenn einer der beiden Staaten die Gesellschaftsform des anderen annimmt. Dazu müßte also entweder die Bundesrepublik sozialistisch oder die DDR wieder kapitalistisch werden. Daß die Bundesrepublik dereinst sozialistisch werden wird, erscheint mir zwar unausweichlich, ist aber gegenwärtig kaum akut. Ein Rückfall der DDR in den Kapitalismus aber könnte nur durch militärische Einmischung mit Gewalt herbeigeführt werden. Eins ist jedenfalls klar: Wiedervereinigung setzt Umsturz in einem der beiden Staaten voraus. Demnach sind die Leute in der DDR, die nichts von der Wiedervereinigung wissen wollen, die friedlichen Leute, während die Bundesrepublikaner, die das Streben nach der Wiedervereinigung als die unverzichtbare Hauptaufgabe der Nation bezeichnen, im Grunde Leute sind, die die Hoffnung auf einen konterrevolutionären Umsturz in der DDR nicht aufgeben wollen. Das »Gerede von der Wiedervereinigung«, wie man sich heute in der DDR abfällig ausdrückt, ist also tatsächlich reaktionär und jedenfalls aggressiv und mit den Prinzipien der friedlichen Koexistenz nicht vereinbar. Die von der DDR vertretene Forderung nach sachlicher Abgrenzung ist das Gegenteil davon, nämlich friedlich und rein defensiv.

Es ist eigentlich ein Widersinn, daß man diese friedliche und defensive Haltung der DDR in der BRD nicht anerkennt und positiv bewertet. Glaubt man vielleicht dem »Gerede von der Wiedervereinigung« selber nicht? Fürchtet man sich vielleicht, daß mit der internationalen Aufwertung der DDR auch die Ideen des Sozialismus in der BRD aufgewertet werden könnten? Reaktionäre haben gewöhnlich eine feine Nase für den Wind der Revolution. So nimmt es nicht wunder, wenn Franz Josef Strauß von nichts anderem mit mehr Emphase redet als von der nahenden sozialistischen Gefahr. Tatsächlich ist die gegenwärtige Situation paradox.

Müßte nicht eigentlich der sozialistische Staat Quell aller deutschen Zukunftshoffnungen sein? Müßte nicht die DDR eine faszinierende Wirkung auf die Arbeiterklasse und alle Progressiven in der Bundesrepublik ausüben und die revolutionären Kräfte dort aktivieren und mobilisieren? Müßte also nicht eigentlich die Bundesrepublik auf strenge Abgrenzung bedacht sein, um sich der Verführung durch den Sozialismus zu erwehren?

Die Erklärung ist bekanntlich sehr einfach: Der Sozialismus in der DDR ist – vorläufig – nicht attraktiv. Im Gegenteil. Die Arbeiter und Bauern flüchten in Massen aus dem Arbeiter- und Bauernstaat hinüber in das kapitalistische Westdeutschland. Die

DDR war gezwungen, zur Eindämmung dieses Stroms an ihren Grenzen die Mauer zu bauen, sonst wäre sie verblutet. Noch heute steht diese Mauer, um die uns niemand beneidet, und keiner kann sagen, was geschähe, wenn sie jetzt geöffnet würde. Seit ihrer Errichtung im Jahre 1961 ist zwar viel geschehen. Das Alltagsgrau der Phase der »ursprünglichen Akkumulation«, mit der der sozialistische Aufbau begonnen hatte, beginnt, helleren und leuchtenderen Farben zu weichen. Wohlstand breitet sich aus. Der wirtschaftliche Vorsprung der Bundesrepublik wird zusehends kleiner. Wir haben keine Inflation und keine Energiekrise. Niemand ist besorgt, seinen Arbeitsplatz zu verlieren. Und in den Kinos und Theatern weht ein freierer Wind aus der großen weiten Welt. Die DDR macht die ersten, noch etwas unbeholfenen Schritte auf dem internationalen Parkett.

Aber. Ja, da ist immer noch das »Aber«. Die materiellen Probleme sind gelöst, im wesentlichen, aber um so mehr treten andere ins Bewußtsein. Im Grunde geht es immer um das Zauberwort »Freiheit«. Die DDR-Bürger interessieren sich natürlicherweise sehr für die Bundesrepublik. Sie wollen vergleichen und zu eigenen Urteilen kommen. Die Bundesbürger können zwar jetzt ohne Schwierigkeiten die DDR besuchen. Aber um als DDR-Bürger die BRD besuchen zu können, muß man das Rentenalter erreicht haben. Jüngere könnten ja »abhauen«. Bei Rentnern hat man nichts dagegen. Erstaunlicherweise aber denken die Rentner gar nicht daran, sondern kommen alle brav zurück. Vielleicht weil sie wissen, daß man sie hier nicht mit Gewalt festhält. So sind für den Normalbürger der DDR die Hauptinformationsquellen über den Westen die Erzählungen der Rentner und das westdeutsche Radio und Fernsehen, hauptsächlich das letztere. In den Zeitungen der DDR steht wenig über die BRD, heute noch weniger als früher.

Dem Bürger der DDR steht immer noch nur »behördlich genehmigte« Literatur zur Verfügung. Er lebt unter einer ideologischen Käseglocke. Alles Gedruckte wird in den Koffern und Paketen an den Grenzen beschlagnahmt. Das Unangenehme dabei ist auch noch, daß diejenigen, die das Lesen der westlichen Literatur verbieten, selbst alles lesen dürfen und auch ganz ungeniert in Zeitungen und Zeitschriften davon berichten, kritisch und parteilich, wie sich das gehört, aber eben nicht nachprüfbar. Am laufenden Band bekommt der DDR-Bürger Meinungen über Bücher und Autoren zugeteilt, Meinungen, die »man« zu haben hat, ohne jemals eine Zeile des kritisierten Autors gelesen zu haben. Ganze Bücher erscheinen über Bücher, die zu lesen streng verboten ist. Der DDR-Staat traut eben seinen Bürgern das selbständige Denken nicht zu. Besorgt wie eine Glucke um ihre Küken, achtet unser Staat darauf, daß die geistige Nahrung seiner Bürger stets keimfrei und hochsteril ist. Die westliche Literatur mit ihren giftigen und infektiösen Gedanken könnte das Denken der Arbeiter und Bauern verwirren und krank machen. Das »Denken«, nach strengen Regeln, versteht sich, ist einer besonderen Schicht vorbehalten, einer hochbezahlten, privilegierten Kaste von Intellektuellen und Staatsfunktionären.

Es ist dies überhaupt eine merkwürdige Erscheinung im Sozialismus der DDR und anderer sozialistischer Staaten, die nach dem Moskauer Vorbild konstruiert sind, diese realtiv breite Schicht der Privilegierten. Sie ist keineswegs auf Partei- und Staatsfunktionäre beschränkt. Dazu gehören die höheren technischen und kaufmännischen Chargen der Wirtschaft, die Manager, zahlreiche Wissenschaftler, Künstler, Schriftsteller, Journalisten, Schauspieler, Sänger, Regisseure und andere mehr oder weniger Freischaffende. Die Lohnabhängigen gehören nicht dazu. Es gehören auch keineswegs alle Angehörigen der hier aufgezählten Berufe zu den Privilegierten. Viele Wissenschaftler, Künstler und Schriftsteller der DDR verdienen weniger als ein qualifizierter Fabrikarbeiter. Auch die Höhe des Einkommens ist nicht das einzige soziale Merkmal des Privilegierten, wenn auch hier meist, wie im Westen, das äußerlich sichtbare Statussymbol das Auto ist. Der unterste Rang etwa fährt Wolga oder Fiat-Polski. Die höheren Ränge haben teure Westwagen. Aber »man« hat nicht nur einen solchen Wagen der Oberklasse, man bekommt ihn auch fast ohne Wartezeit. Der Normalbürger der DDR muß auf einen Trabant oder Wartburg 4 bis 6 Jahre warten. Die Privilegierten leben tatsächlich hier besser als im Westen, besonders wenn man bedenkt, daß sie ihre Privilegierung nicht außergewöhnlichen fachlichen Leistungen verdanken, sondern einfach nur ihrer bedingungslosen Gefügigkeit und der für alle Karrieristen typischen Fähigkeit, das mangelhafte Urteilsvermögen der Partei- und Staatsbürokratie in fachlichen Dingen bedenkenlos auszunutzen. Sie bewohnen die luxuriösen Villen, die die Bourgeoisie hier hinterlassen hat, manche auch schon in modernen Neubauten. Sie haben oft mehrere Sommerhäuser, im Gebirge und an der See und dürfen lange Reisen auch ins westliche Ausland machen, reichlich ausgestattet mit den dafür erforderlichen Devisen. Ob sie tatsächlich die »neue Klasse« sind, wie Milovan Djilas meint? Ich glaube es nicht.

Auch die »reichsten« Privilegierten der DDR sind, verglichen mit den großen Multimillionären des Kapitalismus, eben doch nur kleine Fische. Außerdem wissen sie, daß der HERR ihnen die Privilegien noch schneller wieder nehmen kann, als er sie gegeben hat. Eben darum sind sie so gehorsam und gefügig. Aber dienen sie – auf ihre Weise – vielleicht doch der Sache des Sozialismus? Dienen sie dem sozialistischen Staat deutscher Nation? Ist das Vorhandensein, ja die zunehmende Ausbreitung einer solchen Schicht von Schmarotzern womöglich eine gesetzmäßige Erscheinung, die nun eben einmal zum Sozialismus gehört? Auf die Gefahr hin, von meinen Genossen in der SED nun wiederum des Revisionismus, des Sozialdemokratismus und der Gleichmacherei geziehen zu werden, erkläre ich: Dies alles einschließlich der Grenzsperre, der Zensur und des Literaturverbots und überhaupt all der würdelosen Gängelei der Bürger – es hat nichts, aber auch gar nichts mit Sozialismus zu tun.

Das möchten ja gerade die Feinde und Kritiker des Sozialismus, daß alle diese beschämenden Erscheinungen für den Sozialismus charakteristisch seien. Man kann also den Reaktionären gar keinen größeren Gefallen tun, als dies alles zu beschönigen, zu »erklären« oder gar zu rechtfertigen. Und darauf läuft das neuerdings in der DDR in Mode gekommene Wort vom »realen Sozialismus« hinaus, vom »Sozialismus, den man eben nehmen müsse, wie er wirklich ist«, mit dem man sich abfinden müsse, weil er ja immer noch besser sei als der böse Kapitalismus. Nein, der »reale Sozialismus« ist einer, mit dem man sich nicht abfinden darf. Man muß alles tun, diese Phase zu überwinden, in der der Sozialismus Gefahr läuft zu verunglücken. Dazu gehört auch, daß man der Kraft und dem politischen Denkvermögen der Volksmassen endlich Vertrauen schenkt, indem man die Kritik an den Erscheinungen des realen Sozialismus nicht erwürgt, sondern zur Hauptaufgabe der politischen Auseinandersetzung macht. Dann wird man endlich, ohne daß uns der Atem stockt, sagen können: die DDR, der sozialistische Staat deutscher Nation.

In: ›25 Jahre Bundesrepublik Deutschland‹. Hrsg. von Severin/Jetter. Molden Verlag, Wien 1974. S. 333–338. – Teilabdruck in: ›Wirtschaftswoche‹ 19. 4. 1974.

Bürgerkrieg oder Wiedervereinigung in Deutschland?

Deutschland, Vietnam und Korea sind »ost-west-geteilte« Staaten, gegen ihren Willen in zwei Teile zerrissen. Die Völker, die in ihnen leben, haben noch das Bewußtsein ihrer nationalen Einheit, die staatliche ging verloren. Für immer? Nichts geschieht für immer. Nicht nur in Vietnam und Korea.

Auch in Deutschland werden die Grenzbefestigungen fallen. Die Frage ist nur: Welche Seite wird sie einreißen? Von allen Möglichkeiten, die in Betracht zu ziehen sind, wäre die günstigste, wenn es die Erbauer selbst wären, die die Mauer wieder abbauen. Das wäre möglich, wenn die wirtschaftlichen und politischen Verhältnisse sich in Deutschland derart zugunsten der DDR verändert hätten, daß es keinen einseitigen Menschenstrom aus der DDR in die BRD mehr gäbe. Schon jetzt übt die DDR auf viele in der BRD eine wachsende Attraktion aus, während als Folge der sich verschärfenden kapitalistischen Krise die Anziehungskraft der BRD auf die Bürger der DDR nachläßt.

Nehmen wir einmal an, in der DDR, aber auch in anderen sozialistischen Staaten und auch in der Sowjet-Union hätte sich ein großer politischer Wandel vollzogen. An die Stelle des bürokratischen Zentralismus wäre wirklich sozialistische Demokratie getreten. Was heute in den Verfassungen dieser Staaten zwar schon dekretiert ist, die Freiheit der Meinungsäußerung, der Information und der Organisation, wäre auch praktisch verwirklicht. Alle Reisebeschränkungen wären aufgehoben. Eine wunderbare Blüte von Kunst und Wissenschaft hätte begonnen, frei sich entfaltend, ohne die engstirnige Bevormundung durch halbgebildete Amtsbanausen. Mit einem Wort: Nehmen wir an, in den sozialistischen Staaten wäre der Sozialismus ausgebrochen! Ja, dann hätten wir Mauererbauer die Mauer nicht mehr nötig und der Weg zur friedlichen Wiedervereinigung wäre nicht mehr weit. Nichts als eine Fata morgana? – Vielleicht, aber eine Fata morgana ist zwar eine Luftspiegelung, doch das Gespielte existiert wirklich. Vorgetäuscht wird nur die greifbare Nähe der rettenden Oase.

1968, in der ČSSR, waren wir schon einmal diesem Ziel sehr nahe. Damals vollzog sich zugleich in Frankreich, was zuvor nur eine kühne Hoffnung gewesen war: die Vereinigung der revolutionären studentischen Jugend mit der Arbeiterklasse. Der brutale Einbruch der sozialistischen Brüder in den Prager Frühling hat mehr zerstört als eine Hoffnung, er vernichtete eine reale Chance für den weltweiten Sieg des Sozialismus.

Das Patt zwischen Ost und West garantiert vorläufig die Fortdauer der Spaltung. Aber nicht einmal das Patt garantiert sie für immer. Es kommt darauf an, was für beide Seiten teurer ist, Spaltung oder Wiedervereinigung zugunsten der anderen Seite. In Vietnam wurde den Amerikanern die Verteidigung der Spaltung zu teuer. Das Thieu-Regime ist dem Untergang geweiht. Auch in Korea wird sich das korrupte Park-Regime auf die Dauer nicht halten können und die USA werden es auf die Dauer nicht halten wollen. Aber in Europa, in Deutschland? Vorläufig ist es schwer vorstellbar, daß eine Seite ihre Position freiwillig räumt. Aber die Lage in der Welt ist kompliziert und viele Möglichkeiten eines Arrangements sind denkbar.

Die Regierung der DDR tritt für die klare völkerrechtliche Abgrenzung der beiden deutschen Staaten ein und wehrt sich gegen jeden Versuch Bonns, die DDR anders zu behandeln als andere Staaten (abgesehen von den wirtschaftlichen Abmachungen über den gegenseitigen Handel, den Swing und einiges andere). Sie beweist damit nur, daß sie die Lage realistisch einschätzt. Der Sozialismus muß auch in Deutschland ersteinmal viel Zeit wiedergewinnen, die er dank Stalin und seinen Nachfolgern verloren hat. Das Schlimme ist nur, daß man in den sozialistischen Ländern die Frist, die wir noch haben, ganz ungenügend nutzt. Es wäre auch sehr unklug, dabei allzusehr auf die internationale Krise des Kapitalismus zu bauen. Von dieser Krise können auch große Gefahren für den Frieden und die Existenz der Menschheit ausgehen. Solange der Sozialismus seine gegenwärtige bürokratische Sklerose nicht überwunden hat, kann er auch auf die sozialistische Revolution als eine Folge dieser Krise in den kapitalistischen Ländern nicht hoffen.

›europäische ideen‹ 10/11/1975. – Abdrucke bzw. Sendungen in: Südwestfunk 7. 3. 1975. – ›Vorwärts‹ (Bad Godesberg) 27. 3. 1975. – BBC London 1. 4. 1975. – ›Berliner Stimme‹ 5. 4. 1975. – ›Die Zeit‹ 11. 4. 1975. – ›Frankfurter Rundschau‹ 19. 4. 1975. – Sender Freies Berlin 30. 4. 1975. – ›Deutschland Archiv‹ (Köln) Mai 1975. – Bayerischer Rundfunk 19. 8. 1975. – ›Informationen‹ (Hrsg. v. Bundesministerium für innerdeutsche Beziehungen) 8/1975. – Teilweise gekürzt.

»Freiheit ist Einsicht in die Notwendigkeit.« Der Marxismus hat sich bekanntlich diesen berühmten Satz Hegels zueigen gemacht. Wenn die Lehre, die heute von Amts wegen in den sozialistischen Ländern als Marxismus ausgegeben wird, tatsächlich diese Bezeichnung verdienen sollte, so hieße dies, daß der von Lenin bis Ulbricht und Breschnew weiter entwickelte »moderne« Marxismus in Theorie und Praxis einen Gebrauch von diesem Satz gemacht hat, an den wohl selbst der staatstreue Preußen-Hegel nicht im Traume gedacht hat. Denn nach der im Staats-Marxismus vollzogenen Metamorphose präsentiert sich der Hegelsche Satz etwa in folgender Form: Freiheit (des Staates) erfordert Einsicht in die Notwendigkeit der Unfreiheit (des Individuums).

Unfreiheit als Notwendigkeit! Dies ist die fast mit exhibitionistischer Lust zur Schau gestellte Praxis geworden. So zieht man in Berlin mit den befreundeten Staats- und Parteimännern voller Stolz zum Brandenburger Tor und zeigt ihnen die Mauer, den »antifaschistischen Schutzwall«. Und selbst ein Fidel Castro sagt nichts, schmunzelt nur in seinen Bart hinein und denkt wahrscheinlich darüber nach, wie gut es ist, auf einer Insel zu wohnen. Rentner dürfen reisen – nach jenseits der Mauer. Sie arbeiten nicht mehr und kosten nur Geld. Ein paar Mark West als Handgeld gibt man ihnen mit auf die Reise. Sie sind darauf angewiesen, sich von Verwandten und Freunden im Westen das nötige Geld schenken zu lassen. Aber Millionen, die jetzt aus dem Westen in die DDR kommen, müssen hohe Tagessätze 1:1 umtauschen. Eigentlich müßten die DDR-Rentner dies Geld bekommen. Dann hätte man auch im Westen nichts gegen den Zwangsumtausch, der ja nur die Armen trifft. Der Kapitalismus also auf der Seite der Armen – gegen den sozialistischen Staat! Welcher Hohn! Die arbeitsfähigen Jahrgänge und die Jugend dürfen nicht nach dem Westen. Jeder weiß warum: Weil sie sonst in Massen türmen würden, so wie vor dem 13. 8. 1961, dem Tag der Errichtung der Mauer.

Aber wer das sagt, öffentlich, bekommt einen Prozeß wegen Staatsverleumdung und wird für einige Jahre eingesperrt. Das Mißtrauen zwischen dem Staat und seinen Bürgern ist abgrundtief, von beiden Seiten. Und es ist begründet. Bei den sogenannten Wahlen stimmen über 99% für die Einheitsliste. Gegenkandidaten gibt es nicht. Wenn der Staat seinen Bürgern dieses Vertrauensbekenntnis glauben würde, könnte er die Mauer abreißen lassen. Aber der Staat weiß, daß die 99% nur zustande kommen, weil die Bürger ihrem Staat eben nicht trauen. Darum bleibt die Mauer und wird sogar immer weiter perfektioniert. Sie ist die materielle Form des staatlichen Mißtrauens und damit auch das unwiderlegliche Argument für den Fortbestand des allgemeinen Mißtrauens der Bürger gegenüber ihrem Staat. Er ist ein Circulus vitiosus. Wie es Bertolt Brecht nach dem 17. Juni 1953 formuliert hat: Das Volk hat das Vertrauen der Regierung verloren. Die Regierung muß sich ein neues Volk wählen.

Unfreiheit als Notwendigkeit! Es gibt das neue Volk, das die Regierung sich gewählt hat. Es ist voller Einsicht in die Notwendigkeit seiner Unfreiheit. Das Ergebnis ist eine neue, höhere Form der Freiheit. Sie basiert auf dem Bewußtsein, daß das Bewußtsein der Massen, also jedes Einzelnen, hoffnungslos schwächlich ist. Die neuen Menschen haben eingesehen, daß sie den Sirenengesängen des kapitalistischen Westens hilflos ausgeliefert wären und ihr sozialistisches Bewußtsein vor ihnen dahinschmölze wie Wachs an der Sonne. Also wollen sie freiwillig hier bleiben. Sie lesen nur Ost-Zeitungen, Ost-Zeitschriften und Ost-Bücher. Sie hören kein West-Radio und sehen nicht westfern. Sie lassen den Klassenfeind nicht in ihre Stuben und sind taub für seine Lügen. Sie sind die Leute, die die Leitartikel in den Zeitungen lesen und beherzigen. Sie sind einwandfrei sauber, total keimfrei steril. Sie sind die sozialistische deutsche Nation im sozialistischen deutschen Staat. Sie wählen 99%ig die Kandidaten der nationalen Front, die der weise Staatsapparat für sie ausgewählt hat; denn sie wissen, daß sie bestimmt nicht die richtige Wahl treffen würden, wenn sie sie selbst auswählen müßten.

Daß das Zentralkomitee sich die richtigen Volksvertreter und die richtige Regierung ausgewählt hat, kann man ja schon daran erkennen, daß bei allen Abstimmungen die Anträge der Regierung stets einstimmig angenommen werden, selbstverständlich nachdem sie vorher vom Zentralkomitee beschlossen worden sind. Ist diese sozialistische Demokratie nicht einzigartig in ihrer Vollkommenheit!

Auch nach den neuesten Änderungen heißt es in der Verfassung der Deutschen Demokratischen Republik in Artikel 27 immer noch: »Jeder Bürger der Deutschen Demokratischen Republik hat das Recht, den Grundsätzen dieser Verfassung gemäß seine Meinung frei und öffentlich zu äußern. Dieses Recht wird durch kein Arbeits- oder Dienstverhältnis beschränkt. Niemand darf benachteiligt werden, wenn er von diesem Recht Gebrauch macht.« Nach wie vor wird dieser Artikel der Verfassung durch die Gerichte der DDR verletzt. Gegen diese Feststellung hört man manchmal den Einwand, der Passus »den Grundsätzen dieser Verfassung gemäß« besage, daß man nur solche Meinungen frei äußern dürfe, die sich in Einklang mit den »Grundsätzen dieser Verfassung« befinden, was aber jede Kritik an der Regierung, an der regierenden Partei und an ihrer Politik ausschließe. Demnach könne ein Gericht sich jederzeit darauf berufen, daß Kritik an der Regierung nicht den Grundsätzen dieser Verfassung gemäß, also zu verurteilen sei. Wer diese Auslegung aber als eine glatte Verhöhnung der Verfassung und ihrer Grundsätze ansieht, kann die Praxis der Gerichte, die öffentliche Kritik an der Regierung bestrafen, nicht billigen.

Wenn man an das neue Volk denkt, das die Regierung sich gewählt hat, diese sozialistische Nation, dann erscheint jeder Streit über die Frage, was ein Artikel über die freie Meinungsäußerung eigentlich besagt, allerdings als rein akademisch. Diese Leute sagen ja sowieso nur Sachen, mit denen die Obersten einverstanden sind. Weil sie ja nur nachbeten, was die Obersten sagen. Aber wer ist dieses neue Volk: Eine traurige Clique von Speichelleckern, Karrieristen, Verleumdern, Spitzeln, Geheimpolizisten, Scharlatanen, Betrügern und Geschäftsmachern, die sich am Sozialismus mästen.

Das wirkliche Volk aber, die arbeitenden Volksmassen, die Arbeiter, Bauern, Studenten, Techniker, Wissenschaftler, Künstler und Wirtschaftsfachleute, sie leiden ganz und gar nicht freiwillig unter der Unfreiheit, deren Notwendigkeit sie nicht einsehen wollen und nicht einsehen können.

In allen vergangenen Zeiten gab es und gibt es bis auf den heutigen Tag gesellschaftliche Notwendigkeiten, die besonders die davon Betroffenen nicht einsehen wollen und nicht einsehen können. Denken wir nur als ein Beispiel an die Sklaverei. Die Sklavenhaltergesellschaft stellte unter bestimmten historischen Bedingungen einen großen Fortschritt dar, durch den bedeutende ökonomische und kulturelle Errungenschaften ermöglicht wurden. In dieser Gesellschaft waren die Sklaven ebenso eine gesellschaftliche Notwendigkeit wie die Sklavenhalter. Wie leicht war es in dieser Gesellschaft, diese Notwendigkeiten einzusehen, wenn man ein Sklavenhalter war. Aber von den Sklaven war dies nicht zu erwarten. Um sie dem Zwang dieser Notwendigkeit zu unterwerfen, hatte die Gesellschaft zwei Mittel der Unterdrückung: die materielle Gewalt und die ideologische Verhüllung, zwei Mittel, die bis in unsere Zeit dazu dienen, gesellschaftliche Notwendigkeiten bei denjenigen durchzusetzen, die sie nicht einsehen wollen oder können. In der Sklavenhaltergesellschaft und im Feudalismus wird die ideologische Verhüllung der gesellschaftlichen Wirklichkeit hauptsächlich mit den Mitteln des religiösen Kults bewirkt. Im religiösen Kult wird die gesellschaftliche Hierarchie als gottgewollte Ordnung dargestellt und gerechtfertigt. Die Pharaonen waren Götter, selbst der japanische Kaiser ist noch ein Gott, die feudalen Fürsten bis zu Wilhelm II. waren »von Gottes Gnaden«. Mit dem Erscheinen der bürgerlichen Klasse und ganz besonders nach ihrer Machtergreifung tritt eine neue umfassendere Ideologie an die Stelle der religiösen Lehren. Mit der Entwicklung der gesellschaftlichen Produktion geht einher, als deren Folge und Voraussetzung zugleich, ein enormer Aufschwung der Naturwissenschaften. Die Welt tritt in die Epoche der Aufklärung. Schöpfung und Menschwerdung zu erklären wird Sache der Wissenschaft, während das Revier Gottes und seiner Stellvertreter auf den Bereich moralischer und ethischer Kategorien beschränkt wird, ein Bereich, der sich mit dem Vordringen der Wissenschaften Soziologie, Psychologie und Verhaltensforschung noch fortschreitend weiter verengt. An die Stelle der naiv-phantastischen Welterklärung tritt das wissenschaftliche Weltbild.

Aber dieses großartige moderne Weltbild, in dem die phantastische Vielfalt der Natur und des Kosmos immer umfassender abgebildet wird, ein Weltbild, das unvergleichlich phantastischer ist als alle naiv-phantastischen Weltbilder der Vergangenheit, es bleibt zunächst doch nur, was schon die Schöpfungsgeschichte für die moralischen Lehren der Religionen war, ein glanzvoller Rahmen, der der modernen Ideologie der bürgerlichen Gesellschaft den Schein der Wissenschaftlichkeit verleiht. Die gesellschaftlichen Notwendigkeiten, die die Ausgebeuteten und Unterdrückten nicht einsehen können noch wollen, werden nun nicht mehr religiös-kultisch gerechtfertigt und durch den Trost der Verheißung ausgleichender himmlischer Gerechtigkeit nach dem Tode erträglich gemacht, sondern werden wissenschaftlich erklärt und rational begründet. Wer sie nicht einsieht, dem mangelt es nicht an Glauben, sondern an Verstand. Die soziale Schichtung und Klassenteilung der Gesellschaft wird nicht aus der ökonomischen Struktur des Kapitalismus, sondern beide, Klassenteilung und kapitalistische Ökonomie werden biologisch aus der angeblich verschiedenen Wertigkeit der Menschen erklärt. Die Unteren, das sind die Dümmeren, Schlechteren, Fauleren, die nur durch Armut gezwungen werden können, wenigstens so viel zu leisten, wie ihr Dasein die Gesellschaft kostet. Und auch das können sie nur dank der Klugheit und Umsicht der Oberen, die die Klügeren, Edleren, Wertvolleren und Mehrleistenden sind. Elitetheorie und Rassismus leben da in engster Symbiose. Die herrschende Klasse hat nicht nur die Macht, sondern sie hat auch recht. Ihre Gesellschaftsordnung ist zwar nicht vollkommen, das wird nicht bestritten. Aber sie ist das kleinste von allen Übeln, das noch dazu durch ständige Verbesserungen immer weniger übel gemacht wird.

Heute, mehr als ein halbes Jahrhundert nach der Oktoberrevolution, wissen wir, daß damals keineswegs die Untergangsphase des Kapitalismus eingeleitet wurde, wie die Bolschewiki hofften, sondern daß noch eine weitere Periode enormen Wachstums folgte, in der durch wissenschaftlichen und technischen Fortschritt eine so gewaltige Zunahme der Produktivkräfte erreicht wurde, daß die zeitlich lange Anfangsphase des Kapitalismus in ökonomisch-technischen Maßstäben gemessen dagegen als vergleichsweise kurze Wegstrecke erscheint. Durch die zwei großen Weltkriege nicht behindert, sondern eher noch beschleunigt, hat sich das Tempo der Entwicklung der Produktivkräfte bis auf den heutigen Tag fortgesetzt gesteigert. Als Marx vor über hundert Jahren die Gesetzmäßigkeiten der kapitalistischen Ökonomie analysierte, konnte selbst die kühnste Phantasie nicht vorausahnen, welche phantastischen technischen Fortschritte in verhältnismäßig kurzer Zeit erreicht werden konnten.

Noch im Jahre 1872 prägte Du Bois-Reymond in einer Rede vor der preußischen Akademie der Wissenschaften das berühmte Wort von den Grenzen der wissenschaftlichen Erkenntnis: Ignoramus et ignorabimus, wir wissen nicht und wir werden nicht wissen. Und er begründete es ausgerechnet mit einer Reihe von angeblichen technischen Unmöglichkeiten, die inzwischen längst verwirklicht sind, z. B. mit der Behauptung, daß Farbfotografie prinzipiell unmöglich sei. Wer damals nur einige der wichtigsten technischen Errungenschaften aufgezählt und beschrieben hätte, die heute Selbstverständlichkeiten sind, wie Radio und Fernsehen, Luftfahrt, Raumfahrt, Atomenergie, wäre für geisteskrank gehalten worden. Noch als Edison seinen ersten Phonographen einer Gruppe von Wissenschaftlern vorführte, hielt man ihn für einen Betrüger, der in seinem geheimnisvollen Kasten einen Mann versteckt hatte, der die Töne hervorbrachte. Tatsächlich analysierte Marx den Kapitalismus in einer Zeit, als er eben angefangen hatte, sich frei zu entfalten. Seitdem vollzieht sich sein ökonomisches Wachstum zeitlich in geometrischer Progression.

In dem berühmten Meadow-Bericht des Club of Rome wird nachgewiesen, daß ein solches exponentielles Wachstum nicht unbeschränkt fortgesetzt werden kann. Die Energie- und Rohstoffquellen der Erde sind nicht unerschöpflich und setzen diesem ungezügelten Wachstum einfach unübersteigbare Grenzen. Da aber der Kapitalismus ohne Wachstum nicht fortbestehen kann, liegt eine große wirtschaftliche Krise vor uns, die leicht in der allgemeinen Katastrophe eines nuklearen Krieges enden kann.

Es ist ja der immer wieder neue technische Fortschritt, der bisher den Bestand und Erfolg der kapitalistischen Wirtschaft ermöglicht hat. Jede neue Erfindung, jede neue Technologie schafft neue Möglichkeiten des Profits und wirkt der allgemeinen Tendenz des Sinkens der Profitrate entgegen. Indem er sich alle zehn Jahre technisch neu ausrüstet – die alten Ausrüstungen sind, wie es in der Fachsprache heißt, »moralisch« verschlissen, lange bevor sie es rein technisch sind –, gewinnt die kapitalistische Wirtschaft immer neue Galgenfristen, durchläuft nur kleine Rezessionen und schiebt die große lebensbedrohende Krise vor sich her. Die Zeichen für ihr Herannahen sind bereits unverkennbar: Zerrüttung des Währungssystems, progressive Inflation, beginnende Massenarbeitslosigkeit. Wie lange es noch dauern wird, bis der große Zusammenbruch kommt, ist schwer zu sagen. Aber daß er große Gefahren für alle Menschen, nicht nur für die Bewohner kapitalistischer Länder, heraufbeschwören wird, steht außer Frage.

Obwohl die großen Industrieländer des Westens und des Ostens in einem unvorstellbaren Ausmaß aufgerüstet haben und über Vernichtungsmittel verfügen, mit denen man unseren Planeten in wenigen Wochen unbewohnbar machen könnte, ist der dritte große Krieg bisher ausgeblieben und wir leben, von lokalen kleineren Kriegen abgesehen, seit fast dreißig Jahren im »Frieden«. Diesen merkwürdigen Frieden verdanken wir den nuklearen Waffen. Weil es unter den gegenwärtigen technischen Bedingungen in einem Atomkrieg großen Stils keinen Sieger geben kann, nur den allgemeinen Atomtod, ist der Krieg unmöglich. Wenn aber eine der beiden Seiten sich durch irgendeine Erfindung einen technischen Vorsprung verschaffen könnte, der es ihr ermöglicht, die andere Seite zu vernichten, bevor sie überhaupt zum Gegenschlag ausholen kann, ist die Gefahr des Krieges sofort wieder da. Das Leben der Menschheit hängt an einem dünnen Faden. Nur eine große tiefgreifende Wandlung der politischen und ökonomischen Verhältnisse kann die tödliche Bedrohung von uns abwenden.

In dem Meadow-Bericht über die Grenzen des Wachstums wird zwar nicht gesagt, daß uns nur die Beseitigung des Kapitalismus vor der drohenden tödlichen Gefahr retten kann. Es wird nur angegeben, daß die wesentliche Bedingung für die ökonomische Katastrophe darin liegt, daß die Folgen der ökonomisch-technischen Verhaltensweisen, die ihre Ursachen sind, nicht sogleich mit diesen Ursachen, sondern mit einer zeitlichen Verzögerung von Jahrzehnten eintreten. Die Menschen denken eben immer nur an die Vorteile von heute und sind blind für deren katastrophale Folgen in der Zukunft – so sagt man und versucht auf diese Weise die schamlose und rücksichtslose kapitalistische Profitgier aus der Natur des Menschen zu erklären. Während in weiten Regionen der Welt furchtbare Hungersnot herrscht, macht man in den hochindustrialisierten Ländern größte Anstrengungen, um die Lebensmittelproduktion zu senken – um die hohen Preise zu halten. Verglichen mit den ungeheuren Aufwendungen für den privaten Luxus und den allgemeinen hohen Lebensstandard oder gar verglichen mit den Aufwendungen für die im Grunde gänzlich widersinnigen Rüstungen, sind das, was von den Tischen der Reichen für die Hungernden der Welt abfällt, weniger als Brosamen. Glaubt man in den Ländern der Reichen wirklich, daß man auf die Dauer ungestraft so weitermachen kann? Wenn man bedenkt, daß es Jahrzehnte dauert, bis die Wirkungen auf die Ursachen folgen, muß man fragen: Wann wird es endgültig zu spät sein? Oder ist es vielleicht schon zu spät?

In den westlichen kapitalistischen Ländern mehren sich die warnenden Stimmen. Schließlich ist auch der Bericht des Club of Rome dort entstanden. Aber jeder weiß, daß das, was man zur wirksamen Abwendung der drohenden Gefahr eigentlich vorschlagen müßte, unter den Bedingungen des Kapitalismus außerhalb des Bereichs jeder denkbaren Möglichkeit liegt. Um »das« durchzuführen, müßten wir unsere freie demokratische Ordnung aufgeben und sie durch ein dirigistisches Diktatur-Regime ersetzen – sagte kürzlich ein guter Freund aus dem Westen zu mir. Also durch ein Regime von der Art des unsrigen? – war meine Gegenfrage. Sie wurde bejaht.

Der ganze Widersinn der Entwicklung des Sozialismus in den sozialistischen Staaten offenbart sich in dieser Antwort. Denn die Antwort besagte ja tatsächlich nicht etwa, daß mein Gesprächspartner mit dieser Art der Lösung des Problems einverstanden war. Im Gegenteil, nicht nur, daß er diese »sozialistische« Lösung nur mit Entsetzen betrachtete, er hielt sie auch für ganz unmöglich, für unrealisierbar unter den gegenwärtigen Bedingungen. Und darin hatte er ohne Frage recht. In der Antwort meines Freundes, eines Sozialdemokraten, kam auch die tiefe Enttäuschung der Sozialisten des Westens über die Entwicklung in den sozialistischen Ländern zum Ausdruck. Das System der »Unfreiheit als Notwendigkeit« der Völker, die das Vertrauen ihrer Regierungen verloren haben, dieser »Sozialismus« war ohne jede Perspektive, nicht einmal im eigenen Herrschaftsbereich.

Das erkennt man schon an seinen ökonomischen Zielsetzungen. Die »Lebensqualitäten«, die er anstrebt, sind die, die der Kapitalismus bereits bietet. Aber während der Kapitalismus schon beginnt, unter den Auswirkungen seiner Konsum-Explosion Erstickungsanfälle zu erleiden, quält sich die sozialistische Wirtschaft mit gehörig rückständiger Technologie immer wieder vergebens damit ab, der kapitalistischen Wirtschaft auf ihrem immer sinnloser werdenden Wege zu folgen und wenn irgend möglich einzuholen. Statt daß der Sozialismus, wie Marx es prophezeite, die Produktivkräfte von ihren kapitalistischen Fesseln befreite, so daß sie sich nun stürmisch und ungehemmt entwickeln konnten, ist er auf fast allen Gebieten zum technologischen Hinkefuß geworden, der sich das Know-how gegen gutes Geld von den Kapitalisten kaufen muß. Das Beispiel, an dem diese Zusammenhänge am leichtesten durchschaubar sind, ist wohl das Auto. Es ist ein hochwertiger technischer Gegenstand, der bei einer mittleren Lebensdauer von wenigen Jahren jedoch keineswegs durch seinen Gebrauch, sondern eigentlich durch seinen Nichtgebrauch abgenutzt wird, denn es steht, die Straßen verstopfend, mehr als 95 % seiner Lebenszeit unbenutzt, Wind und Wetter schutzlos preisgegeben – und in diesem Zustand nur als störend empfunden – herum. Es soll dem Nahverkehr dienen und ist für 4–5 Personen gebaut. Es wird aber fast immer nur von einer Person benutzt. Das Auto kann enorme Geschwindigkeiten erreichen. Spitzengeschwindigkeiten von 150 km/h sind ganz normal. Da aber nur sehr selten Gelegenheit ist, so schnell zu fahren, entsteht bei seinem Besitzer ein großer Reiz, die wenigen sich hierfür bietenden Gelegenheiten voll auszunutzen. Weil nicht jeder ein geübter Rennfahrer ist, kommt es zu schrecklichen Unfällen. Aber auch auf den verstopften Straßen der Städte sterben jährlich Tausende, Autofahrer wie Fußgänger, kleine Kinder und besonders alte Leute, den Verkehrstod durch das Auto. 1973 waren es in der BRD 20000, 1974 etwas weniger, aber wohl hauptsächlich wegen der Ölkrise und der Konjunkturflaute. Das Auto ist das mit weitem Abstand gefährlichste Verkehrsmittel, das es je gab. Durch Flugzeugunfälle kommen trotz des enormen Verkehrs in der ganzen Welt jährlich nur einige Hundert bis Tausend Menschen um, wobei die je Person zurückgelegten Flugkilometer die in den Autos der BRD bewältigten »Personenkilometer« um ein hohes Vielfaches übersteigen. Eigentlich müßte das Auto schon seiner Lebensgefährlichkeit wegen verboten werden. Nicht weniger schwer wiegen aber die ökonomischen Einwände. Enorme Mengen wertvoller Rohstoffe enden praktisch für immer verloren in den Autowracks. Das Verhältnis zwischen Eigenlast und Nutzlast ist derart ungünstig, daß statt Motorleistungen von 1–2 PS, die für die schnelle Beförderung eines Menschen ausreichen (z.B. mit dem Moped oder dem Bus oder mit S-Bahn), nun Leistungen von 50–200 PS gebraucht werden. Entsprechend hoch ist die sinnlose Energieverschwendung. Hinzu kommen die enormen staatlichen Aufwendungen für den Straßenbau und das gesamte Verkehrswesen auf Straßen und Autobahnen. Schließlich ist das Auto einer der aktivsten Umweltverschmutzer. Vom rein technischen Standpunkt betrachtet ergibt sich, daß das Auto für die Lösung der verkehrstechnischen Aufgaben, denen es angeblich dienen soll, eine kapitale Fehlkonstruktion darstellt. Dabei ist es nicht etwa so, daß wir bei dem gegenwärtigen Stand der Technik keine bessere Lösung dieser Aufgabe zur Verfügung haben. Eine Gruppe von Fachleuten könnte im Handumdrehen ein System von automatisierten Transportmitteln entwerfen, mit dessen Hilfe jedermann schneller und dabei praktisch gefahrlos alle Nahverkehrsziele erreichen kann, und das gleichzeitig nur einen Bruchteil an Material und Energie von dem kosten würde, was gegenwärtig gesamtwirtschaftlich von den Autos verschlungen wird. Dies würde aber bedeuten, daß die Autoindustrie, heute einer der Eckpfeiler der kapitalistischen Industrie, seine Rolle ausgespielt hätte. An die Stelle der bisherigen privaten Käufer der Autos träten wenige wohl meist staatliche Auftraggeber.

Nicht nur die Straßen und Autobahnen, sondern auch der gesamte auf ihnen rollende Verkehr würde Teil der Infrastruktur. An die Stelle des privaten Konsums von »Personenkilometern« wäre deren gesellschaftlicher Konsum getreten. Die freie Marktwirtschaft hätte ihren größten und mächtigsten Partner verloren.

Ich will nicht behaupten, daß diese großzügige Umstellung mit ihren enormen Vorteilen für die Menschen im Kapitalismus absolut unmöglich wäre. Aber sie wäre gewiß nur mit großen Schwierigkeiten und gegen harten Widerstand zu realisieren. Im Sozialismus, so sollte man meinen, wäre ihre Durchführungtnur noch ein technisch-wissenschaftliches Problem.

Was aber geschieht statt dessen in den sozialistischen Ländern? Um endlich den Anschluß an das »Weltniveau« zu gewinnen, werden riesige Automobilwerke nach den Lizenzen westlicher Autokonzerne und in direkter technischer Zusammenarbeit mit ihnen gebaut. Wenn sich in nächster Zeit die Ströme der von diesen Werken produzierten fahrbaren Untersätze auf die Straßennetze dieser Länder, die verglichen mit den westeuropäischen größtenteils noch sehr unterentwickelt sind, ergießen werden, dann wird es hier noch schneller als im Westen zu den widersinnigen und chaotischen Verkehrsverhältnissen kommen, die der Kapitalismus uns vor Augen führt. Daß der von der ständigen Anheizung des individuellen Konsums lebende Kapitalismus das Auto zum zentralen sozialen Statussymbol gezüchtet hat, steht völlig im Einklang mit seiner Klassenstruktur. Wie soll man aber verstehen oder gar rechtfertigen, daß der gleiche Prozeß sich in erschreckender Weise in den sozialistischen Ländern wiederholt? Nun könnte vielleicht als Entschuldigung eingewendet werden, die Massen in den sozialistischen Ländern, deren Lebensstandard immer noch erheblich unter dem Lebensstandard der Massen in den kapitalistischen Ländern liegt, würden wenig Verständnis dafür haben, wenn ihnen das Auto weiterhin vorenthalten wird und statt dessen kostspielige Experimente mit neuen öffentlichen Verkehrsmitteln gemacht würden. Dies ist aber nur eine Ausrede. Denn längst bevor die Massenproduktion von Autos überhaupt erwogen wurde, gab es schon die Produktion von Mittelklasse- und Luxuswagen für die Staats- und Parteifunktionäre.

Und man soll nicht etwa glauben, der wirtschaftliche Aufwand für die Produktion der großen Luxuswagen vom Typ Tschaika falle nicht ins Gewicht. Aber selbst wenn er das nicht täte, warum begnügt man sich nicht mit einfachen Autos? Warum wiederholt man die Widerspiegelung der sozialen Hierarchie in einer entsprechenden Stufenleiter von Autotypen – ganz wie im Kapitalismus? Einfach deshalb, weil man offensichtlich überhaupt noch nicht begriffen hat, daß der Sozialismus sich auch in seinen ökonomischen Zielsetzungen grundsätzlich vom Kapitalismus unterscheiden muß, wenn er historisch überhaupt bestehen will.

Was ich hier am Beispiel des Automobils demonstriert habe, ließe sich bis ins Detail in der gesamten wirtschaftlichen Tätigkeit der sozialistischen Länder nachweisen. Es ergibt sich, daß man die ökonomischen Ziele des Kapitalismus eben in einer kapitalistischen Gesellschaft mit weit größerem Erfolg erreichen kann als in einer sozialistischen. Solange diese verfehlte Politik in den sozialistischen Ländern fortgesetzt wird, wird der Sozialismus wie ein lahmer Gaul hinter dem Kapitalismus herhinken, ohne jede Aussicht, ihn je einzuholen oder gar zu überholen. Und eine schwere katastrophale Krise des Kapitalismus würde auch ihn mit voller Wucht treffen.

Für die Zeit bis zum Ablauf der ersten zehn Jahre nach Beendigung des Zweiten Weltkriegs, also etwa bis zum Tode Stalins und dem Beginn der Ära Chruschtschows in der Sowjetunion, konnte man für den technologischen Rückstand des Sozialismus, der ja ein schroffer Widerspruch gegen Marxens Prophezeiungen über die Entwicklung der Ökonomie im Sozialismus ist, noch viele gewichtige Gründe ins Feld führen. Aber seitdem sind weitere zwei Jahrzehnte vergangen, deren Verlauf nur verständlich wird, wenn wir die Wurzel des Übels erkennen. Und dieses Übel begann nicht erst vor zwanzig Jahren zu wirken. Ich will wieder versuchen, das mir wesentlich Erscheinende an einem Beispiel zu demonstrieren, am Fall des Akademiemitgliedes Lyssenko. Ich will mich dabei auf ganz wenige Fakten beschränken und verweise meine Leser auf das ausgezeichnete Buch, das Roy Medwedew über den Fall Lyssenko veröffentlicht hat.

Lyssenko war ein wissenschaftlicher Scharlatan. Er hat eine ganze Generation hervorragender sowjetischer Biologen und Genetiker zur Strecke gebracht. Sie wurden ihrer Posten enthoben und zu Zwangsarbeit verurteilt, weil sie Anhänger der »Weismann-Morgenschen« Genetik waren, die er für eine »finstere Ausgeburt der Ideologie des Klassenfeindes« erklärte. Unter Berufung auf den Pflanzenzüchter Mitschurin veranlaßte er den Staat zur Durchführung weitreichender Maßnahmen auf dem Gebiet der Landwirtschaft, durch die Schäden in Höhe von Dutzenden Milliarden entstanden. Obwohl er nach dem Tode Stalins als Schwindler entlarvt wurde, setzte er seine Tätigkeit – einschließlich der Unterdrückung seiner wissenschaftlichen Konkurrenten mit Hilfe der Partei – unter Chruschtschow noch jahrelang fort. In der Tiefe wirkt sein Geist noch heute dadurch, daß jeder Wissenschaftler, der »ideologisch abweicht«, als geheimer Verbündeter des Klassenfeindes verdächtigt wird. War Lyssenko ein Ausnahmefall? Nein, es gab und gibt noch scharenweise diese Typen, die ihre fachliche Unfähigkeit durch Unterwürfigkeit vor der Partei und der staatlichen Obrigkeit zu kompensieren trachten. Auch in der DDR und den anderen europäischen sozialistischen Staaten ist mir eine ganze Reihe nicht wenig prominenter Vertreter dieses Typs bekannt, wenn ich auch zugeben muß, daß keiner von ihnen das Format eines Lyssenko hat. Aber es kommt im Grunde auch gar nicht auf diese ganz großen Scharlatane an, viel schlimmer ist die Masse der kleinen. Wir finden sie auch keineswegs nur unter den Wissenschaftlern, sondern überall: Als Werkleiter, LPG-Vorsitzende, Parteisekretäre und Gewerkschaftsfunktionäre, Kombinatsdirektoren, Hauptabteilungsleiter – einfach überall, wo man mit Erfolg Karriere machen kann, wenn man den übergeordneten Staats- und Parteiorganen schamlos in den Ausgang des Verdauungskanals kriecht. Die besondere Bedeutung des Falles Lyssenko, der in seiner hervorragenden Einmaligkeit zugleich typisch ist, liegt darin, daß in ihm der spezifische Mechanismus leicht zu erkennen ist, der in den sozialistischen Ländern die Herrschaft der Scharlatane herbeigeführt hat, ohne deren Wirken die andauernde ökonomische Misere nicht möglich wäre. Diese Leute setzen die Effizienz der sozialistischen Ökonomie mindestens um den gleichen Betrag herab, um den sie der kapitalistischen überlegen sein könnte.

Sie wirken hemmend und desorientierend zugleich. Die sozialistische Gesellschaft kann sich von ihnen nur befreien, indem sie die politischen und gesellschaftlichen Voraussetzungen beseitigt, die sie hervorgebracht haben.

Diese politischen und gesellschaftlichen Voraussetzungen beruhen alle ohne Ausnahme auf der vollständigen Aufhebung jeglicher Art von demokratischen Kontrollmechanismen und deren Ersetzung durch ein absolutes zentralistisches System, das in seiner Perfektion, aber auch in seiner Abscheulichkeit ohne Beispiel ist. Die Aufhebung der demokratischen Rechte und

Freiheiten, die sogar der kapitalistische Staat seinen Bürgern gewähren muß, um sich entwickeln zu können, ja ohne deren Gewährung die enorme ökonomisch-technische Entwicklung des späten Kapitalismus undenkbar wäre, ist die tiefere Ursache für den bisherigen ökonomischen Mißerfolg des Sozialismus wie auch für den progressiven Schwund seines internationalen Ansehens und die dadurch bewirkte krankhafte Zersplitterung aller linken und revolutionären Kräfte in der Welt. Und wie dringend bräuchten wir gerade jetzt ihre Einigung! Mit Riesenschritten naht die Zeit heran, in der der Sozialismus in wörtlichem Sinne die letzte Rettung der Menschheit sein wird. Wenn bis dahin die große entscheidende Wandlung des Sozialismus nicht erreicht ist, wird er gnadenlos mit in den Strudel des kapitalistischen Infernos gerissen werden.

»Unfreiheit als Notwendigkeit« ist das Leitmotiv des stalinistischen Pseudosozialismus. Es konnte sich nur bilden und festigen unter den besonderen und zum Teil tragischen historischen Umständen, die die erste erfolgreiche sozialistische Revolution der Weltgeschichte begleiteten. Trotz der großen inneren Schwäche aber hat sich der Sieg der Oktoberrevolution selbst gegen den barbarischen Angriff der deutschen Faschisten noch behaupten können. Ob im Laufe dieses widerspruchsvollen Prozesses Unfreiheit jemals als historische Notwendigkeit bestand, ist heute schwer zu entscheiden. Die Fragestellung nach dem »Was wäre wenn?« gilt mit Recht selbst bei reinen Historikern nicht viel. Politisch ist sie überhaupt ganz irrelevant.

Aber um so mehr und mit um so größerer Gewißheit können wir nach allem, was geschah, sagen, daß das Prinzip der »Unfreiheit als Notwendigkeit« heute nicht nur keinerlei gesellschaftliche und politische Berechtigung hat, sondern daß es – solange es in irgendeinem der sozialistischen Länder noch gilt – der entscheidende Hemmschuh der Entwicklung innerhalb dieser Länder ist und zugleich international Ansehen und Glaubwürdigkeit des Sozialismus besudelt. Die Volksmassen in den kapitalistischen Ländern können ihre Klassenkämpfe nur mit Aussicht auf Erfolg führen, wenn sie gleichzeitig für die Bewahrung und Sicherung der bürgerlich-demokratischen Rechte und Freiheiten kämpfen. Sie können sich nicht mit einem Sozialismus identifizieren, dessen erste Amtshandlung die Aufhebung dieser Rechte und Freiheiten wäre. Dabei muß man bedenken, daß auch die bürgerlich-kapitalistische Gesellschaft sich die demokratischen Rechte und Freiheiten ihrer Bürger keineswegs nur als eine Art von Luxus leistet, sondern ihrer als unentbehrliche Voraussetzung von Existenz und Wachstum bedarf. Nur wenn die Grundfesten dieser Gesellschaft erschüttert werden und der revolutionäre Umsturz droht, wirft sie die Errungenschaften, die sie einst selbst auf die Welt brachte, über Bord und sucht Rettung im Faschismus. Wo aber der Kapitalismus noch fest im Sattel sitzt, und das tut er in den großen kapitalistischen Zentren bis heute, sind die demokratischen Rechte und Freiheiten und die sie schützenden Institutionen Grundbedingungen seiner Existenz, und zwar in zweifacher Hinsicht: Zum einen sind sie unentbehrliche Voraussetzung für die Wirksamkeit der bürgerlichen Ideologie, die den Anschein zu erwecken sucht, alle Macht gehe vom Volke aus und unterliege seiner Kontrolle, während die wirklichen Besitzer der Macht weder vom Volke gewählt sind noch seiner Kontrolle unterliegen. Zum andern aber funktioniert die kapitalistische Wirtschaft dank schneller demokratischer Selbstkontrolle trotz ihres im ganzen chaotischen Charakters wie ein ausgeklügeltes kybernetisches Feedbacksystem, das in der Lage ist, alle auftretenden Gleichgewichtsstörungen einigermaßen schnell zu kompensieren. Das Recht der Öffentlichkeit auf uneingeschränkte Information macht bis in militärische Bereiche alle Grenzen der Geheimhaltung und selbst solche aus staatlichem Interesse unsicher.

In den sozialistischen Ländern aber ist selbst das, was alle wissen, und noch mehr, was alle denken, sorgfältig gehütetes Staatsgeheimnis. Das Institut für Meinungsforschung der SED stellte kürzlich durch eine demoskopische Umfrage fest, daß 90% der Jugendlichen die Frage, ob sie es sich vorstellen könnten, im Westen zu leben, bejahten – ein Ergebnis, das selbstverständlich als geheime Verschlußsache hohen Ranges behandelt wird.

Während der bürgerliche Staat extrem durchlässig ist für den Austausch von Informationen, sowohl in horizontaler wie in vertikaler Richtung, ist der sozialistische Staat abgeschottet wie ein Kriegsschiff in der Seeschlacht. Und an jeder Schottentür, an der eine Information Einlaß in den Nachbarbereich begehrt, steht nicht nur ein Kontrolleur, der alle Begleitpapiere sorgfältig prüft, sondern auch noch ein Beamter des Orwellschen Wahrheitsministeriums, der alles aus der Nachricht streicht, was nicht dem gerade oben gewünschten Bild der Wirklichkeit entspricht. Was nach mehrfacher Passage dieser Art aus den Informationen wird, bis sie schließlich oben ankommen, ist oft geradezu phantastisch. So war ein Mitglied des Politbüros, das ich im Jahre der großen Zwangskollektivierung in der Landwirtschaft der DDR auf einer Reise nach Indien begleitete, der Meinung, die Schwierigkeiten, die die Partei bei der Kollektivierung auf dem Lande habe, beruhten darauf, daß die Bauern sich zu stürmisch und durch die Partei nur mit Mühe einigermaßen gebremst Hals über Kopf in die neue Bewegung gestürzt hätten. Diese phantastische Fehlinformation enthielt aber tatsächlich einen zwar bis zur Unkenntlichkeit verstümmelten Wahrheitskern: Der Übereifer, mit dem die wackeren Genossen auf dem Lande die Bauern in die LPG gepreßt hatten, hatte zu einem Wettbewerb der Kreise und Bezirke geführt, wobei natürlich diejenigen Parteiorganisationen den Lorbeer erhielten, die den freiwilligen Eintritt ganzer Dörfer auf einen Schlag melden konnten. Der katastrophale Rückgang der landwirtschaftlichen Produktion in den ersten Jahren der Kollektivierung wurde von der Partei dann nachträglich mit dem Übereifer der Bauern entschuldigt. Eine Partei- und Staatsführung, die in solchem Maße desinformiert ist, kann einfach nichts leisten. Die Leitung der ökonomischen Prozesse wird zur reinen Selbsttäuschung.

Das System der Sperrung jedes freien Informationsflusses, der Abkapselung im Innern und nach außen, der Schönfärberei, des abgrundtiefen Mißtrauens des Staates gegenüber seinen Bürgern, diese ganze grandiose Verirrung in die Unfreiheit als Notwendigkeit muß gesprengt und überwunden werden, wenn der Sozialismus in den sozialistischen Ländern überhaupt noch zum Sozialismus gedeihen soll. Überbau und Basis sind in einen Widerspruch geraten, der die gesamte politische und ökonomische Entwicklung bedroht. Schon rein aus ökonomischen Gründen also muß der stalinistische Circulus vitiosus gesprengt werden. Wenn man bedenkt, in welchem Maße sich die alten Strukturen schon verhärtet haben und wie zäh ihre Repräsentanten ihre Positionen verteidigen werden, dann kann man ermessen, wie kompliziert und schwierig dieser Prozeß sein wird. Aber er ist notwendig, fast schon unaufschiebbar. Er wird den Sozialismus nicht gefährden und schwächen, ebensowenig wie jener erste hoffnungsvolle Versuch in der ČSSR im Jahre 1968, der noch denen zum Opfer fiel, die ihre persönliche Macht durch ihn bedroht sahen.

Was also im Sozialismus zur Notwendigkeit geworden ist wie nie zuvor, ist Freiheit. Eine Neuauflage der bürgerlichen Freiheit wird es zwar nicht werden, wird es gar nicht sein können. Denn der Sozialismus kann Freiheiten schaffen, die in der bürgerlichen Gesellschaft nur Hoffnung und Träume waren: die Freiheit des Individuums von jeder materiellen Abhängigkeit von anderen Menschen. Im Kapitalismus kann sich der Mensch nur von der materiellen Abhängigkeit von anderen befreien, indem er um so mehr andere von sich abhängig macht. Im Sozialismus beruht die materielle Freiheit und Unabhängigkeit des Einzelnen darauf, daß er nur noch von der Gesamtheit der sozialistischen Gemeinschaft, von deren Kultur und Reife abhängig ist.

In: ›Die Sowjetunion, Solschenizyn und die westliche Linke‹. Hrsg. v. Rudi Dutschke und Manfred Wilke. Rowohlt Taschenbuch, Reinbek 1975. S. 16–28. – Gekürzter Vorabdruck in: ›Spiegel‹ 26. 5. 1975.

Herr Professor Havemann, Sie haben kürzlich in einem von Rudi Dutschke und Manfred Wilke im Rowohlt-Verlag herausgegebenen Buch Ihre Kritik am bürokratischen Zentralismus unterstrichen. In dem von Ihnen verfaßten Essay werden die Mauer, der Zwangsumtausch, die Uniformität der veröffentlichten Meinungen in der Deutschen Demokratischen Republik und vieles andere mit bissigem Spott attackiert. Das klingt nach einer Abrechnung mit dem System. Ist dieser Beitrag als eine solche Abrechnung gedacht?

Mit dem Artikel will ich ausdrücken, daß ich mit der, sagen wir, ökonomischen und damit der gesellschaftspolitischen Zielsetzung in den sozialistischen Ländern nicht einverstanden bin. Weil ich glaube, daß das nicht dem Wesen und Sinn der sozialistischen Entwicklung entspricht, sondern einfach darauf hinausläuft, den Kapitalismus einzuholen; den man nicht einholen kann – außer mit seinen eigenen Mitteln.

Was versperrt denn nach Ihrer Ansicht den Weg der DDR zum Sozialismus?

Ja, ich meine unter anderem eben diese unrichtige ökonomische Zielsetzung. Man muß nicht versuchen, ebenfalls diesen Unsinn mit den vielen Autos nachzumachen, wie in den kapitalistischen Ländern, wo die Leute bereits, ich möchte sagen, darin ersticken. Das habe ich als Beispiel in diesem Artikel ja angeführt. Natürlich gibt es neben dieser falschen Zielsetzung, wie ich meine, natürlich den zweiten Grund. Das ist der, daß die ökonomischen Prozesse und die politischen Erscheinungen nicht offen dargelegt werden vor der Öffentlichkeit; daß sie zu sehr hinter verschlossenen Türen sich abspielen, daß die Information quer durch die Gesellschaft nicht funktioniert, daß dadurch eine Kontrolle, eine wirkliche Kontrolle der Vorgänge und auch aller Funktionen nicht gesichert ist, und daß dann eben Scharlatane und andere, nur an der Macht interessierte Personen nach oben kommen können.

Herr Professor Havemann, Sie können Ihre Kritik am DDR-System in westlichen Verlagen relativ freimütig äußern, ohne gerichtlich behelligt zu werden. Ist das nicht auch ein Zeichen von jedenfalls bedingter Liberalität, wenn die Regierung in Berlin Ihnen diese Kritik erlaubt?

Doch, ich muß sagen, ich bin damit einverstanden, daß man mir das erlaubt. Allerdings würde ich es lieber hier in der DDR aussprechen können. Erst dann könnte man wirklich von einer, wie Sie es nennen, Liberalität sprechen.
Sie sind kürzlich 65 Jahre alt geworden und könnten nach den Gesetzen der DDR als Rentner die Bundesrepublik besuchen. Werden Sie von dieser Möglichkeit Gebrauch machen, und unter Umständen in Westdeutschland bleiben?
Bleiben auf keinen Fall. Ob ich von der Möglichkeit, eine Reise zu unternehmen, Gebrauch machen werde, das weiß ich noch nicht. Das hängt von den Umständen ab. Aber ich habe nicht die Absicht, die DDR zu verlassen. Ich will dort weiterleben und dort weiter wirksam sein.
Haben Sie den Eindruck, daß die Regierung der DDR Ihren Fall ähnlich lösen könnte, so wie die Sowjetunion den Fall Solschenizyn gelöst hat, und zwar durch Abschiebung? Das heißt, daß, wenn Sie in den Westen reisen werden, Sie dann vielleicht nicht zurückkehren könnten?
Ja, das haben viele meiner Freunde gesagt, daß das zu befürchten ist. Ich kann nicht genau beurteilen, wie groß diese Möglichkeit tatsächlich ist.
Herr Professor Havemann, Sie sind seit 1932 Kommunist. Unter Hitler waren Sie zum Tode verurteilt. In der DDR sind Sie Ihrer Ämter und Lehrmöglichkeiten enthoben. Stellt sich da nicht Resignation ein?
Nein, ich habe in meinem Leben genug erlebt, um, ich möchte sagen, von solchen Dingen nicht so beeindruckt zu werden. Ich bin mehr daran interessiert, wie ich mich irgendwie bestätigen kann und wie ich wirksam werden kann. Wenn man als wohlbestallter Professor in einer bequemen Pfründe sitzt, dafür aber nichts sagen kann und seine Meinung nicht äußern und überhaupt nicht der sein kann, der man sein will, der man ist, dann kann ich dieses Schicksal nicht bedauern, daß ich dann nicht mehr teile.
Gibt es nach Ihrer Ansicht unter der westdeutschen Linken einen Trend, die von Ihnen an der DDR kritisierte Fehlentwicklung zu verharmlosen? Das ist ja auch ein bißchen das Thema des Buches von Rudi Dutschke und Manfred Wilke.
Ja, ich habe leider das Buch noch gar nicht in den Händen gehabt. Ich kenne also nur den Text meines Artikels, aber nichts anderes von dem Buch. Ich glaube, daß natürlich die außerordentliche Enttäuschung, die die Linke erlebt hat in den letzten zwei, drei

Jahren, und dann weiterhin die zunehmende Verschärfung der Krise im Westen, daß diese beiden Faktoren zusammen dazu führen, die Kritik an den sozialistischen Staaten im Osten zu mäßigen und zu sagen: das ist vielleicht nur ein kleines Übel, verglichen mit dem großen Übel.

Stichwort noch einmal: Krise des Kapitalismus, von der Sie gerade sprachen. Sie schreiben in Ihrem Essay, daß diese Krise leicht weltweites Ausmaß annehmen könnte. Wo gibt es, oder wo gab es Ansätze für den von Ihnen vertre enen Sozialismus?

Es gab ihn in der ČSSR. Dort hatte man ja eine Entwicklung begonnen, von der ich hoffte, daß sie einen außerordentlichen Erfolg für den Sozialismus bedeuten würde. Aber er wurde eben abgebrochen, mit Gewalt von außen. Aber sonst kann ich Ihnen nicht sagen, daß gegenwärtig irgendwo in der Welt ein Sozialismus praktiziert wird, den ich schon, ich möchte sagen, für entscheidend richtig halte. Es gibt wohl einige Länder, in denen der erste Schritt der Revolution gemacht wurde, nämlich die Überwindung des Privateigentums an den Produktionsmitteln, das heißt, die Schaffung der sozialistischen Produktionsverhältnisse, wie man es nennt. Aber der entscheidende weitere Schritt, nämlich die wirkliche Machtergreifung durch die Werktätigen, die vollkommene Demokratisierung im wahrsten Sinne dieses Wortes – die ist bisher nirgends erreicht worden.

›Konkret‹ Juli 1975. Das Gespräch führte Hermann Vinke.

Brief an Ernst Bloch

Lieber hochverehrter Ernst Bloch!
Ich sende Ihnen zu Ihrem Geburtstag meine herzlichen Grüße und Glückwünsche. Und da ich es auf diese besondere Weise tun kann, über die Ätherwellen des Radios, von dem einen Deutschland zu dem anderen, uns hier schon so fernen – oder vielleicht auch nur: *noch* so fernen – darum kann ich wohl sagen, daß ich Ihnen diese Grußworte zum Geburtstag zugleich stellvertretend für viele hier, junge und weniger junge, über die unsäglich deutsch-deutsche Grenze sende.

Vor zwanzig Jahren, ich erinnere mich noch sehr gut, wie damals in der DDR Ihr siebzigster Geburtstag gefeiert wurde. Der Aufbau-Verlag hatte Ihre wichtigsten Werke veröffentlicht und nun erschien, um Sie würdig zu ehren, ein Sammelband mit Artikeln von DDR-Philosophen und Schriftstellern, die Ihnen literarisch Reverenz erwiesen, herausgegeben von der Deutschen Akademie der Wissenschaften zu Berlin. Wenig mehr als ein Jahr danach dann der zwanzigste Parteitag der KPdSU, die Aufdekkung der Verbrechen Stalins und des Stalinismus.

Ich gehörte damals zu denen, die die Enthüllungen des zwanzigsten Parteitags sehr hart und schmerzlich getroffen haben. Unsere Schmerzen waren aber nur ganz vordergründig Schmerzen der Enttäuschung und Verzweiflung, tiefer in unserem Innern bohrte Schlimmeres. Wir fingen an zu ahnen, wie tief wir selbst schon im Sumpf staken und wie schwer es sein würde herauszukommen. Wie es in Okudschawas Lied von der Liebe heißt, in der Übersetzung meines Freundes Wolf Biermann: »Ach, der erste Verrat kann aus Schwäche geschehn. Und der zweite Verrat will schon Orden sehn. Doch beim dritten Verrat mußt du morden gehn, selber morden gehn – und das ist geschehn.« Hatten wir nicht schon die Orden gesehn? Und vielleicht noch mehr?

Es ist ja so schwer, mit dem eigenen Unrecht fertig zu werden. Und doch ist es für die Sache des Sozialismus-Kommunismus unausweichliche Notwendigkeit, daß wir mit unserem Unrecht gnadenlos ins Gericht gehen, was wohl auch heißen soll, ihm gerecht zu werden, es also mit wissenschaftlicher Nüchternheit zu analysieren und zu verstehen. Das ist seitdem weltweiter Prozeß in der Bewegung des Sozialismus. Wir stehen vor der

Aufgabe, zum erstenmal, ein Stück Geschichte zu analysieren, die wir selbst gemacht haben – und die, eh wir's begriffen hatten, eben auch uns selbst gemacht hat, in der wir zugleich Subjekt und Objekt gewesen sind und noch sind. Wie wir heute wissen, aus bitterer Erfahrung, waren die etablierten Systeme der sozialistischen Staaten dieser Aufgabe nicht gewachsen. Es gab nur eine Ausnahme: die ČSSR. Die anderen fielen in einen noch perfekteren Neo-Stalinismus zurück, sehr schnell.

Noch ehe fünf Jahre seit Ihrem siebzigsten Geburtstag vergangen waren, begann in der DDR das Gebell einer ganzen Meute kleiner bissiger Köter gegen Ernst Bloch, gegen den Mann, den sie eben noch katzbucklig verehrt und gepriesen hatten. Es erschien in hoher Auflage und billiger Aufmachung ein Pamphlet gegen Sie, eine staatlich lancierte Anti-Bloch-Hetzschrift, teils wohl sogar von denselben Autoren, die noch wenige Jahre zuvor Ihre Lobhudler gewesen waren. Ich weiß nicht mehr die Einzelheiten und wüßte sie jetzt gern, denn gerade in den Details wird alles blitzartig beleuchtet und in seiner ganzen abscheulichen Widersinnigkeit direkt sichtbar. Ich kann mich nur noch daran erinnern, daß Sie schließlich daran gehindert wurden, Ihre Vorlesungen in Leipzig zu halten, daß dann der 13. August 1961 kam und Sie von einer Reise nach Westdeutschland nicht zurückkehrten.

Seit ich es damals erfuhr, daß Sie nicht in die DDR zurückkehren würden, bin ich darüber traurig und empfinde meine Mitschuld daran, daß dies geschehen konnte. Ich sehe meine Mitschuld hauptsächlich darin, daß ich mich nicht sogleich öffentlich mit Ihnen solidarisiert habe, als die Hetze gegen Sie anfing. Damals hatte ich ja noch alle meine Ämter und Würden, und dementsprechend hätte ich einige Aussicht auf Erfolg gehabt, unseren DDR-Staat vor der kapitalen Dummheit seiner Verantwortlichen zu bewahren. Aber das traurige Spiel nahm ungehindert seinen Fortgang und wurde konsequent zu Ende geführt bis zu Ihrem Ausschluß aus der Deutschen Akademie der Wissenschaften. An der Abstimmung im Plenum der Akademie über Ihren Ausschluß konnte ich nicht teilnehmen, weil ich als korrespondierendes Mitglied hierzu nicht berechtigt war. Wie Sie wissen, kam der schmähliche Beschluß nur dadurch zustande, daß vor der Abstimmung eine große Zahl der Mitglieder die Sitzung verließ. In dem verbliebenen Rest hatten dann Ihre Gegner die Mehrheit. Es war das typische Verhalten von Leuten, die sich vor der Verantwortung drücken. Wolf Biermann hat eben nur zu recht, wenn er in seinem Spottlied singt: »Was haben wir denn an denen verloren, an diesen deutschen Professoren, die wirklich manches besser wüßten, wenn sie nicht täglich fressen müßten. Beamte feige, fett und platt, die hab' ich satt!«

Ihr Ausschluß aus der ehemals Preußischen, jetzt Deutschen Akademie der Wissenschaften war wohl die größte Schande, die sich diese Akademie je zufügen ließ. Denn Sie hatten einen berühmten Vorgänger: Albert Einstein, der von den Nazis aus der Akademie ausgeschlossen wurde, weil er denen nicht paßte. Warum um alles in der Welt hatten diese Herren Akademiker und auch unsere Parteileute nicht begriffen, welchen Schandfleck sie sich anhefteten. Denn nach dem Ausschluß Einsteins durch die Nazis mußte es eben einfach ausgeschlossen sein, daß jemals wieder ein Mitglied der Akademie aus politischen, weltanschaulichen oder rassischen Gründen ausgeschlossen wurde.

Aber, hochverehrter Ernst Bloch, jetzt, wo ich mich gerade so lautstark über die Dummheit und Schändlichkeit der damals Verantwortlichen empöre, versuche ich meine Augen mit dem Prinzip Hoffnung zu bewaffnen, was beileibe nicht heißen soll, daß dies etwa eine rosa Brille sei; und so werde ich gewahr, daß sich in diesem dummen Wüten der Staatsmaschine gegen den Geist doch auch der gewaltige Respekt offenbart, den die Kraft des freien Gedankens denen einflößt, die nicht einmal von seiner Blässe angekränkelt sind. Ideen werden eben nirgends unbarmherziger unterdrückt als da, wo man sie fürchtet. Unsere verantwortlichen Genossen haben ja alle einmal das Marx-Wort gelernt, daß Ideen, die die Massen ergreifen, zur materiellen Gewalt werden. Aber statt sich vor dieser Wahrheit zu fürchten, was nichts anderes bedeutet, als an der Kraft der eigenen Ideen zu zweifeln, sollten sie lieber den Mut zur offenen Auseinandersetzung aufbringen. Manchmal hat man den Eindruck, daß sie von der Überzeugungskraft marxistischer Ideen weniger halten als unsere Gegner. Für den schwachbrüstigen Marxismus, den sie sich gerade noch leisten können, mag das ja wohl manchmal auch zutreffen. Denn das Paradoxe ist ja, daß sie sich gerade vor der Auseinandersetzung mit den Ideen ihrer marxistischen Kritiker am meisten fürchten. Wenn man sich darüber klar ist, daß der Sprung in eine neue Qualität der historischen Entwicklung der Menschheit, den Marx herbeigeführt hat, eben darin besteht, daß ein höherer Grad von Bewußtsein im Geschichtsprozeß wirksam wird – daß der Mensch, der immer nur schaffen und bauen kann, was er sich zuvor im Kopf ausgemalt und vorgestellt hat, nun bei seinen Unternehmungen nicht mehr von den phantastischen Täuschungen ausgehen muß, die ihm die gesellschaftliche Ideologie in den Kopf preßt, sondern daß er jetzt erstmals nicht nur der Natur, sondern auch sich selbst mit der Methodik wissenschaftlichen Denkens zuleibe gehen kann – dann begreift man, daß die Behinderung, ja Abtötung der offenen wissenschaftlichen Auseinandersetzung über und mit dem Marxismus in ihrer Wirkung in höchstem Maße reaktionär und konterrevolutionär ist.

Ich fürchte, eine der Ursachen für dieses geradezu selbstmörderische Verhalten liegt darin, daß unsere zur Macht gekommenen führenden Genossen sich persönlich mit dem Sozialismus-Kommunismus identifizieren, und zwar in einer derart grotesken Maßlosigkeit, daß sie tatsächlich glauben, die Zukunft der Menschheit sei bedroht, wenn ihre persönliche Machtstellung gefährdet wird. Dabei gefährdet nichts ihre persönliche Macht mehr als gerade diese peinliche Sorge um die Macht. Doch es verheißt auch uns nichts Gutes, wenn unsere Mächtigen sich fürchten. Dann machen sie oft ihre ärgsten Fehler. Darum möchten wir, daß auch unsere Mächtigen sich das Prinzip Hoffnung zu eigen machen und ihre Lage weniger hoffnungslos ansehn, was sie ja auch nicht sein muß, wenn sie nur mehr Mut und Selbstvertrauen hätten. Der Weg zum Sieg ist zwar gepflastert mit Niederlagen, aber mit Niederlagen, aus denen man gelernt haben muß. Der Prager Frühling des Jahres 1968 – welch ein Sieg und welch schreckliche Niederlage. Damals wurde vor aller Welt der Beweis erbracht, daß die Überwindung des Stalinismus und die Entfaltung einer freien sozialistischen Demokratie von innen heraus, unter Führung der kommunistischen Partei, möglich ist. Es wurde bewiesen, daß Sozialismus unter kommunistischer Führung nicht unbedingt und unvermeidlicherweise die Diktatur eines Parteiapparates bedeuten muß. In der ČSSR wurde uns der Weg in einen Sozialismus demonstriert, der ohne das entschuldigende Adjektiv »real« auskommt. Manche haben ihn den Sozialismus mit dem menschlichen Antlitz genannt, so als ob ein unmenschlicher Sozialismus es überhaupt verdiente, Sozialismus genannt zu werden. Schon bald nach dem berühmten Januar-Plenum in Prag wurde es offensichtlich, daß der Prager Frühling den »realen« Sozialismus in den sozialistischen Staaten ernsthaft gefährden würde. Das Wesen der Umwälzung in der ČSSR bestand ja gerade in der Überwindung des »realen« Sozialismus und in der Öffnung des Weges in den wirklichen Sozialismus.

Hier zeigt sich auch, daß die Worte »real« und »wirklich« nur scheinbar das gleiche bedeuten. Wer da schamhaft vom »realen« Sozialismus spricht, denkt daran, daß es auch einen »idealen« geben könnte, der aber sogleich als utopisch abqualifiziert wird, worin sich wiederum – was man hier hinzufügen muß – ein oberflächliches und undialektisches Verhältnis zum Begriff der Utopie offenbart. Dieses Wortgebilde »realer Sozialismus« dient in Wahrheit nur der Kaschierung des eigenen schlechten Gewissens, wobei das einzige Gute an der ganzen Sache ist, daß es immerhin deswegen ein schlechtes Gewissen gibt. Das also läßt uns hoffen. Der 21. August 1968 war der schwärzeste Tag in der Geschichte des Sozialismus seit Stalin.

In späteren Zeiten werden unsere Historiker den Prager Frühling mit der Pariser Commune vergleichen. Aber was damals in Paris nur ein phantastischer Versuch eines Vorgriffs in die Zukunft war, in unzumutbarer Weise der Zeitgeschichte voraus, hier war es genau umgekehrt. Mit der Umwälzung in der ČSSR erreichte endlich der zu staatlicher Macht gelangte Sozialismus den Anschluß an die vorwärtsrasende Zeitgeschichte und begann also, sich die Position zu verschaffen, die ihm der Reifungsgrad der menschlichen Gesellschaft zuweist – was im Endeffekt nichts weniger bedeutet, als die Rettung der Menschheit vor der Barbarei, vielleicht auch vor dem Atomtod. Die Prager Commune scheiterte nicht wie die Pariser, weil der Sozialismus der Zeit zu weit vorausgeeilt war, sondern im Gegenteil, weil der »reale« Sozialismus in den sozialistischen Staaten so hoffnungslos hinter dem Gang der Zeitgeschichte zurückgeblieben war.

Lieber hochverehrter Ernst Bloch, wenn wir hier in der DDR heute an Ihrem Geburtstag an Sie denken, wir – das ist mein Freund Wolf Biermann, dessen Namen ich nennen kann, weil er hier nicht genannt werden darf, und das sind viele andere, deren Namen ich nicht nennen kann, weil ihre Namen hier noch genannt werden dürfen – wenn wir, die wir hier gottlob nicht einsam sind, an Sie in der Ferne denken, der Sie uns doch so nah sind, dann ist in uns auch ein Gefühl tiefer Traurigkeit und Wehmut. Wie reich könnten wir hier sein in diesem selbst jetzt noch besseren Teil Deutschlands, wie reich an guten Ideen und wie reich an großen Menschen, wenn nicht einige der Unsrigen immer wieder so armselig gehandelt hätten. Es sind ja viele hier weggegangen, weil sie weg wollten, weil ihnen das schlechtere Deutschland besser gefiel, weil sie nichts übrig hatten für den großartigen Versuch des Sozialismus in Deutschland und überhaupt in der Welt. Ich will nicht sagen, daß es um sie alle nicht schade ist. Auch viele von diesen wurden im Grunde durch uns vertrieben – wir hatten es nicht verstanden, sie zu halten. Der Sozialismus hatte in unseren Händen seine Faszination verloren. Aber wie anders denn könnte der Sozialismus seine Existenzberechtigung überhaupt beweisen als dadurch, daß er die Menschen anzieht, weil er ihnen ein freieres und besseres Leben ermöglicht als die alte bürgerliche Welt. Brecht sagte, der Sozialismus ist die einfache Sache, die so schwer zu machen ist. Man fragt: Vielleicht zu schwer? Oder nur: Zu schwer für wen? Ich denke, ja, gewiß zu schwer für diejenigen, die damals den großen Freund der DDR, den Marxisten und Humanisten Ernst Bloch, aus diesem unserem neuen und hoffnungsvollen Deutschland vertrieben haben.

In Freundschaft und brüderlicher Verbundenheit und in Verehrung sende ich Ihnen meine herzlichen Glückwünsche zu Ihrem Geburtstag

Ihr Robert Havemann

›Die Zeit‹ 18. 7. 1975. – ›europäische ideen‹ 12/1975. – Der Beitrag wurde zuerst von RIAS Berlin gesendet.

Viertes Gespräch (mit Wolf Biermann)

Herr Professor Havemann, Herr Biermann – Sie beide haben vor etwa zehn Jahren in der DDR Berufsverbot bekommen, gehören aber nach wie vor zu den glühendsten Verfechtern des Sozialismus. Wir haben Biermanns neueste Liebeslieder gehört, aber diese Liebeslieder sind eine politische Anklage. Wir hörten eine Platte, die illegal in die DDR gelangte. Sie wurde als Tonband aufgenommen, Herr Biermann, in Ihrer Ostberliner Wohnung. Produziert schließlich wird sie im Westen, gedacht aber ist sie für die Bürger der DDR, wo sie jedoch nie zu kaufen sein wird. An wieviel Schizophrenie muß man sich als Bürger der DDR eigentlich gewöhnen?

B: Das ist die Schizophrenie, die sich aus den gesellschaftlichen Verhältnissen im geteilten Deutschland ergibt. An meiner Person kommen bestimmte gesellschaftliche Konflikte, Probleme, Paradoxien besonders drastisch und in schöner Deutlichkeit zum Ausdruck.

Sind Sie insoweit ein typischer Repräsentant der DDR?

B: Auf jeden Fall bin ich eine der Formen, in der sich die DDR artikuliert. Natürlich sind diese Lieder in erster Linie gedacht für die Leute in der DDR. Sicher wäre es richtiger, wenn diese Lieder hier in der DDR bei VEB Deutsche Schallplatten erscheinen würden.

Tun sie aber nicht. Welche Gesetze mußten Sie umgehen, damit diese Probeplatte zu Ihnen kommen konnte?

B: Tja, daß sie hier ist, ist sicher nicht illegal, aber daß sie hier rübergekommen ist...

H: Es kommen doch so viele Gegenstände aus dem Westen hierher, warum nicht auch so 'ne Platte. Es gibt doch bestimmt sehr viele Bücher, die über die gewöhnlichen Wege nicht hierher kommen dürfen, die aber zweifellos in den Bibliotheken stehen oder von Herrn Honecker gelesen werden.

B: Also, ich wundere mich offen gesagt auch, wie die Platte hier herübergekommen ist. Ich weiß es nicht.

Sie fanden sie eines Tages unter Ihrer Haustür?

B: Eines Tages wachte ich auf, und in meinem Briefkasten lag zusammengefaltet diese Platte. Ich habe sie geglättet unter dem Bügeleisen, auf den Plattenteller gelegt und siehe da, es waren meine eigenen Gesänge. Wie schön, habe ich gedacht, davon müßte man mehr herstellen. Und wie es sich so trifft, gibt es im Westen eine Firma, die bereit ist, diese Vervielfältigung zu machen für mich.

Und Sie sind in keinem Moment irre geworden an diesem System, das Sie an die Heinzelmännchen verweist, wenn Sie Sendungen aus dem Westen erwarten?

H: Das gehört nicht zu dem System.

Sie verteidigen also unverdrossen die Idee der DDR?

H: Nein, wir sind nicht für die Idee der DDR, sondern wir sind für den Sozialismus in Deutschland. Natürlich, in der DDR ist wenigstens der Anfang gemacht. Deswegen sind wir für die DDR, nur deshalb. Aber wir sind entsetzt über vieles, was hier den Sozialismus desavouiert und besudelt.

B: Es gibt keine besondere Idee der DDR.

H: Wir sind dafür, daß in ganz Deutschland, in ganz Europa und überhaupt überall der Kapitalismus abgeschafft, überwunden und durch den Sozialismus ersetzt wird.

Wäre nicht das Resultat, daß dann – kleines Beispiel – Biermann-Platten überhaupt nich mehr produziert würden?

B: Ich kann wie jeder wählen zwischen den Möglichkeiten, die ich habe, und nicht zwischen denen, die ich mir wünsche. Über die Idee des Sozialismus gibt es verschiedene Auffassungen, die so weit auseinandergehen, daß sie mit Panzern ausdiskutiert werden, wie wir es gelernt haben 1968 in Prag.

Der Abglanz dieses Konflikts steckt auch in Ihren Liebesliedern. Was ist das eigentlich für ein sozialistischer Staat, der die Beziehungen zweier Menschen als Staatsbedrohung auffaßt?

B: Das ist ja eben die polemische Dimension dieser Liebeslieder, daß gesellschaftliche Verhältnisse angegriffen werden, weil sie menschliche Beziehungen zerstören wollen – und das noch dazu unter dem Firmenschild Sozialismus. Das kulminiert ausgerechnet im momentanen Lieblingskind der Monopolbürokratie, nämlich dem Palast der Republik.

Ihre Freundin Tine, das Mädchen, das Sie besingen, ist die Tochter des Leiters für Projektierung« beim Palast der Republik ...

B: Wie man schon ahnt, wenn man das Lied hört, handelt es sich mal wieder nicht um eine künstlerische Erfindung, sondern um platte dokumentarische Wirklichkeit. Sie können sich ja vorstellen, daß so ein Mann, der dazu noch in der Partei ein hoher Funktionär ist, in der gesellschaftlichen Hierarchie der DDR keine Null ist.

Daraus entstanden dann Ihre persönlichen Schwierigkeiten?
B: Tine hatte das Medizinstudium begonnen. Ihr wurde gedroht, daß sie ihr Studium nicht weitermachen dürfe, wenn sie ihre Beziehungen zu mir nicht abbreche.
Wie verhielt sich Tine?
B: Sie ist aufgewachsen in einem wohlbehüteten, ideologisch keimfreien Haushalt. Und daß sie nun durch die Liebe unglücklicherweise ins Zentrum der Konfrontation katapultiert wurde, ohne es eigentlich zu wollen, das widerfuhr ihr ja wie ein Unglück. Das war schlimm, weil sie gar nicht ausgerüstet war für diese Art Konfrontation.
Ist sie denn überhaupt ein politischer Mensch?
B: Ja und nein. Sie ist von ihren Eltern in der sympathischsten Weise zu einer absoluten Liebe zur DDR und zur Sache des Sozialismus erzogen worden – aber eben in einer Interpretation von DDR und Sozialismus, die meiner Position konträr entgegengesetzt ist.
Wie endete dieser Konflikt?
B: Der gesellschaftliche Druck, familiäre Rücksichten und Naivität in politischen Dingen, das alles führte dann zum Kollaps der Liebesbeziehung. Sie glaubte, sie könne davonkommen. Sie ist mir weggelaufen.
Und wie lange hat sie das ausgehalten?
B: Ein Dreivierteljahr. Die Lieder sind alle entstanden in der Zeit der Trennung. Sie haben in diesem Sinne alles und nichts mit Tine zu tun. Es ist das alte Lied von den Königskindern, die zueinander nicht kommen können, weil das Wasser, das deutsche demokratische Wasser, viel zu tief ist. Dieses Zusammentreffen unerhörter Begebenheiten bot sich für die Kunstform einer Ballade geradezu an.
Nun kann es doch eigentlich nicht der Sinn und die Rechtfertigung eines politischen Systems sein, Ihnen Balladenstoff zu liefern.
H: Das tut es unfreiwillig.
B: Deswegen kann man sich dafür auch nicht bedanken.
Inzwischen wohnt Tine wieder bei Ihnen?
B: Ja. Daß die Platte in der schönsten Weise, die ich mir vorstellen kann, nicht stimmt, das ist nun ein anderes Kapitel. Das könnte das Thema einer anderen Platte werden.
Kann Tine weiterstudieren?
B: Jetzt kann sie es noch.
Wenn die Platte rauskommt, wird sich dann nicht möglicherweise Ihre Situation, Tines Situation und auch die Situation des Vaters wieder komplizieren?

B: Das werden wir sehen. Die Darstellung einer Liebesgeschichte in ihrer politischen Dimension ist ein brisanter Vorgang und wird Wut, Begeisterung, Empörung, Haß und Sympathie erzeugen. Aber ich will nicht übertreiben: Ein Lied ist kein Panzer, und ein Gedichtband ist keine Armee.
H: Panzer kann man mit Hilfe von verhältnismäßig einfachen technischen Mitteln außer Gefecht setzen, Liebeslieder viel schwerer.
B: Und wir haben bei Brecht gelernt, daß jeder Panzer einen Mangel hat: Er braucht einen Fahrer. Und wenn der Fahrer ein gutes Lied im Kopf hat...
Ist der Text den verantwortlichen Leuten in der DDR denn schon bekannt?
B: Ich bin fest davon überzeugt, daß er bekannt ist.
Und bisher gibt's noch keine Reaktion?
B: Nein.
H: Ich glaube auch nicht, daß was passiert.
Warum? Sind die Verhältnisse in der DDR unter Honecker liberaler geworden?
H: Eines muß man den Leuten um Honecker zubilligen: Daß sie wenigstens so klug sind, zu begreifen, daß es in ihrem eigenen Interesse ist, wenn sie keinen Krach mit uns – wie sagt man im Westen – Systemkritikern anfangen. Sie haben erkannt, daß sie uns geradezu helfen, wenn sie es tun, daß sie dann eine riesige Resonanz erzeugen für die Platte und für den politischen Inhalt. Diesen Krach möchten sie doch keineswegs haben. Sie möchten doch als seriöse Leute von Welt im Westen auftreten.
Ist das System also nicht liberaler, sondern klüger geworden?
H: Die Russen haben doch auch Erfahrungen gesammelt. Die sperren Herrn Sacharow nicht ein. Mit anderen Leuten mit weniger Publizität, wo es kein Aufsehen gibt, mit denen gehen sie rücksichtsloser um.
Werden in der DDR politisch Unliebsame noch eingesperrt?
B: Nach wie vor. Uns sind genügend Fälle bekannt.
H: Diese sogenannten einfachen Leute werden für einen Bruchteil von dem eingesperrt, was wir jeden Tag sagen oder tun.
Haben Sie keine Angst?
B: Ich habe Angst.
H: Angst haben nur Leute nicht, die nicht wissen, daß sie in Gefahr sind, oder die zu dumm sind, das zu sehen.
B: Wenn unsere Ideen eines demokratischen Sozialismus erst einmal die Leute in der DDR in Bewegung bringen, dann mag es

für die Herrschenden nützlicher, zweckmäßiger sein, uns einzusperren. Dann mag es ihnen vonnöten erscheinen, uns spektakulär vor den Kopf zu hauen, damit die anderen sehen, was ihnen blüht.
Wie groß ist denn Ihre Anhängerschaft?
H: Größer als die der Partei.
B: Du Witzbold.
Die SED hat zwei Millionen.
H: Das sind ihre Mitglieder, aber nicht ihre Anhänger.
Wie stellen Sie Ihre Anhängerschaft fest?
H: Das merkt man doch an der Resonanz, in der Begegnung mit Menschen, die man gar nicht kennt, die aber wissen, wer man ist.
Welche Chance hätten Sie denn, Ihre Systemkritik, die Sie individuell und damit im gewissen Sinn unverbindlich vorbringen, zu organisieren?
H: Das brauchen wir doch gar nicht. Alle organisatorischen Voraussetzungen für die Ausbreitung von Ideen sind in der DDR vorhanden. Die brauchen gar nicht erst geschaffen zu werden. Die Partei ist vorhanden, die Massenorganisationen...
Die werden doch nicht gerade Ihre Ideen verbreiten.
H: Doch. Schon in der Widerrede organisieren sie die Ausbreitung unserer Ideen. Viele Genossen müssen doch schon beruflich das lesen, was wir im Westen publizieren. West-Sendungen, die sich mit uns befassen, werden noch zehnmal abgeschrieben und an die Parteistellen geleitet. Sie werden von Hunderten, von Tausenden gelesen und auch von soundsoviel Tausenden mitgelesen, die sie gar nicht lesen sollten. Das beeinflußt gerade den politisch aktiven Teil der Bevölkerung, nämlich den, der in höheren und mittleren Parteifunktionen sitzt und überall doch einen schweren Kopf hat. Das sind doch keine Partei-Anhänger, das sind doch Leute, die davon leben müssen, daß sie in diesem Apparat hocken und mit ihm nicht ganz und gar einverstanden sind. Die haben ihre dicken Bauchschmerzen, die sie nirgends richtig loswerden, außer untereinander unter vier Augen. Überall breiten sich unsere Ideen aus, alle hören Biermann. Der Stasi hört Biermann, genau wie in der Stasi-Ballade.
Das ist doch sehr schelmenhaft gedacht.
B: Warum nicht schelmenhaft denken? Das ist ja auch nur eine Form der Verbreitung, die offizielle sozusagen. Es gibt ja auch noch die niedrigere Form der Verbreitung, die direkte. Nämlich, daß junge Leute, die ja nun inzwischen fast alle über Kassettenre-

corder verfügen, sich Tonbänder überspielen. Ich glaube, daß meine Lieder in der DDR mehr verbreitet sind als im Westen. Es braucht ja nur eine einzige Platte hier herüberzukommen, die wird umgeschnitten, umgesägt, wie man bei uns sagt, viele, viele Male. Sie kennen die Geschichte vom Schachbrett mit den Weizenkörnern.

Wenn man auf jedes Feld doppelt so viele legt wie auf das vorige, sind es zuletzt x-Billionen. Mit dieser Rechnung ziehen Sie beide es immer noch vor, in der DDR statt in der Bundesrepublik zu leben?

H: Ja, natürlich. Die Bundesrepublik wird immer beschissener. Franz Josef Strauß, die Berufsverbote...

Das haben die vielleicht von der DDR abgeguckt.

H: ...die enttäuschende Entwicklung in der Linken, dann die ausgesprochene Tendenz zur Restauration. Dazu kommt die Krise, Massenarbeitslosigkeit. Mit der zunehmenden Bedrängnis, in die der Kapitalismus gerät, verstärken sich seine faschistischen Tendenzen.

Im Vergleich zur DDR ist die Bundesrepublik aber noch immer weitaus liberaler.

B: Das ist ja gerade historisch gesehen so ungerecht und politisch pervers, daß sich die bürgerliche Gesellschaft, diese dreimal getünchte, syphilitische Hure, uns gegenüber so spreizen kann. Und wir stehen beschämt daneben – mit den großen Rosinen im Kopf, den großen Namen, den großen Erwartungen und den großen realen Möglichkeiten.

Sie sagen: historisch gesehen. Nennen Sie doch einmal ein Beispiel dafür, wo es in einer sozialis ischen Gesellschaft mehr individuelle Freiheit gibt als in der bürgerlichen Gesellschaft.

B: Die Tschechoslowakei 1968 hat gezeigt, wie schnell sich der rein formale Sozialismus schon in die nächste höhere Phase, zur sozialistischen Demokratie, entwickeln kann.

Läßt sich am Beispiel der ČSSR 1968 nicht eher das Gegenteil, die vollständige Unterdrückung der freien Meinung, beweisen?

B: Der Meinung bin ich ganz und gar nicht, weil mir in diesem Zusammenhang immer das schöne Brecht-Zitat einfällt: »Unsere Niederlagen beweisen nichts, als daß wir zu wenige sind, die gegen die Gemeinheit kämpfen, und von den Zuschauern erwarten wir wenigstens, daß sie beschämt sind.« Für mich hat der Prager Frühling sehr viel Ähnlichkeit mit der Pariser Kommune. Die Tatsache, daß die Kommune nach 72 sehr lehrreichen und großen Tagen niedergeschlagen wurde, war für die Kommuni-

sten seinerzeit kein Beweis dafür, daß es nicht möglich ist, eine sozialistische Revolution durchzuführen. Im Gegenteil.
H: Marx und seine Freunde haben dieses Ereignis trotz der Niederlage als den ersten historischen Beweis gefeiert, daß ein demokratischer Sozialismus möglich ist.
Die DDR ist aber doch weit entfernt von Ihren Vorstellungen einer sozialistischen Gesellschaft?
H: Sicher. In der DDR verstärken sich auch, wie in der Bundesrepublik, die negativen Erscheinungen. Hier wird eine Politik betrieben, die das Ziel hat, es dem Westen nachzumachen. Was der DDR-Staat politisch darstellt, ist kein Sozialismus, sondern ein höchst perfektes staatsmonopolistisches System. Es gibt keine ökonomische sozialistische Zielsetzung. Man strebt im Grunde nach den gleichen ökonomischen Zielen wie im Westen.
B: ... angeblich nur besser und krisenfester.
Wieso besser?
B: Besser – das kann man eben dreist behaupten, solange die Leute eingesperrt sind und keine Vergleichsmöglichkeiten haben.
Wenn die Mauer morgen abgebrochen würde, käme es dann zur Massenflucht?
H: Wenn sich sonst nichts ändern würde, würden die Leute massenweise weglaufen.
Besser ist an der DDR also dann doch nur die Unterdrückung?
H: Eigentlich müßte es im Sozialismus die Freiheit der Meinungsäußerung in einem Ausmaß geben, wie es der Kapitalismus überhaupt nicht zustande bringt, wo doch zum großen Teil nur formal die Freiheit der Meinungsäußerung herrscht.
Wieso?
H: Insofern, als jemand, wenn er irgend etwas sagt, dafür zwar nicht eingesperrt wird. Nur wird er seine Meinung keineswegs auch immer verbreiten können. Doch ich gebe Ihnen recht: In unserem jetzigen Sozialismus hier ist es noch schlimmer. Da ist der Staat der direkte Unterdrücker mit Polizeigewalt. Deshalb ist ja auch hier alles so armselig, deshalb wird ja hier auch nur Sklavensprache von den meisten Schriftstellern und Dichtern gesprochen. Gegenüber den hiesigen Verhältnissen ist die Freiheit der Meinungsäußerung im Westen natürlich ein Fortschritt. Aber eigentlich müßte es umgekehrt sein.
Eine richtige sozialistische Revolution hat also in der DDR gar nicht stattgefunden?
H: Sie hat insofern stattgefunden, als die privaten Eigentümer

ausgeschaltet sind. An ihre Stelle ist aber nicht die Gesamtheit der Arbeiter, der Werktätigen, kurzum der Menschen, die produzieren, getreten, sondern eben eine Parteiclique, eine Staatshierarchie.

B: Trotzdem ist dies ein entscheidender kostbarer Schritt gegenüber jeder bürgerlichen kapitalistischen Gesellschaft. Und am Beispiel Prag habe ich begriffen, wie schnell sich aus einem bürokratisch deformierten Sozialismus eine sozialistische Demokratie entwickeln kann.

Welches sind Ihre wichtigsten Kriterien für eine wahrhaft sozialistische Gesellschaft?

H: Die Freiheit der Rede, die Freiheit der Information, die Freiheit, seine Arbeit selbst zu wählen und seinen Wohnort, Freizügigkeit und die Möglichkeit, das Land zu verlassen.

B: Dazu die Unfreiheit, andere für sich arbeiten zu lassen; die Unfreiheit, sich Privilegien zu sichern, sich in einer privilegierten Kaste zu organisieren; die Unfreiheit, Menschen mit Hilfe eines Unterdrückungsapparates daran zu hindern, sich zu entfalten. Nicht die Freiheit, die bürgerlichen Besitz- und Machtverhältnisse wiederherzustellen. Kurzum, nicht die Freiheit, historisch den Laden wieder zurückzudrehen.

H: Natürlich gehört dazu noch mehr. Das ist schon so, daß im Sozialismus die menschliche Gesellschaft zum erstenmal mit Hilfe von Erkenntnissen Geschichte betreibt. Das heißt, daß es tatsächlich notwendig ist, die Zukunft zu planen, Visionen zu entwickeln für das, was man erreichen will. Es gehört dazu eine phantastische Einstellung zur Wirklichkeit.

Also sind Sie Utopist?

H: Ja, Utopist in dem Sinne, daß ich meine, es ist notwendig für ein Vorankommen in der geschichtlichen Entwicklung, sich die Aufhebung der eigenen Verhältnisse vorstellen zu können. Sich vorstellen zu können, wie anders die Welt sein könnte als die Welt, in der wir leben.

Aber wie wollen Sie die Welt, in der Sie leben, ändern gegen die Partei und die Sowjetunion?

H: Man kann es nur mit der Partei und mit der Sowjetunion tun. Das ist natürlich eine Tatsache, die einen zunächst sehr pessimistisch stimmen könnte. Aber in der Tschechoslowakei ist es 1968 gelungen, die Partei und den Staat dazu zu bewegen, sich von innen heraus zu ändern.

Aber nicht die Sowjetunion.

H: Sicher. Wir haben in Prag die Erfahrung gemacht, daß jede

Entwicklung einfach unterdrückt wird, solange in der Sowjetunion ein Regime herrscht, das sich durch solch eine Entwicklung bedroht fühlt. Aber das kann sich ja auch ändern. Eine ungeheure Zahl von Menschen in der ČSSR, in Ungarn, in der DDR, in Polen und in der Sowjetunion ist der Meinung, daß der von uns skizzierte Weg wirklich aus den vor uns liegenden Schwierigkeiten führt. Der Kapitalismus kann diese Probleme aber auch nicht mehr lösen, das ist spätestens seit der ökologischen Krise deutlich geworden. Die Wachstumsgrenze ist die Grenze des Kapitalismus.

Greifen Sie nicht nach der Wachstumskrise wie ein Lahmender nach der Krücke? Sie is Ihnen doch offensichtlich als neues Argument zur Rechtfertigung Ihrer sozialistischen Ideen willkommen.

H: Was heißt Krücke? Das ist eine historische Notwendigkeit.

Ursprünglich wurde doch die Idee des Sozialismus nicht mit ökologischen, sondern mit humanen No wendigkeiten begründet und verteidigt.

H: Ich bin durchaus der Meinung, daß die Gründe für die Notwendigkeit des Sozialismus, die Marx vor 100 Jahren formuliert hat, heute nicht mehr in der gleichen Form und mit dem gleichen Inhalt wie damals formuliert werden können. Das heißt aber nicht, daß die Analyse von Marx falsch war. Der moderne Kapitalismus lebt vom Wachstum – das ist im Grunde auch schon bei Marx klar ersichtlich –, nur hat Marx natürlich geglaubt, die Wachstumsgrenze kommt viel eher.

Herr Biermann, auf Ihrer Platte ist auch das Lied ›Die Elbe bei Dresden‹. Darin heißt die letzte Zeile »Es bleibt alles, wie es ist.« Haben Sie eigentlich schon resigniert?

B: Wenn man traurig ist, wenn man enttäuscht ist, verzweifelt ist – sei es an einer Liebe oder sei es an einer Idee, der des Sozialismus zum Beispiel – dann verliert man leicht den Sinn für die Veränderung in der Welt. Dann kommt man leicht zu der falschen Vorstellung, alles bleibe, wie es nun mal ist. Das Elbe-Lied aber endet mit einer vorsichtig fröhlichen Musik, die gegen diesen pessimistischen Grundton anrennt. Und diese Musik ist die eigentliche Botschaft der Platte und wohl auch unserer Haltung überhaupt: Es fließt – trotzdem – alles.

›Stern‹ 23. 10. 1975. Das Gespräch führten die Sternredakteure Eva Windmöller und Peter Koch. – Abdrucke in: ›europäische ideen‹ 16/1975. – ›Frankfurter Rundschau‹ 22. 10. 1975 (Auszug).

Ich bin dagegen, den Begriff *Zensur* in einer wie ich meine unzulässigen und auch politisch unvernünftigen Weise auf alle Formen der Unterdrückung und Manipulation öffentlicher Äußerungen auszuweiten. »Die herrschende Meinung ist die Meinung der Herrschenden.« Dieser Satz gilt zwar in jeder Gesellschaftsordnung, in der es herrschende und unterdrückte Klassen gibt. Wie sich aber die herrschenden Meinungen gegen die unterdrückten durchsetzen, hängt von dem Entwicklungsgrad der Unterdrückung ab. Während in den primitiven Formen die Unterdrückung noch grob und unverhüllt ist, wird im Laufe der Entwicklung von Stufe zu Stufe die Unterdrückung immer mehr verhüllt, bis sie schließlich unsichtbar geworden ist und ganz aufgehoben erscheint. In der Sklavenhaltergesellschaft war sie noch total unverhüllt. Ganz entsprechend verfuhr man mit den Meinungen der Unterdrückten. Von den Schriften Demokrits wissen wir nur noch durch die Zitate seiner Gegner, sie selbst wurden zu seinen Lebzeiten vernichtet. Sokrates mußte den Schierlingsbecher trinken. Im Feudalismus sind Ausbeutung und Unterdrückung bereits teilweise verhüllt. Nur ein Teil des Lebens und der Arbeitskraft des Unterdrückten gehört dem Feudalherrn, die übrige Zeit scheint der Unterdrückte frei zu sein. Daß aber selbst diese freie Arbeit, die nur der Befriedigung der eigenen Lebensbedürfnisse dient, in Wahrheit Arbeit für die Ausbeuter ist, nämlich um für ihn den leibeigenen Fronarbeiter zu produzieren und zu reproduzieren, dieser grundlegende soziale Tatbestand ist bereits verhüllt.

Der partiellen Verhüllung der Ausbeutung im Feudalismus entsprechen die Formen der partiellen Verhüllung der Unterdrückung von Meinungen: Alle Meinungen sind frei außer denen, die die Inquisition und die Zensur verboten und auf den Index gesetzt haben. In der Gestalt des Zensors tritt der Staat als eine Art Oberlehrer auf, der alles besser weiß und berufen ist, die unsittlichen, unchristlichen, undeutschen usw. Meinungen von den sittlichen, edlen, vaterländischen usw. Gesinnungen zu scheiden. In der Sklavenhaltergesellschaft waren überhaupt nur diejenigen des Lesens und Schreibens mächtig, denen dies sowieso erlaubt war. Aber im Feudalismus überwindet das geschriebene Wort die Grenzen der Klassen. Das Volk lernt lesen und schreiben. Die Buchdruckerkunst wird erfunden. Die unbeschränkte Unterdrückung verwandelt sich in Zensur. In der nächsthöheren Entwicklungsperiode, der zugleich höchsten Form der Ausbeuterordnungen, in der bürgerlich-kapitalistischen Gesellschaft wird die Verhüllung der Ausbeutung und entsprechend die Verhüllung der Unterdrückung von Meinungen total: Alle dürfen alles schreiben. Eine Zensur findet nicht statt.

Entsprechend dem Privateigentum an den Produktionsmitteln, der ökonomischen Grundlage der Ausbeutung, schafft das Privateigentum an den Publikationsmitteln die Voraussetzungen für die Durchsetzung der Meinungen der Herrschenden. An die Stelle der Zensur tritt die materielle Abhängigkeit der Publizisten. Man kann zwar schreiben, was man will, und man findet auch für alle Meinungen eine Möglichkeit der Publikation. Wer aber gezwungen ist, vom Schreiben zu leben, unterliegt – direkt und indirekt – dem unnachgiebigen Druck der Meinung der Herrschenden. Es wird ein Mechanismus wirksam, der in beschönigender Weise als *Selbstzensur* bezeichnet wird. Dieses Wort soll den Eindruck erwecken, als ob der sich selbst zensierende Autor wider besseres Wissen Informationen fälscht oder unterdrückt, andere Autoren wissentlich verleumdet und ihre Meinungen verdreht und sich selber zu Ansichten hinabschwingt, deren Haltlosigkeit und Unehrlichkeit ihm wohl bewußt sind. Aber das ist tatsächlich reine Beschönigung. In Wirklichkeit ist es viel schlimmer. Nicht nur, daß der sich selbst zensierende Autor stets strenger und unnachsichtiger zensiert als eine offizielle Zensurbehörde. Vielmehr ist sein Denkapparat durch den ständigen servilen Umgang mit der herrschenden Meinung schon längst nicht mehr fähig, anders als in gängigen Schablonen zu denken, so daß Meinungen, die er unterdrücken müßte, ihm schon gar nicht mehr in den Sinn kommen.

In einem ausgereiften Gesellschaftssystem wie dem Kapitalismus haben die Meinungen der Herrschenden längst die Form einer allgemeinen Ideologie angenommen, eines Systems von Ideen also, die aus einer phantastischen Mischung von Wahrheit und Irrtum bestehen. Die Mehrheit des Volks ist dem Strom dieser Ideen schutzlos ausgeliefert. Man empfindet überhaupt nicht, daß diese Behauptungen und Erklärungen (auch die rechtlichen und moralischen Wertmaßstäbe, die sie begründen sollen) nichts anderem dient als der Aufrechterhaltung, Durchsetzung und Sicherung der Macht der Herrschenden. Im Gegenteil: gerade die dreistesten Verdrehungen werden für unbezweifelbare Wahrheiten angesehen, die so evident sind, daß man sich alltäglich aus praktischer Erfahrung von ihrer Richtigkeit überzeugen könne. Dieses *falsche Bewußtsein,* wie Marx und Engels die bürgerliche Ideologie nannten, ist die Täuschung der Gesellschaft über sich selbst. Sie ist der Schein, der im Bewußtsein der Menschen an die Stelle der Wirklichkeit treten muß, damit die gesellschaftliche Wirklichkeit überhaupt bestehen kann. So ausgeklügelt sie erscheinen mag, wenn man sie gründlich analysiert, ist sie doch keineswegs von individuellen Gehirnen ausgeklügelt, sondern in einem kollektiven Prozeß geschaffen, ist zugleich Produkt und Bestandteil der Gesamtgesellschaft. Sie ist das gestaltende Element der Struktur ihres Überbaus.

Ich habe diese elementaren Zusammenhänge, die in der Wirklichkeit immer durch aktuelle und historische Gegebenheiten in komplizierter Weise variiert sind, hier skizziert, weil sie möglicherweise das Verständnis der absonderlichen Erscheinungen erleichtern können, die wir auf dem Gebiet des Umgangs mit der öffentlichen Meinung in sozialistischen Ländern beobachten. Um jeder Gefahr zu entgehen, Opfer falscher Informationen geworden zu sein, will ich mich hier ganz auf Verhältnisse in der DDR beschränken, und nur soweit ich zweifelsfrei über sie unterrichtet bin:

Obwohl es keine Zensurbehörde gibt, können in der DDR weder in Zeitungen und Zeitschriften noch im Radio oder Fernsehen, nicht im Theater und Kino, auf keiner Kulturveranstaltung, nicht einmal beim Kleingärtnerverein Immergrün auch nur ein Wort und eine Zeile gesagt oder gesungen werden, die nicht direkt oder indirekt den Filter der Staats- und Parteikontrolle durchlaufen haben. Und dieser Filter ist sehr eng. Selbst ein so harmloses und weitgehend konformistisches Buch wie ›Der Tag X‹ von Stefan Heym, über das schon ein bindender Vertrag des Autors mit dem List-Verlag in der DDR vorlag, durfte nicht gedruckt werden; auch nicht die noch weiter ausgebügelte Neubearbeitung, die bei Bertelsmann in der BRD unter dem Titel ›5 Tage im Juni‹ erschienen ist. Es gibt zwar eine Reihe von Schriftstellern, die »gerade noch« erscheinen dürfen, deren Auflagen sind aber so beschränkt, daß man Glück haben muß, ein Buch von ihnen zu ergattern. Die Anzahl der Manuskripte, die nicht erscheinen dürfen, mag vielleicht nicht so groß sein. Wer weiß aber, wie viele Romane, Gedichte und Theaterstücke gar nicht erst geschrieben worden sind, weil der Autor von vornherein mit keiner Veröffentlichung rechnen konnte, wohl aber mit massiven materiellen Schwierigkeiten einschließlich der Gefahr strafrechtlicher Verfolgung. *Ich kenne einige sogar aktuelle Fälle, will aber nicht von ihnen mit Namen und Adresse reden, um ihre Lage nicht noch mehr zu erschweren.*

Die vorherrschende Form der Unterdrückung von Meinungen, die Selbstzensur, befindet sich in der DDR allerdings in einer weit schwierigeren Lage als in der bürgerlichen Welt. Da es keine herrschende Ideologie gibt, wenn man von dem üppig wuchernden ideologischen Nachlaß der Bourgeoisie absieht, sind die Selbstzensoren gezwungen, viel offener und wider besseres Wissen ein Bild von der Wirklichkeit zu zeichnen, das dem Geschmack der Herrschenden entspricht. So entsteht jene absurde Diskrepanz zwischen Bild und Wirklichkeit, die für die Massenmedien der DDR so typisch ist. Arbeitermassen, begeistert für den Sozialismus, zu 99% Anhänger der Partei und der Regierung, ein einig Volk von Brüdern, wetteifernd in der Produktion, immer höheren Zielen entgegen, mit ganzem Herzen bei der großen Sache des Kommunismus – das ist das Bild, wie es auch der sozialistische Realismus von der DDR-Wirklichkeit zeichnet, getreu seinem Prinzip, nur das Positive, das Vorwärtsstrebende und Siegende zu sehen und zu zeigen, damit es wirklich zum Siegenden wird und nicht dem zersetzenden Einfluß des Negativen, Kritischen und Zweifelnden erliegt. Daß dieser Scheinrealismus des rosa Zuckergusses gerade das Gegenteil bewirkt, dafür scheint man unheilbar blind zu sein.

Eine herrschende *sozialistische Ideologie* gibt es nicht, obwohl man sich offenbar alle erdenkliche Mühe gibt, sie zu erzeugen. Wann endlich werden die Genossen Partei-Ideologen begreifen, daß man den Marxismus nicht zur Ideologie machen kann! Eine sozialistische Ideologie wäre auch ein Widerspruch in sich. Denn der Sozialismus ist ja der gesellschaftliche Prozeß, der die alte Ordnung gerade dadurch endgültig überwindet, daß er die Notwendigkeit der Täuschung der Gesellschaft über sich selbst aufhebt. Jede Unterdrückung hat ihr Ende gefunden, weil die Unterdrückten zur Macht gekommen sind. Eine herrschende Klasse in dem bisherigen Sinne, eine Klasse also, die eine andere beherrscht und unterdrückt, gibt es nicht mehr. Und damit tritt auch an die Stelle der Unterdrückung von Ideen und Meinungen die uneingeschränkte sachliche Auseinandersetzung, an der alle teilnehmen, ohne daß irgendeine Seite dabei Vorrechte hat. Jetzt endlich entscheiden im Streit der Meinungen nicht mehr die

Interessen von Herrschenden, sondern nur noch die besseren Argumente.

Wann wird es uns gelungen sein, diesen Sozialismus in der DDR zu verwirklichen? Das ist schwer zu sagen. Eins kann man aber mit Sicherheit schon heute sagen: wenn es so weit sein wird, dann können wir die Mauer meistbietend versteigern.

›europäische ideen‹ 17/1976. – Abdrucke in: ›Nürnberger Nachrichten‹ 27./28. 3. 1976. – ›Berliner Extra-Dienst‹ 26. 3. 1976. – Deutschlandfunk 27. 4. 1976. – Teilweise gekürzt.

Fünftes Gespräch (mit Erhard Eppler)

Lieber Herr Eppler, Sie gehören zu den linken progressiven Sozialdemokraten in der Bundesrepublik Deutschland, die wir hier in der DDR mit großem Interesse und mit Anteilnahme beobachten; wir, besonders diejenigen, wie ich, die mit den hiesigen Verhältnissen nicht einverstanden sind und einen demokratischen Sozialismus anstreben. Aber wie wollen Sie Ihre Ziele erreichen, wenn Sie ansehen müssen, daß immer wieder die rechten reaktionären Kreise, die über große Macht verfügen – Macht durch die Presse und andere Medien –, bewirken können, daß sich doch wieder die Mehrheit gegen Sie wendet und Sie dann geschlagen werden? Wie wollen Sie unter diesen Verhältnissen Ihre Ziele erreichen?

Ich gebe gerne zu, es ist gespenstisch, wenn man sich auf der einen Seite überlegt, was muß jetzt machbar gemacht werden, damit noch eine menschliche Zukunft in den 80er, 90er Jahren für unsere Kinder möglich ist, und wenn man sich andererseits in einem Wahlkampf mit allen Ängsten und Vorurteilen und Fragestellungen der 50er Jahre herumschlagen muß. Es ist gespenstisch zu sehen, wie weit der Abstand wird und immer größer wird zwischen Realität und Bewußtsein. Aber ich fürchte, das ist in kommunistischen Staaten keineswegs besser und dort fehlt noch das letzte Korrektiv, das wir noch haben, nämlich die freie Diskussion, die doch bei uns immer wieder etwas in Gang bringt.

Was meinen Sie: Kann man wirklich politische Konzepte, die progressiv sind, die also eine wirkliche Reform der Gesellschaft zum Ziel haben, verwirklichen, wenn man gezwungen ist, immer wieder dem Wähler nachzulaufen, alle vier Jahre nach der Stimmung der Massen zu hören und zu horchen und sich ihnen zu unterwerfen, glauben Sie, daß man dann überhaupt noch mehr tun kann, als nur einige Parlamentssitze zu gewinnen?

Das stimmt. Mit einer Macht, die man nur dadurch gewinnt, daß man den Leuten das sagt, was sie immer schon gedacht haben, ist nachher nichts zu bewirken, jedenfalls nicht für eine progressive Partei. Deshalb habe ich den Wahlkampf so auch nicht geführt. Aber mein Eindruck ist, diese Fortschreibung dessen, was ist, wird heute überwiegend von den Technokraten betrieben in West und Ost und meine Frage ist, ob Sie nicht gegenüber Ihren Techno-

kraten noch ein bißchen ohnmächtiger sind, als ich z. B. gegenüber unseren Technokraten.

Was ist das denn eigentlich für ein Sozialismus, den Sie anstreben? Sie wissen doch, in der Bundesrepublik gibt es sehr viele reiche Leute, die über viele Millionen, manchmal sogar über Milliardenbeträge verfügen, und sie haben dies Geld nicht durch eigene Arbeit erworben, sondern natürlich dadurch, daß sie die Arbeitskraft anderer ausgebeutet haben. Soll in dem Sozialismus, den Sie anstreben, diese Methode des Gelderwerbs abgeschafft werden? Soll diese Art von Verfügung über riesige Beträge durch einzelne aufgehoben werden, und wenn Sie einen solchen Sozialismus wollen, wodurch soll in diesem Sozialismus ein anderes Verfahren der Wirtschaft und der Organisation von Arbeitsprozessen, einer Art von wirtschaftlichem Leben, das frei ist von Ausbeutung, erreicht werden?

Herr Havemann, es gibt eben zwei Arten, Politik zu machen. Die erste ist, daß man ein Modell findet, ein Bild der richtigen Gesellschaft entwirft und fragt, wie müssen wir hier revolutionär tätig werden, um diesem zu entsprechen. Diese Methode hat zwei Nachteile für mich: einmal den, daß ich gar nicht so sicher bin, ob es die ein für allemal richtige Gesellschaft überhaupt gibt, und zum anderen, weil man damit die meisten Menschen vor die Frage stellt, ob sie die Revolution oder die Resignation wollen, und da die Resignation sehr viel leichter zu haben ist als die Revolution, endet das immer bei uns in der Resignation. Und die zweite Möglichkeit ist, daß man fragt, in welche Richtung muß unsere Gesellschaft sich bewegen und welches sind die richtigen, oder wie Heinemann sagte, der strategisch richtige Schritt, der dann andere wichtige, richtige Schritte nach sich zieht, d.h. für mich ist demokratischer Sozialismus kein Zustand, sondern ein Prozeß und jetzt konkret. Deshalb bin ich für alles, was krasse Einkommensunterschiede vermindert, was den Arbeitsprozeß humanisiert, und vor allem für alles, was die Verfügungsgewalt der Arbeitnehmer im Betrieb verstärkt. Dies ist der richtige Weg. Das Ziel dieses Weges, und das ist eben der Unterschied zwischen einem Sozialdemokraten und einem Kommunisten, ist für mich nicht das Entscheidende, sondern der Weg.

Warum fürchtet man sich eigentlich in der großen SPD so maßlos vor dieser winzigen Partei, der DKP, so daß man sogar gute alte Genossen, die schon Jahrzehnte womöglich treu zur Partei gehalten haben, aus der Partei ausschließt, nur weil sie in irgendeiner nebensächlichen Frage den Kommunisten in ihrem Ort oder in ihrem Landkreis zugestimmt haben?

Ich glaube, wir müssen einen ganz klaren Trennungsstrich ziehen zwischen Sozialdemokraten und Kommunisten. Und ich habe z.B. unseren Jungsozialisten, als sie eine Demonstration gegen den Putsch in Chile gemacht haben, ganz deutlich gesagt: Macht diese Demonstration, das ist gut so, aber macht sie bitte nicht mit Leuten zusammen, die bis zum heutigen Tag die Unterdrückung des Prager Frühlings für richtig halten. Wenn man für Freiheit ist, dann muß man das überall sein, und hier muß ein klarer Trennungsstrich gezogen werden.

Eigentlich läuft alles auf die Frage hinaus: Wer ist eigentlich gefährlicher für die Demokratie in der Bundesrepublik? Sind es die Kommunisten oder sind es die Leute vom Schlage des Franz Josef Strauß?

Wir wollen in der Bundesrepublik nicht die innere Ordnung, die die DDR hat. Und insofern die DKP diese Ordnung will, ist sie unser politischer Gegner. Und daß sie nicht so sehr gefährlich ist, kommt daher, daß sie sehr klein ist und keine Rolle spielt. Ich gebe allerdings zu – Strauß hin, Strauß her –, daß die deutsche Geschichte immer bewiesen hat, daß die Gefahren von rechts größer gewesen sind als die von links und daß die linken Kräfte, die ganz linken, häufig nur dazu gedient haben, eine rechte Welle auszulösen.

Noch ein Wort zum Radikalenerlaß oder zu dem, was jetzt inzwischen durch die weitere Entwicklung in den verschiedenen Ländern daraus werden wird oder schon geworden ist, zu den Berufsverboten. Ich persönlich leide ja auch unter dem Berufsverbot, wie Sie wissen, und ich bin deswegen an dieser Frage natürlich auf meine Weise interessiert: Meinen Sie nicht auch, daß diese ganzen Verfahren sich gegen Leute richten, die Ihre Meinung offen bekannt haben? Und das ist doch unvereinbar mit einer wirklichen Demokratie, gerade die zu verfolgen, die von dem Recht der freien Meinungsäußerung Gebrauch machen. Glauben Sie nicht, daß in den Staatsämtern viele Leute sitzen, die nur ihren Oberen nach dem Munde reden und einer Partei nur deshalb anhängen, weil sie mit ihrer Hilfe eine Parteibuchkarriere machen wollen? Sollte man nicht lieber gerade diese Leute vom Staatsdienst ausschließen?

Natürlich gibt es diese Leute. Und wahrscheinlich mehr, als gut ist. Aber wie wollen Sie nachweisen, daß einer nur seinen Ministern oder Staatssekretären nach dem Munde redet? Hier kom-

men Sie in den Bereich des Unbeweisbaren und, wenn Sie es nachweisen wollen, wieder zur Gesinnungsschnüffelei. Wir müssen uns einfach daran gewöhnen, daß Menschen Menschen sind.

Glauben Sie, daß eine Zusammenarbeit zwischen sozialistischen, bürgerlichen und kommunistischen Parteien, so wie sie jetzt in Italien, Frankreich, Portugal und in Spanien wahrscheinlich im Kommen ist, glauben Sie, daß eine solche Zusammenarbeit, die vielleicht sogar zu einer Volksfront-Regierung führen kann, eine Gefahr darstellt für die westliche Demokratie, wie das kürzlich einer der Minister der Bundesrepublik gesagt haben soll? Und wenn Sie das glauben, was halten Sie dann eigentlich von der westlichen Demokratie?

Es gibt einige Grundtatsachen dieser westlichen Demokratie, die wir nicht missen möchten, die freie Meinungsäußerung, die Einklagbarkeit von Grundrechten, die Möglichkeit politischer Opposition, der Schutz für Minderheiten. Und Sie müssen verstehen, daß wir kommunistischen Parteien zuerst einmal mit Mißtrauen gegenübertreten, wenn es um diese Grundvoraussetzungen einer Demokratie unseres Stils geht. Wenn nun die französischen, die italienischen Kommunisten sich wandeln, ist das eine großartige Sache, aber da reicht nicht ein Parteitag, um das Mißtrauen abzubauen, da müssen viele Jahre vergehen, in denen wir sehen können, daß sich hier etwas gewandelt hat, und dann könnte sich sicherlich auch die Haltung anderer Parteien ändern.

Halten Sie eine politische Umwälzung in den osteuropäischen sozialistischen Staaten einschließlich der DDR, etwa im Sinne des Prager Frühlings, also mit dem Ziel der Schaffung einer sozialistischen Demokratie oder eines demokratischen Sozialismus, halten Sie eine solche Entwicklung für möglich, für erstrebenswert und für günstig für die Wiedervereinigung Deutschlands?

Herr Havemann, ich gestehe Ihnen, daß es für mich ganz wenige Augenblicke gab in meinem Leben, in denen ich so deprimiert war wie beim Einmarsch der Warschauer-Pakt-Staaten in die Tschechoslowakei. Und seither bin ich sehr skeptisch, ob so etwas wieder möglich ist. Daß ich es für erstrebenswert halte, für eine großartige Sache halten würde, brauche ich nicht zu sagen, übrigens völlig unabhängig davon, ob dies dann für die Wiedervereinigung etwas abwerfen würde; wahrscheinlich würde es die Wiedervereinigung leichter machen, aber völlig unabhängig davon würde dies natürlich die politische Landschaft in Westeuropa grundlegend verändern.

Zweites Deutsches Fernsehen, Kennzeichen D, 7. 4. 1976. Dies war kein eigentliches Gespräch. Havemanns Fragen an Eppler wurden vom ZDF in H.s Wohnung aufgenommen und später Eppler vorgespielt.

Sechstes Gespräch (mit Wolf Biermann)

Biermann: (Nach einem einleitenden Gitarrenspiel) Feierliche Sachen werden immer mit Musik umrahmt. Die Rolle der Kunst.
Havemann: 30 Jahre bist du alt – 30 Jahre SED.
B.: Ich war schon vor neun Jahren 30.
H.: Du warst also noch ein kleines Kind. – Ich kann mich noch genau erinnern, wie unsere guten Genossen keine SED wollten im Jahre 45.
B.: Unsere KP-Genossen.
H.: Bis es dann soweit war, die Wahlen sehr schlecht ausgingen, d.h. nicht bei uns, sondern in verschiedenen Teilen Deutschlands, die Kommunisten doch nicht so stark waren, wie sie sich gefühlt hatten. Dann gab es eben die Einheit, die Einheit, die die guten Antifaschisten in den Lagern alle sicher herbeigesehnt hatten. Nun haben wir eine Partei seit 30 Jahren – was kann man von ihr sagen, Wolf? Sie wartet immer noch?
B.: Zunächst mal kann man von ihr sagen, daß sie die einzige ist, in diesem Land hier.
H.: Ja, die anderen Parteien sind ja gewissermaßen nur Büros mit Firmenstempel. 30 Jahre Nichtanerkennung und dann Anerkennung. Vielleicht ein bißchen groß geschätzt – aber Anerkennung des Staates. Noch warten wir immer auf die Anerkennung der SED.
B.: Durch wen, durch das Volk?
H.: Ja, das zu allererst mal – das wäre ja die Grundvoraussetzung. Oder kann man das eigentlich nicht sagen, daß die SED durch das Volk der DDR noch nicht anerkannt ist? In gewisser Weise kann man das sagen. Andererseits wieder, wie viele Mitglieder?
B.: Na, anderthalb Millionen, glaub' ich.
H.: Anhänger oder Mitglieder?
B.: Das ist die alte Frage.
H.: Wo wären diese Leute, wenn – muß man sich fragen.
B.: Na, wenn es in einem Land nur eine einzige Partei gibt, dann bleiben für mich alle Leute, die irgendwelche ehrgeizigen Pläne haben, sich selbst betreffend oder die Gesellschaft, in diesem Verein drin. Das heißt, es gibt auch Kommunisten in dieser Partei. Das ist ja unsere große Hoffnung, wir selber sind ja – du genauso wie ich – auch mit vielen Mitgliedern dieser

Partei befreundet, die nach wie vor unsere Genossen geblieben sind.
H.: Ich habe damals, als ich den großen Krach zuerst bekam mit unserem guten Genossen Kurt Hager, da habe ich ihm gesagt in der Mitgliederversammlung: Weißt du, Kurt, du und die anderen, ihr könnt mich nicht aus der Partei werfen – das könnt ihr gar nicht, das könnte nur ich tun, und solange ich das nicht freiwillig tue, ist nichts damit. Denn ob ich bei euch das Mitgliedsbuch habe oder nicht, das ist doch nicht das Entscheidende. Denn, ich sagte vorhin schon, die SED ringt um Anerkennung, um internationale Anerkennung.
B.: Jedenfalls in der spanischen Kommunistischen Partei, wie sie jetzt aussieht, können natürlich gut solche Kommunisten Mitglieder sein, die hier in der DDR rausfliegen –
H.: – nicht nur rausfliegen, sondern eingesperrt werden.
B.: Die Ideen, die der Generalsekretär der spanischen Kommunistischen Partei Carrillo dargestellt hat in seinem Interview-Buch mit Debré, dieses Buch ›Spanien nach Franco‹, das wir hier mit Erstaunen und großer Freude gelesen haben, enthält Ideen, die ja auch die Ideen der offiziellen Kommunistischen Partei Spaniens sind, für die man in der DDR noch immer zwei bis fünf bis zehn Jahre Knast kriegen würde. Denn wenn der Carrillo dort deutlicher als jeder andere kommunistische Parteiführer in vergleichbaren westlichen Parteien sagt, daß er der Meinung ist, daß ein Einmarsch in die Tschechoslowakei, wenn er sich auf sein Land wiederholen würde unter ähnlichen Bedingungen, von ihm beantwortet würde mit dem Aufruf zum bewaffneten Widerstand, wobei es noch eine Frage ist, ob das richtig wäre oder richtig gewesen wäre im Falle der Tschechoslowakei. Wie auch immer, allein so eine Frage aufs Tapet zu bringen würde bei uns einigermaßen teuer werden.
H.: Ja, damit hat er ja erklärt, daß der Einmarsch ein Verbrechen war, und es war ein Verbrechen. Der Überfall, den die Warschauer Pakt-Staaten – übrigens Rumänien ausgenommen – damals unternommen haben, war ein Verbrechen an der internationalen Arbeiterbewegung, an der kommunistischen Bewegung in der Welt. Das war nicht nur ein Verbrechen an der tschechischen Partei, sondern auch an der deutschen, an der sowjetischen, an der spanischen, italienischen und all den kommunistischen Parteien, die immerzu verzweifelt darum kämpften, nach dieser schrecklichen Desavouierung, Enthüllung der Verbrechen Stalins. Wo kein Mensch hier mehr richtig glaubte – langsam gelang

es, wieder Vertrauen zu gewinnen in der Welt und neue Hoffnung, und nun mit einem Schlage wurde wieder alles zerstört, was da mit Mühe wiedergewonnen war an verlorenem Terrain in der Weltmeinung, in der Meinung der Arbeiter. Das ist es doch: Warum ist die DKP in der Bundesrepublik so winzig? Doch nicht deswegen, weil die Genossen besonders ungeschickt sind, weil sie schlimmer, ich möchte sagen, in ihrer dogmatischen Erstarrung andere sind – nein, das sind sie gar nicht. Nein, weil ihnen niemand glaubt, weil offensichtlich der Einmarsch in die ČSSR ganz besonders von der SED empfohlen wurde. Warum wurde er von der SED beziehungsweise Ulbricht empfohlen? Warum? Weil –

B.: – Weil er um den eigenen Arsch gezittert hat – und das war auch begründet.

H.: Der hatte Gründe, natürlich, sicher.

B.: Wobei mich eigentlich immer ein bißchen ärgert, daß wir wie die Kinder immer beteuern, wenn es um die Tschechoslowakei geht, von damals, also um den Einmarsch, daß dort überhaupt keine Konterrevolution stattgefunden habe. Das ist eine solche Selbstverständlichkeit, daß es schon ein verdrehtes Bild gibt, wenn man das immer wieder beteuert. Ich meine, man soll das lieber bei den Hörnern packen, dies Problem, und sagen: Natürlich hat es in der Tschechoslowakei eine Konterrevolution gegeben. Und diese Konterrevolution war der Einmarsch in die Tschechoslowakei. Und daß wir heute, so viele Jahre danach, das sind jetzt acht Jahre, über das Thema reden, als wäre es gerade eben passiert, das hat seine Ursache darin, daß in der Tat bis heute sich die Geister scheiden in der kommunistischen Arbeiterbewegung bei diesem gravierenden historischen Ereignis – man hat in dem kurzen Leben, das man lebt, nicht so viele einschneidende historische Punkte, die so schlagend die Interessenlagen und Interessenkonflikte in der Gesellschaft darstellen. Wenn wir in der Zeit der Pariser Kommune gelebt hätten, dann wäre es eben auch – egal, acht Jahre später oder zehn Jahre oder zwanzig Jahre später oder während der Tage der Kommune – wichtig, ob man auf seiten des Fortschritts oder auf seiten der Reaktion steht.

H.: Nur hier in diesem Falle war es umgekehrt. Die Pariser Kommune eilte sozusagen der Geschichte voraus, um hundert Jahre voraus. Sie war unzeitgemäß in dem Sinne, daß sie der Versuch einer ungeheuren historischen Vorwegnahme war – aber hier in der ČSSR wurde etwas anderes ereicht: endlich

Anschluß an die Zeitgeschichte gewonnen, endlich der Kommunismus auf die Höhe der Aufgaben gebracht, die ihm heute von der Geschichte gestellt sind, gewaltige Aufgaben, wenn man bedenkt, daß der Kapitalismus sich in einem Zustand befindet, der normalerweise Kommunistenherzen höher schlagen lassen müßte, aber heute uns doch mit großen Bedenken erfüllt, wenn man sieht, wie unsere guten Genossen nichts weiter vorhaben, als all die Dummheiten und Fehler noch mal zu wiederholen, die vom Kapitalismus inzwischen, ich möchte sagen, an dem, was man die Lebensqualität heute so verschwommen bezeichnet – und ich meine, die Zeit ist jetzt so weit gediehen, daß man doch wieder sagen muß, man muß was tun und nicht auf bessere Zeiten warten.

B.: Sind wir jetzt so alte Überbleibsel verrotteter Hoffnung auf eine sozialistische Demokratie – sieht es nicht so aus, als ob die Ideen, denen wir anhängen oder vielleicht nachtrauern, ein für allemal besiegt sind, denn seit die Tschechoslowakei niedergeschlagen wurde, hat sich bei vielen Menschen eine Traurigkeit, eine Müdigkeit breitgemacht, die sagen, man sieht's ja, es hat keinen Zweck – die Tschechen haben's ja nun wirklich prima gemacht – waren doch Kommunisten, die Kommunistische Partei hatte niemals so viel Ansehen im Volk wie in der Tschechoslowakei. Aber was nützt das alles, es wird eben doch zerschlagen, also hat es gar keinen Zweck, sich den Arsch aufzureißen, laß uns lieber ins Grüne gehen, laß uns 'ne Datscha bauen, unser Auto verdienen.

H.: Wolf, das geht nicht – ich meine, daß unsere Kleinbürger und Spießer, die in der DDR herumlaufen, diesen Träumen eines schönen Lebens nachhängen, das kann man ihnen gar nicht übelnehmen, das ist normal und hat doch keine Bedeutung. Bedeutung haben die Veränderungen in ganz Europa, in der Arbeiterbewegung, wirklich, in der Sozialdemokratischen Partei in der Bundesrepublik geht ein echter Streit los über die Frage: Wo steht der Feind, rechts oder links, sind's die Kommunisten oder sind es die Franz-Josef-Strauß-Leute? Steht ein neuer Faschismus bevor? Was passiert, wenn die Krise sich verschärft? Was ist das mit diesen Berufsverboten, mit diesem verfluchten Paragraphen? Schnüffelparagraphen, wo die Leute auf ihre ideologische Standfähigkeit im Sinne des Systems untersucht werden können? Ist das nicht schon präfaschistisch? Wenn das die Kommunisten sagen – natürlich, aber wenn die Sozialdemokraten sich das schon überlegen, die Jusos, und damit Reklame gegen sie gemacht wird, beim Bürger, der sagt: »Aha, hier kommt schon wieder die große Gefahr, der Sozialismus, uns soll das Geld weggenommen werden – und wenn dann die Krise, eine Million Arbeitslose und vielleicht noch mehr und Währungszusammenbrüche – der gute Schmidt, nicht wahr, na, der Helmut Schmidt, der kann nicht aufhalten, was die Engländer, die Italiener und all diese Leute in ihrer Wirtschaft betreiben. Da kann er sich noch dreimal hinstellen als der Besserwisser, wie wir Deutsche das weidlich gut können, und sich dabei nur noch unbeliebter machen, eigentlich in Ulbrichts Spuren zu stiefeln in dieser neunmalklugen deutschen Art. Aber die Krise, die wird uns diesmal von der anderen Seite, gewissermaßen den Kommunismus aktivieren, nicht vom Osten, vom Westen

B.: Wie kommt es denn, daß die italienischen, die französischen Kommunisten wirklich auch fähig sind, aus dieser Krise des Kapitalismus politisch etwas zu machen? Die Zerrüttung der bürgerlichen Ideologie angesichts der bürgerlichen Wirklichkeit auszunutzen, um ihre eigenen Ideen unter die Massen zu bringen, wie kommt es, daß in Westdeutschland unsere Genossen von der DKP so hilflos daneben stehen, ein Häuflein Zuschauer?

H.: Weil sie sich nicht von uns freigemacht haben. Weil die Italiener und Franzosen und die Spanier sich von der stagnierenden und dogmatisch erstarrten Ost-KP freigemacht haben. Die haben ja ihren Widerstand angemeldet, ihre Selbständigkeit, ihr eigenes Denken, die sind wieder wirkliche Kommunisten geworden, das ist der Grund. Aber die DKP lebt gewissermaßen immer noch in den hinteren Ausgängen des Verdauungskanals, und das bekommt ihr schlecht. Aber ich glaube, die Genossen in der Bundesrepublik werden das auch lernen, und ich bin der Meinung, 30 Jahre SED ist kein Grund zum Weinen, kein Grund zum Traurigsein, sondern im Gegenteil, ich glaube, wir werden weiterkommen.

B.: Ja, und wie ist das mit uns hier? Sind wir nicht abgeschlagene, ausgestoßene ehemalige Mitglieder dieser einzigen Partei oder wie?

H.: Ich weiß nicht, ich hab's Gefühl, die Partei muß wieder zugelassen werden.

B.: Das klingt witzig, ist aber traurig.

Westdeutscher Rundfunk, 3. Fernsehprogramm, 21. 4. 1976. – ›Frankfurter Allgemeine Zeitung‹ 22. 4. 1976. – ›Die Zeit‹ 23. 4. 1976 (Auszug). – ›europäische ideen‹ 23/1976.

Herr Havemann, auf dem 9. Parteitag der SED präsentierte sich Erich Honecker nicht nur als erster Mann der Partei, sondern auch als Stabilitätspolitiker: In den kommenden fünf Jahren soll es – wie zuvor – weiter »hohe und stabile Wachstumsraten« geben. Ist die DDR so etwas wie ein Wunderland im östlichen Wirtschaftsgefüge?
Ich würde sagen, der Parteitag hat nichts gebracht, was wir ohne ihn nicht auch haben.
Also das Wirtschaftswunderland gibt es wirklich?
Durchaus nicht. Denn wenn man heute mit Leuten aus der DDR-Wirtschaft spricht, erfährt man einen derart ungeheuren Wirtschaftspessimismus, daß es wie ein Wunder scheint, wenn alles überhaupt noch geht.
Diese Haltung ist ja nicht neu: In der Bundesrepublik urteilen Wirtschaftsführer auch anders als die regierende Partei.
Wahrscheinlich. Aber unter den Bedingungen, wie hier das Lohn-Preis-System funktioniert, ist eine objektive Beurteilung der wirtschaftlichen Leistungen von Industrie und Landwirtschaft nicht möglich. Bei uns ist alles, was der Mensch zum Leben braucht, unheimlich billig: Miete, Gas, Strom, Brot, Kartoffeln und so weiter. Hier subventioniert der Staat mit ungeheuren Mitteln. Das wird dann als sozialistische Leistung gepriesen.
Was ist daran falsch?
Das bedingt, daß auf der anderen Seite Industrie-Erzeugnisse teuer verkauft werden müssen. Darum verdient der Staat am Produkt enorm, weil die Löhne eben niedrig sind. Dieses System betrachte ich als Grundlage der Ausbeutung. Es ist die ökonomische Struktur der Sklaverei. Denn unser Niedriglohn- und Preissystem schafft Voraussetzungen für eine völlig unkontrollierbare Umverteilung des Sozialprodukts, indem man durch entsprechend hohe Gehälter die Oberschicht, als Funktionäre, Wirtschaftsleute und dergleichen aushält.
Hier stecken also die Ungerechtigkeiten?
Ja, die Folge ist nämlich eine Vergeudung von wirtschaftlichen Leistungen und eine Vergeudung von Arbeit durch die Arbeiter selbst.
Ist das der Grund, warum Erich Honecker die Arbeitsproduktivität erhöhen möchte? Arbeiten die Leute nicht genug?

Das Problem ist ein anderes. Der Arbeiter sieht seine qualifizierte Arbeit unterbewertet – eben durch die niedrigen Löhne. Nach getaner Arbeit – in diesen sogenannten Feierabendbrigaden, die offiziell genehmigt sind – verdient er sich eine goldene Nase durch Aufträge von Privatleuten, wo er 15 bis 20 Mark die Stunde verdient, also drei- bis viermal mehr als im Betrieb. Der Arbeiter schafft dann für die Oberschichtleute. Diese haben ja Geld, obwohl sie im Grunde genommen auf ihren Posten nichts leisten.

Hier wird also das Versagen staatlicher Planung und Lenkung sichtbar, zumal man Ihrer Darstellung nach neue privilegierte Klassen schafft?

In der Tat ist es ein Mangel in diesem System, daß man nicht weiß, was in den Waren für ökonomische Aufwendungen stekken. Da baut man beispielsweise ein Handelsschiff, an dem verschiedene Industrien als Zulieferer mitarbeiten. Diese werden teils subventioniert, teils nicht. Zum Schluß weiß keiner, was das Schiff wirklich gekostet hat. Eine Planung sollte doch zur Aufgabe haben, das optimale Ergebnis aus dem vorhandenen Potential an Arbeitskraft und Materiel zu erzielen. Bei uns entstehen daraus auch Überplanbestände, Nullware, auch Ladenhüter genannt.

Sie vermissen die Leistungsfähigkeit?

Ja, im Vergleich zum Kapitalismus ist das doch wenig, was bei uns aus allem herauskommt. Wenn das bei VW passierte, was unter den Bedingungen wie bei uns herausgeholt wird, würde man sagen, das ist eine Krise.

Ist das ein Plädoyer für das kapitalistische System?

Überhaupt nicht. Leider wird hier dem Kapitalismus hinterhergelaufen. Denn was sind die Folgen? Umweltverschmutzung, Verkehrsverstopfung und Konsumsklaverei. Da wird schließlich künstlich Bedarf erzeugt und all das ekelhafte Zeug, das die Vermarktung bietet. Alles wird ins Geschäftliche verwandelt. Die Leute, die darauf hereinfallen, kommen zwangsläufig in den Streß.

Wo soll es statt dessen Ihrer Meinung nach entlanggehen?

Es wird Zeit, daß es in der DDR zu irgendeinem Unbehagen darüber kommt, daß dies die falsche Richtung ist, wohin sich die Planung bewegt. Vom Standpunkt der Wirtschaftsfachleute befinden wir uns in einer Dauerkrise, die am Rande einer Katastrophe entlangschlittert. Dabei müßte unsere Wirtschaft viel leistungsfähiger sein. Es gibt bei uns keine Milliarden-Ausgaben in der Werbung, es fehlt die Spekulation mit Grund und Boden. Es müßte eigentlich eine Freude sein, hier zu wirtschaften. Warum ist das nicht möglich? Weil man nicht weiß, was das ist. Da baut man beispielsweise diese furchtbaren Hochhäuser, obwohl bei uns der Quadratmeter nicht tausend Mark oder mehr kostet. Auch in diesem Falle wird dem Kapitalismus nachgemacht. Der Metropolis-Charakter der kapitalistischen Großstädte wird von den Spießbürgern der Partei bewundert.

Bei aller Kritik: Arbeitslosigkeit und Kurzarbeit gibt es in der DDR doch wohl nicht?

Richtig, es gibt sie nicht, weil dies eine Mangelwirtschaft ist. Alles, was produziert wird, wird gebraucht – bis eben auf jene Ladenhüter. Die kapitalistische Krise hat aber auch bei uns Rückwirkungen. Es gibt versteckte Preissteigerungen bei den Konsumgütern. Das bedeutet wiederum Mehrarbeit zur Erhaltung des Lebensstandards.

Lassen Sie uns das Thema wechseln: Für Erich Honecker stellt sich die Frage nach einer Wiedervereinigung nicht mehr ...

...weil die Leute hier, meine ich, den Zustand für unabänderlich halten – nicht, weil sie es wünschen, sondern weil es außerhalb ihrer Macht ist. Ich persönlich bin gegen Nationen und Grenzen. Aber diese Grenze ist schlimm. Sie hat auch schädliche Wirkung auf die Bundesrepublik. Ohne diesen Stacheldraht kann Herr Strauß nicht leben, aber auch andere Reaktionäre, deren Reden unserer ohnehin ängstlichen Regierung noch mehr Angst machen. Es ist ein Irrtum, daß nur die DDR den Stacheldraht braucht, den brauchen die Reaktionäre drüben auch.

Noch eine persönliche Frage: Sie haben wegen Ihrer freimütigen Kritik am DDR-System Ihren Arbeitsplatz verloren. Gibt es also auch im anderen deutschen Staate Berufsverbote?

Wenn jemand politisch aneckt, wird er herausgeschmissen. Ich kenne auch Fälle, wo es Einweisungen in psychiatrische Kliniken gab. Gelegentlich war aber auch ein Protest erfolgreich. Als einige dagegen aufstanden, steckte die Partei zurück. Das sollte Mut machen.

›Metall‹ 15. 6. 1976. Das Gespräch führte Jürgen Mechelhoff von der Frankfurter ›Metall‹-Redaktion. Zu diesem Interview teilte Havemann nachträglich mit, daß er nicht persönlich Fälle von Einweisungen in psychiatrische Kliniken kenne, sondern lediglich gesprächsweise durch Dritte davon gehört habe.

Nur die Albaner und die Isländer fehlten. Sonst waren alle erschienen, auf die es ankam: die KPdSU – Initiatorin der Konferenz – mit einer Delegation unter Leitung Breschnews. Fast zwei Jahre hatten die vorbereitenden Redaktionskonferenzen gedauert, bis ein für alle Teilnehmer akzeptabler Text des Schlußdokuments zustande gebracht war.

Die Reden haben an diesem Text nichts mehr geändert und sollten es auch nicht. Wenn sich manche Passagen an bestimmte Adressen wandten, wurde doch eine Antwort nicht erwartet. So ist die Schlußakte ein in endlosen Wiederholungen ertrinkender Text, ein Bericht von errungenen Erfolgen, ein Bekenntnis zu guten Grundsätzen, die jeder, nicht nur der Kommunist, anerkennen und, wenigstens zuweilen, auch danach handeln sollte. Schließlich versammelt diese Schlußakte von Berlin noch eine Aufzählung edler Ziele zur Rettung der Menschheit vor dem drohenden Untergang.

War das der Mühe wert?

Ja, es war aller Mühen wert, denn mit dieser Berliner Konferenz wurde der KPdSU endgültig und in für Kommunisten verbindlicher Form die Rolle einer die kommunistische Bewegung führenden Partei aberkannt. Es kann gar kein Zweifel bestehen, daß die sowjetischen Genossen sich die Sache anders gedacht hatten, als sie diese Konferenz vorschlugen. Ich weiß nicht, ob sie wirklich gehofft hatten, ein ständiges Büro der europäischen kommunistischen Parteien, eine Art aufgewärmte Kominform, auf die Beine zu stellen oder auch nur regelmäßig sich wiederholende Konsultationen zu beschließen.

Dies jedenfalls wäre den fünf Warschauer-Pakt-Staaten sehr angenehm gewesen, die 1968 die ČSSR überfallen hatten. Auf diesem Wege hätten sie vielleicht eine nachträgliche Sanktionierung dieses von der UdSSR angeführten Überfalls erreichen können. Statt dessen ist dabei herausgekommen, daß die Eurokommunisten jede Einmischung in die inneren Angelegenheiten einer anderen Partei und eines anderen Landes ablehnen und streng verurteilen.

Die ganze Konferenz bekannte sich zu diesem Prinzip. Die meisten der 29 Parteien haben aber – teils höchst widerwillig und wahrscheinlich mit versteckten Vorbehalten – die Invasion der

ČSSR verurteilt, die wohl größte und schamloseste Einmischung in die inneren Angelegenheiten eines Landes und einer »Bruderpartei«.

Wie jeder weiß, gab es auch zahlreiche andere, weniger spektakuläre Einmischungsversuche: etwa der Versuch, die spanische Partei mit Hilfe der Lister-Gruppe zu spalten, weil den Stalinisten die Politik Santiago Carrillos nicht paßte. Santiago Carrillo hat in einem erst jetzt von ihm abermals bekräftigten langen Interview erklärt, daß er 1968 in der ČSSR für bewaffneten Widerstand gegen die Aggressoren gewesen ist und diesen Standpunkt auch heute noch vertritt.

Man kann also verstehen, daß die sowjetischen Genossen über vieles, was sie zu hören bekamen, nicht sehr erfreut waren, auch wenn es noch so sehr unter freundlichen Floskeln verborgen und oft nur in Andeutungen formuliert war. In dieser Hinsicht bot die Konferenz ein rührendes Bild und zeigte, wie außerordentlich höflich doch sonst als rauhbeinig gefürchtete Kommunisten miteinander umgehen können, wenn ...

Ja: Wenn sie sich einmal entschlossen haben, in aller Öffentlichkeit über ihre Meinungsverschiedenheiten zu reden. Dies war das eigentliche Novum. Sämtliche Reden und auch einiges von der Atmosphäre des Konferenzsaals wurden pausenlos in das internationale Pressezentrum übertragen. Man konnte es auf Tonbänder aufnehmen, und auch die meisten übersetzten Texte kamen schnell. Das ›Neue Deutschland‹ war wirklich einmal etwas *Neues* und brachte am folgenden Tag ungekürzt den vollen Wortlaut.

Man weiß, daß diese Publizität eine der Forderungen war, die die kommunistischen Parteien Westeuropas gestellt hatten. Zum erstenmal konnten die Genossen der SED im Zentralorgan ihrer Partei Meinungen von führenden Genossen anderer kommunistischer Parteien lesen, die im schroffen Widerspruch zur offiziellen Meinung ihrer Partei standen. Ob die – wie ich meine – leider nur kleine Minderheit in der Partei, die politisch selbständig denkt, sich darüber Gedanken macht und vielleicht sogar Schlußfolgerungen ziehen wird?

Daß die Genossen im Politbüro der SED sich Gedanken machen und womöglich Schlußfolgerungen ziehen werden – ich bin davon überzeugt. Und ich wünsche mir, daß es ihnen nicht allzuschwer fallen möge und daß es die richtigen Konsequenzen sein werden; denn die Konferenz kann – sie muß nicht, aber sie kann – für die SED und damit die DDR sehr viel bedeuten.

Die Breschnew-Doktrin, die den Überfall auf die ČSSR rechtfertigen sollte, ist auf dieser Konferenz beerdigt worden. Sie war, von der DDR aus gesehen, ein Produkt der Ära Ulbricht. Zwar hätte Ulbricht nicht die Macht gehabt, auf eigene Faust in ein benachbartes kommunistisches Land einzumarschieren. Aber er war es, der die Russen drängte, die sehr lange gezögert hatten, nach Ulbrichts Geschmack fast schon zu lange.

Das Motiv für den Einmarsch war bei Ulbricht, wie auch bei allen anderen, die daran teilnahmen, ein sehr einfaches: Angst. Sie fürchteten, daß sich die Ideen des Prager Frühlings auch in diesem Lande ausbreiten könnten und daß es dann mit ihrer Macht schnell zu Ende gehen würde.

Weil sie wissen, daß sie von den Volksmassen hoffnungslos isoliert sind und nur von sowjetischen Panzern an der Macht gehalten werden, sind Panzer ihre Ultima ratio. Sie leben in selbstgeschaffenen Gettos, mit Mauern und Wachtürmen gegen das eigene Volk gesichert, diese Arbeiterführer der DDR in ihrem Wandlitz.

Sie haben sich ein phantastisches und zugleich lächerliches Bild von der Welt gemacht, in der sie leben: Getragen von der Begeisterung des Volkes für ihren *realen* Sozialismus, von der Volks-Bewunderung für die Führer, sind sie die einzigen Vorkämpfer für Glück und Frieden in einer besseren Welt. Und das hinter Mauern, Stacheldraht und Todesstreifen mit Minen und Selbstschußanlagen, beileibe nicht zur Abwehr von Eindringlingen, sondern um das eigene Volk an der Flucht aus dem Paradies zu hindern.

Diese Parteien und ihre Führungen sind in einen teuflischen Kreis geraten: Weil sie isoliert sind, fürchten sie sich; weil sie sich fürchten, greifen sie zu Maßnahmen, die sie schützen sollen, die sie aber tatsächlich noch weiter isolieren. Es ist ein Wahnwitz zu glauben, man könne die eigene Isolierung überwinden, indem man das Volk von der Welt isoliert.

Es mag Zeiten gegeben haben, wo so etwas funktionierte. Sie sind – gottlob – vorüber. Die große Bedeutung der Berliner Konferenz liegt darin, daß sie Voraussetzungen geschaffen hat, den teuflischen Kreis der Isolierung zu durchbrechen und gemeinsam mit den kommunistischen Parteien Westeuropas, mit ihrer Hilfe eine neue kommunistische Politik in den sogenannten sozialistischen Ländern zu beginnen.

Der Eurokommunismus ist eben nicht die westliche Spielart des Kommunismus, der eingefleischte Stalinisten hinter vorgehaltener Hand bereits Opportunismus und Revisionismus nachsagen. Eurokommunismus ist kommunistische Politik: nicht nur unabhängig von Moskau, sondern im scharfen, kritischen Gegensatz zu der Politik der kommunistischen Parteien im sogenannten sozialistischen Lager. Ich wiederhole den Terminus *sogenannt,* weil vom Standpunkt des Eurokommunismus diese Staaten ein gesellschaftliches Modell zu verwirklichen trachten, das in Wirklichkeit gar nicht sozialistisch ist.

Georges Marchais und Enrico Berlinguer haben völlig klargemacht, daß ein staatliches System ohne freie Presse, ohne Parteien-Pluralismus, ohne Freizügigkeit auch über die Grenzen des Landes, ohne freie Wahlen und freie Gewerkschaften, die von Staat und Parteien unabhängig sind, ohne uneingeschränkte Freiheit der religiösen Betätigung, ohne eine Regierung, die jederzeit in den Wahlen abgewählt werden kann, selbst wenn sie einer reaktionären Regierung Platz machen muß – kurz, daß ein solches System, wie es in den sozialistischen Ländern praktiziert wird, kein Sozialismus ist. Bestenfalls kann es beanspruchen, eine auf halbem Wege steckengebliebene sozialistische Revolution genannt zu werden, die sich zunehmend zur Farce verwandelt hat.

Das sind schreckliche Wahrheiten, die unsere Genossen in Berlin zu hören bekamen. Aber es sind Wahrheiten, und sie wurden ausgesprochen von kommunistischen Parteien, die in ihren Ländern mit den Volksmassen eng verbunden sind.

Man kann von der italienischen und nun auch von der französischen Partei mit Recht sagen, daß sie nicht nur große Massenparteien mit Millionen Mitgliedern und Wählern sind, sondern daß sie dies eben deshalb sind, weil sie sich vom Odium des *realen* Sozialismus der Oststaaten freigemacht haben. Sie befinden sich im Besitz wichtiger neuer marxistischer Erkenntnisse, die aus ihrer politischen Arbeit in enger Verbindung mit den Volksmassen hervorgegangen sind.

Die große Bedeutung der Berliner Konferenz für den europäischen Kommunismus liegt darin, daß mit jeglichen Hegemoniebestrebungen einer Partei Schluß gemacht wurde. Aber diese Hegemonie der KPdSU wurde nicht nur gegenüber den Parteien des kapitalistischen Westens aufgehoben, sondern gegenüber allen Parteien, auch denen in den Oststaaten.

Nach dem furchtbaren und tragischen Rückschlag des Jahres 1968, nach der Erdrosselung des Prager Frühlings, der für alle Linken Europas zum Idol geworden war, nach jenem schändlichen konterrevolutionären Coup ist nun unter den Kommunisten Europas die Entscheidung gefallen: für die Freiheit jeder Partei, über ihre Politik selbst zu bestimmen, gegen jede Form der Einmischung und Gewaltanwendung von außen. Es bleibt zu hoffen, daß Parteien und Regierungen in Osteuropa hieraus ihre Schlußfolgerungen ziehen werden.

Bisher gab es jeweils zwei Schwierigkeiten, aus dem Teufelskreis der Selbstisolierung herauszukommen: die aus der Isolation resultierende Unsicherheit im Inneren und die äußere Bedrohung jedes Versuches, sich zu befreien – durch Intervention. Die Sowjet-Union hat also eine merkwürdige Doppelfunktion: Sie sorgt mit ihren Panzern für die Sicherheit der Politbüros und mit ihrer Politik für deren Isolierung, also deren Unsicherheit.

Bisher lautete in den kommunistischen Parteien des Ostens die Lehre aus dem Überfall auf Prag: Selbst wenn es noch so richtig ist, was ihr uns vorschlagt, es hat doch keinen Zweck. Die Russen werden mit ihren Panzern kommen und kurzen Prozeß machen. Wer Revolutionär ist und wer Konterrevolutionär, bestimmen sie, weil sie die Macht haben.

Hieran, glaube ich, hat sich mit der Berliner Konferenz etwas geändert, und zwar grundlegend.

Ohne die Mitwirkung oder zumindest das Einverständnis Gomulkas, Ulbrichts, Kádárs und Schiwkoffs hätte Breschnew auch 1968 die ČSSR nicht überfallen können. Heute könnten die Russen in einem ähnlichen Fall kaum mit dem Einverständnis von mehr als einem ihrer Pakt-Partner rechnen, vielleicht gäbe es sogar keinen mehr.

Die Berliner Konferenz hat den kommunistischen Parteien der Oststaaten die Freiheit verschafft, da wieder anzuknüpfen, wo es 1968 jäh endete. Sie könnten ihre Isolierung überwinden, sie könnten den freiheitlichen demokratischen Sozialismus aufbauen. Sie könnten damit das Haupthemmnis beseitigen, mit dem die kommunistischen Parteien Westeuropas zu kämpfen haben.

Es erhebt sich die Frage, was bei einer solchen Entwicklung, wie ich sie hier als unerschütterlicher Optimist erhoffe, für die KPdSU oder auch nur für ihr Politbüro auf dem Spiel stände. Werden sie sich bedroht fühlen wie 1968? Man kann schwer voraussehen, was sie denken und fühlen werden. Aber mit Sicherheit kann man sagen, daß nichts ihre Position, ihre persönliche Machtstellung mehr gefährden könnte als ein neuerlicher Versuch, mit Hilfe von Panzern das Rad der Geschichte zurückdrehen zu wollen.

Weil ich die Genossen für vorsichtige und zugleich überaus mächtige Leute halte, meine ich bei aller gebotenen Respektlosigkeit, daß sie sich all das längst selbst überlegt haben. Sie rechnen wahrscheinlich damit, daß so schnell keiner ihrer Genossen in den Oststaaten den Mut haben wird, den ersten Schritt zu tun. Aber *ein* erster Schritt ist schon getan: die Abhaltung der Berliner Konferenz in aller Öffentlichkeit.

Außerdem hat die Sowjet-Union gegenwärtig einen ganzen Sack anderer Sorgen – hauptsächlich wirtschaftliche. Das gilt freilich auch für die anderen Oststaaten. Der verunglückte Versuch, in Polen die Lebensmittelpreise in Anbetracht großer Verknappung den Werten anzupassen und die Lasten der Subventionierung dadurch zu verringern, kam gerade noch rechtzeitig zur Konferenz.

Ob das geplant war, weiß ich nicht. Jedenfalls hat sich gezeigt, daß die Polen ohne westliche Hilfe nicht mehr auskommen, und – daß bei ihnen nichts mehr zu holen ist. Auch auf dem Gebiet der Wirtschaft und des Handels muß also in Zukunft mehr denn je jeder selbst entscheiden.

›Der Spiegel‹ 5. 7. 1976. – Der ›Spiegel‹ Titel dieses Beitrages lautete: ›Das sind schreckliche Wahrheiten‹. Zwei sinnentstellende ›Spiegel‹-Druckfehler wurden korrigiert.

Die Berliner Gipfelkonferenz war zu wesentlichen Teilen ein Forum der auf Unabhängigkeit von Moskau bedachten kommunistischen Parteien. Welche Bedeutung messen Sie diesem Treffen bei? Was ist Ihre Bilanz?
Ich halte diese Konferenz für äußerst bedeutungsvoll. Auf dieser Konferenz haben sich endgültig die kommunistischen Parteien Westeuropas gegenüber dem Hegemonieanspruch der Sowjetunion durchgesetzt. Und man kann wohl sagen, daß das, was man im Westen Breschnew-Doktrin genannt hat, hiermit endgültig zu Grabe getragen wurde. Es wird niemals mehr möglich sein, daß die Sowjetunion einfach in ein Land einmarschiert, weil ihr die Politik der dortigen kommunistischen Regierung nicht paßt. Und wenn auch der Genosse Berlinguer in einem Gespräch Zweifel daran geäußert hat und gesagt hat, daß schließlich in Fragen der Machtpolitik solch ein Papier nicht unbedingt beachtet werden wird, so ist dies eigentlich eine sehr schwere Anschuldigung, denn damit wird der Sowjetunion immer noch bescheinigt, daß man ihr nicht glauben kann, wenn sie ein Dokument unterschreibt.
Sie sagen also, wenn man alles zusammennimmt – die Vorbereitung, das Treffen und schließlich auch das Abschlußdokument –, daß die KPdSU eine Niederlage hat einstecken müssen?
Ja, was heißt Niederlage? Es war ein großer Sieg der kommunistischen Bewegung in der Welt und eine endgültige Loslösung der äußerst schädlichen und auch antikommunistischen Politik der Stalinzeit, denn es gibt keinen schlimmeren Antikommunismus, es hat nie einen schlimmeren Antikommunismus gegeben als die sowjetische Politik zur Zeit Stalins.
Welche kurz-oder auch langfristigen Konsequenzen sehen Sie in der Moskauer Politik aufgrund der Ergebnisse des Berliner Gipfels?
Ich könnte mir denken, daß auch in der Sowjetunion die Kräfte gestärkt werden, die für eine Änderung der sowjetischen Politik in jeder Hinsicht, der Innenpolitik wie auch der Außenpolitik, eintreten. Dazu kommen die großen wirtschaftlichen Schwierigkeiten, die jetzt die Sowjetunion vor sich hat und wo sie jetzt schon mittendrin steht. Und ich glaube, die Sowjetunion ist nicht

an einer Verschärfung ihrer Konfrontation im Westen interessiert, etwa weil sie hier auf dieser Konferenz von den westlichen kommunistischen Parteien bedrängt worden ist. Das kann schon ganz und gar kein Grund sein dafür. Und sie hat wirklich ein Interesse daran, weiterhin eine Politik der Verständigung und des friedlichen Ausgleichs mit den Westmächten und dem westeuropäischen Kontinent überhaupt, also handelsmäßig, zu erreichen. Sie braucht ökonomische Unterstützung durch Handel, durch Austausch, durch Zusammenarbeit, Entspannung und sie hat kein Interesse an irgendeiner Verschärfung, wovon sie wirtschaftlich nicht profitieren würde, sondern nur weiteren schweren Belastungen ausgesetzt wäre. Und sie sucht vielleicht die Möglichkeiten auszunutzen, die sich aus der westlichen Wirtschaftskrise ergeben. ›Der rote Handel lockt‹, ist ein altes Buch, das vor vielen Jahren einmal erschienen ist, der lockt vielleicht auch heute wieder manche Leute im Westen – wofür es ja viele Beispiele gibt –, und die Hauptsorgen der Sowjetunion liegen wohl mehr im Osten.

Nach Ihrer Analyse, warum hat die Sowjetunion dieses Gipfeltreffen überhaupt veranstaltet, warum hat sie so großen Wert darauf gelegt?

Sie hat natürlich ursprünglich, als sie vor etwa zwei Jahren den Vorschlag machte, eine solche Konferenz einzuberufen, nicht geglaubt, daß die westeuropäischen kommunistischen Parteien so entschieden den Kurs der Selbständigkeit und Unabhängigkeit einschlagen würden. Sie hat damals geglaubt, sie könnte doch erreichen, alle wieder mehr oder weniger auf Vordermann zu bringen. Aber das ist eben mißlungen. Die Zeiten haben sich geändert, und die Sowjetunion muß auch davon Kenntnis nehmen und wird auch davon Kenntnis nehmen. Und da ich meine, daß das Leute sind, die ihre Sache sehr gründlich überlegen, so werden sie keine Dummheiten machen.

Wir haben Sie hier gerade bei der genauen Lektüre der Reden, die gestern gehalten worden sind, gestört. Aber nach Ihrem bisherigen Eindruck: welche Rede, welche Passage hat auf Sie den stärksten Eindruck gemacht?

Nun ja, sehr sympathisch waren mir die Äußerungen von Santiago Carrillo, dem spanischen Generalsekretär der spanischen Partei. Der schilderte, wie sich die Beziehung zwischen den Kommunisten in Europa zur Sowjetunion und zur sowjetischen kommunistischen Partei geändert hat, wie das ursprünglich mal so eine Art von Vater-Sohn-Beziehung, so eine Gläubigkeitsbeziehung war, und wie sich das eben heute ganz und gar geändert hat, wie die Zeiten vorüber sind. Er war sehr vorsichtig in seinen Äußerungen, und manche seiner Äußerungen waren ja auch nur Andeutungen von Vorgängen sehr unerfreulicher Art. Der Erfolg der italienischen Partei hat eben sicher auch sehr dazu beigetragen, daß die Position Breschnews schließlich auf einem Punkt angelangt ist, auf dem wir sie nun vorfinden.

Über die voraussichtlichen Konsequenzen der Moskauer Politik haben wir gesprochen, aber was näherliegender ist: die Politik der DDR. Was sehen Sie da für Folgen?

Das kann ich sehr schwer beurteilen, weil ich sehr enttäuscht bin von der Rede Erich Honeckers, weil in dieser Rede auch wieder eine sehr servile Haltung gegenüber der Sowjetunion zum Ausdruck kommt. Ich meine, die DDR hat es absolut gar nicht nötig, irgendeine Art von Servilität gegenüber der Sowjetunion an den Tag zu legen. Das ist in keiner Weise angebracht. Ich meine, schließlich die Tatsache, daß vor dreißig Jahren der Hitler-Krieg beendet worden ist und daß die sowjetischen Truppen, wie sie uns von Hitler befreit haben, kann doch nicht rechtfertigen, daß die deutschen Kommunisten ihr Leben lang im Staube vor den russischen Kommunisten liegen müssen.

Würden Sie sagen, daß die Ausführungen von Berlinguer, Marchais, Tito, Ceausescu mit irgendwelchem Einfluß geblieben sind hier auf die SED selber und auf die Bevölkerung der DDR?

Es hat sicher einen außerordentlich starken Eindruck gemacht in der DDR, daß sämtliche Reden in vollem Wortlaut abgedruckt worden sind. Manche Leute werden sich an den Kopf gefaßt haben, wenn sie gelesen haben, was sie da zu lesen bekamen. Es ist niemand hier gewohnt, daß in so offener Weise, so ungeniert, ich möchte sagen, die edelsten Güter des Kommunismus angetastet wurden von Kommunisten, von den führenden Kommunisten eben der westlichen Welt und Europas, einschließlich der östlichen Staaten.

Sie nehmen den KP-Gipfel als Ermunterung Ihrer eigenen Position in der DDR?

Ja, ganz unbedingt. Ich hoffe, daß auch die SED sehr gründlich über diese Konferenz nachdenken wird, daß auch in unserer Partei – und ich betrachte sie als eine Partei, der ich mich auch noch verbunden fühle, obwohl ich rausgeschmissen wurde –, ich hoffe, daß man in dieser Partei begreift, daß man einen eigenen Beitrag zur Entwicklung des Kommunismus zu leisten hat, daß man sich endlich auch hier in der DDR frei und unabhängig nun bewegen kann, politisch und ökonomisch.

›Deutsches Allgemeines Sonntagsblatt‹ 11. 7. 1976. – ›Frankfurter Rundschau‹ 8. 7. 1976. – Deutschlandfunk 2. 7. 1976. – Das Gespräch führte Armin Beth.

Im politischen Leben der DDR haben sich große Veränderungen vollzogen. Ulbricht trat von der Bühne ab und verschwand restlos in der politischen Versenkung, wie das eben nur das *System* fertigbringt. Wir hatten den 8. Parteitag der SED, der unter den Künstlern und Intellektuellen der DDR große Hoffnungen weckte. Der neue Chef, Erich Honecker, erklärte, es gäbe keine Tabus, sofern sich der Betreffende nur mit dem Sozialismus identifiziert. Die Frage – das zeigte sich schneller als erwartet – war: Mit welchem Sozialismus? Die Antwort: Mit dem *realen* Sozialismus! Das hieß nichts anderes, als daß jede ernsthafte Kritik am *realen* Sozialismus der DDR – und natürlich auch der Sowjet-Union – also überhaupt jede Kritik an der Politik der Partei weiterhin nicht gestattet wird. Schon die ungeschminkte Schilderung der DDR-Wirklichkeit, ohne jede provokative Hervorhebung von Tatbeständen, die den Leser zum kritischen Nachdenken bewegen könnten, die einfache Beschreibung von Vorgängen, die jeder kennt, wie in Volker Brauns ›Unvollendeter Geschichte‹, werden bereits als eine Kritik empfunden, die bereits die Grenze des Zulässigen überschreitet. Die DDR-Wirklichkeit stimmt eben nicht mit dem Bild überein, das sich die Partei von ihr gemacht hat. In dieser phantastischen DDR, die tagtäglich in den Zeitungen und allen andern Medien in den rosigsten Farben geschildert wird, kämpft die Arbeiterklasse im Bündnis mit den Bauern und der werktätigen Intelligenz eine große Produktionsschlacht nach der anderen, leidenschaftlich erfüllt von den hohen Idealen des Sozialismus, voller Vertrauen in die Partei der Arbeiterklasse und in ihre Führung mit dem Genossen Ersten Sekretär an der Spitze. In den Volkswahlen zur Volkskammer stimmen regelmäßig um die 99% für die Einheitsliste der Nationalen Front. Wenn führende Genossen des Auslands zu Besuch kommen, so säumen Hunderttausende die Straßen, und Hunderttausende demonstrieren auch an den großen Nationalfeiertagen vor den Tribünen, von denen die Herrschenden herabblicken und das Volk zu neuen Siegen beim Aufbau des Sozialismus aufrufen. Weil dies phantastische Wunschbild mit der DDR-Wirklichkeit, wie sie jedem DDR-Bürger nur zu bekannt ist, so ganz und gar nicht übereinstimmt, ist jedes objektive Bild dieser Wirklichkeit eine Staatsverleumdung. Es geht der Partei wie Palmström: Sie schließt messerscharf, daß nicht sein kann, was nicht sein darf.

Die inneren Widersprüche, die sich im Laufe der dreißig Jahre seit 1945 in der DDR herausgebildet haben, sind teils absurd, teils tragisch. Weil die DDR aber ein Teil Deutschlands ist, und nicht, wie Polen oder Ungarn, ein einigermaßen einheitliches Land, wirken sich diese internen Widersprüche der DDR weit über ihre Grenzen hinaus aus. Seitdem die DDR international anerkannt und Mitglied der UNO geworden ist und sich nun nach Abschluß der Verträge zwischen Moskau und Bonn und dem Viermächteabkommen über Berlin ein großer Strom von Besuchern aus Westdeutschland, West-Berlin und dem ganzen kapitalistischen Ausland in die DDR ergieß, ist die DDR und ganz besonders Ost-Berlin zum Schaufenster des osteuropäischen Sozialismus geworden. Hier kann man den *realen* Sozialismus kennenlernen, um ihn zu bewundern. Der Anblick, der sich dem Besucher bietet, ist einigermaßen prächtig, besonders wenn es sich um einen reaktionären westlichen Kleinbürger handelt. Was der hier zu sehen bekommt, kontrastiert zu sehr mit dem Bild, das er sich bis dahin vom *armen Osten* gemacht hatte. Er muß staunend feststellen: Das ist doch – wenn auch nicht ganz, aber doch beinahe – schon fast so wie bei uns im Westen. Die großen Häuser, der Fernsehturm, die vielen Autos, die Supermärkte – und dann die sagenhaft niedrigen Preise in den Restaurants, in den Buchläden, die billigen Schallplatten, die Lebensmittel (mit Ausnahmen); im Ganzen einfach phantastisch! Und wenn man dann alles auch noch 1:4 oder wenigstens 1:3 in Westmark umrechnet, dann bekommt man hier ja alles geradezu geschenkt. Und nicht zu vergessen, die billigen Mieten, die Vorkriegspreise für Gas, Strom, Telefon, Straßenbahn, Bus, U- und S-Bahn. Und wenn man in das große Kaufhaus am Alex geht: fast wie bei uns. Ja, was wollen die denn? Denen soll man noch was mitbringen? Die haben ja alles. Und sie haben keine Krise und keine Arbeitslosigkeit und keine Inflation! Und sie haben keine Studentenkrawalle, keine unerlaubten Demonstrationen, keine Banküberfälle und Geiselnahmen, keine Baader-Meinhof-Bande! Sie haben Ruhe und Ordnung! Ein Polizeistaat? – Ja, man sieht viele Polizisten und feine Polizeiautos. Aber sie tun einem doch nichts. Und wenn man mal von ihnen ertappt wird, als Verkehrssünder, sind sie äußerst korrekt und bei weitem nicht so teuer, wie die im Westen. Und der Vorsprung, den wir noch haben, mit Autos, Textilien und Industriewaren, sofern da überhaupt noch einer ist (Schuhe sind im Osten schon billiger!), und auch mit Auslandsreisen, den werden die auch bald aufgeholt haben; und wer weiß, ob wir im Westen dann nicht längst in der tiefsten Wirtschaftskrise aller Zeiten stecken und total bankrott sind!

Vielleicht übertreibe ich und setze bei meinem fiktiven Westbesucher der DDR eine zu große Portion Einfalt voraus. Aber was ich hier geschildert habe, ist nicht nur genau das, was man sich hier in der DDR wünscht, daß der Westbesucher das denken möge, sondern es ist auch genau das, von dem man wünscht, das es bald Wirklichkeit wäre. *Überholen ohne Einzuholen* – so lautete ein alogisch-tiefsinniger Slogan der DDR-Politik.

Wenn wir das geschafft haben, so sagt man sich, wenn wir den Leuten gezeigt haben, daß wir es ebensogut oder sogar noch besser können als der Kapitalismus, dann werden sie endlich mit uns, den Herrschenden, zufrieden sein. Dann brauchen wir keinen neuen 17. Juni oder gar einen Prager Frühling zu befürchten. Vielleicht können wir dann sogar die Mauer abreißen.

In unseren sozialistischen Ländern wird viel und grimmig gegen die Verfechter der Konvergenztheorie gewettert. Aber was man betreibt, ist genau das, was die Konvergenztheoretiker behaupten. Immer noch blickt man voller Neid auf die enormen wirtschaftlichen Leistungen des Kapitalismus. Der Gedanke, daß in den sozialistischen Staaten die dort nicht ausgebeuteten Arbeiter viel schlechter leben als die bis aufs Blut ausgesaugten Arbeiter des Kapitalismus, muß einem ehrlichen Parteifunktionär doch den Schlaf rauben. Da stimmt doch etwas nicht, muß er sich sagen.

Sehr vieles stimmt hier nicht. Aber darüber darf in der DDR weder geschrieben noch geredet werden, seit 1957, als es zum letzten Male zwei Wirtschaftswissenschaftler wagten, Fritz Behrens, Mitglied der Staatlichen Plankommission und Leiter der Staatlichen Zentralverwaltung für Statistik, und Arne Benary, wissenschaftlicher Mitarbeiter am Institut für Wirtschaftswissenschaften der Deutschen Akademie der Wissenschaften in Berlin. Behrens gehörte, wie auch später Ota Šik, zu denen, die für eine Rückwirkung des Marktes auf die Produktion auch im Sozialismus eintraten. Bei den willkürlich festgesetzten Preisen in der Produktions- wie in der Konsumptionssphäre besteht nämlich die Gefahr äußerst drastischer Auswirkungen des Wertgesetzes; eine sinnvolle ökonomische Planung wird dadurch außerordentlich erschwert. Durch eine gelenkte Kombination von

Markt- und Planwirtschaft sollte erreicht werden, daß sich die Preise den Werten anpassen und die grotesken Verzerrungen im Preissystem abgebaut werden. Eine Neuauflage der Ideen von Behrens und Benary versuchten Erich Apel und Günter Mittag mit dem NÖSPL, dem *Neuen Ökonomischen System der Planung und Leitung der Volkswirtschaft.* Über eine viel zu zaghafte Industriepreis-Reform ist das NÖSPL nicht hinausgekommen. Auch die beabsichtigte Dezentralisierung der wirtschaftlichen Verantwortung machte bald wieder einer straffen zentralen Lenkung Platz. Auch in den folgenden Jahren wagte man nur eine Reform der Industriepreise, ließ aber die Preise der Verbrauchsgüter unangetastet. Als die polnische Regierung den Versuch unternahm, auch die Preise für Lebensmittel den tatsächlichen Gestehungskosten anzupassen, kam es zu den blutigen Arbeiterrevolten, die zum Sturz Gomulkas führten. Damals war auch in der DDR eine Preisreform für Lebensmittel vorbereitet. Der Schrecken, den die Ereignisse in Polen auslösten, sorgte dafür, daß sie unterblieb.

Selbstverständlich kann man in keiner Volkswirtschaft Preise und Löhne nach Belieben festsetzen. Dafür sorgt der nun einmal nicht zu umgehende Grundsatz: Von nichts kommt nichts. Verkauft man die Lebensmittel unter ihren Gestehungskosten, so muß man dafür andere Waren weit über ihren Gestehungskosten verkaufen, um das Geld für die Subventionierung der Lebensmittelpreise zu beschaffen. Alle subventionierten Preise sind niemals ein Geschenk. Sie müssen beim Kauf anderer Waren schließlich doch voll bezahlt werden. Da die Löhne die Kaufkraft der Bevölkerung ausmachen, bewirken zu hohe Löhne einen Kaufkraftüberhang, der in einer Wirtschaft ohne freien Markt zur Bildung eines Schwarzmarktes für Waren führt, die in ungenügender Menge am weißen Markt angeboten werden. Um die Bildung eines schwarzen Marktes zu verhindern, versucht man also, die Löhne und damit den Kaufkraftüberhang so niedrig wie möglich zu halten. Auf diese Weise erhöht man zugleich durch niedrige Lohnkosten den Gewinn, den man braucht, um Grundnahrungsmittel, Mieten, Verkehrstarife, Energiepreise, Post- und Fernmeldegebühren u. a. zu subventionieren. In der DDR werden auf diese Weise die Kosten für die Sicherung des Existenzminimums niedrig gehalten. Für alle Waren und Leistungen außerhalb dieses Bereichs müssen entsprechend erhöhte Preise gezahlt werden. Um den oberen Schichten der Gesellschaft den Zugang zu diesen *Luxus*-Waren zu ermöglichen, sind die Gehälter der *Privilegierten* sehr hoch. Zur Abschöpfung der Kaufkraft dieser Großverdiener des Sozialismus dienen die sogenannten Exquisitläden, wo hochwertige *West*-Waren zu Überpreisen verkauft werden.

Dieses System der niedrigen Preise für Grundnahrungsmittel, Mieten usw. wird oft als besondere soziale Errungenschaft des Sozialismus gepriesen. In Wirklichkeit dient es dem Zweck, die *Umverteilung* des Sozialproduktes zu ermöglichen und zugleich zu verschleiern. Ich verwende ausdrücklich das Wort *Umverteilung* und sage nicht *Ausbeutung*, obwohl es rein ökonomisch darauf hinausläuft, daß die privilegierten Schichten, die Nichtprivilegierten ausbeuten. Man kann sich den wahren Charakter des Niedrigpreissystems leicht klarmachen, wenn man sich seinen Extremfall vorstellt: Existenzminimum wird umsonst geliefert bei Grundlöhnen gleich Null. Ökonomisch ist dies das System der Sklaverei. Bei entsprechend hohem Niveau des Existenzminimums könnte es aber auch das System des Kommunismus sein, allerdings nur unter der Voraussetzung, daß niemand gezwungen ist, zu arbeiten. Davon ist man in der DDR aber noch sehr weit entfernt. Im Gegenteil, junge Leute, die keine regelmäßige Arbeit in einem Betrieb leisten, sondern sich auf irgendeine andere Weise das Geld für ihren Lebensunterhalt beschaffen, kommen vor Gericht und werden bestraft. Daß es eine ganze Menge Möglichkeiten gibt, sich Geld *auf andere Weise* als durch (behördlich) geregelte Arbeit zu verschaffen – von den kriminellen Möglichkeiten ganz abgesehen –, hängt auch mit den Eigenheiten des *Niedrigpreissystems* zusammen. Dies System ist nämlich die Grundlage der sogenannten *Feierabendbrigaden.* Da in allen handwerklichen Berufen die Arbeitskräfte sehr knapp sind (die Handwerker und PHGs werden gezwungen, niedrigere Löhne zu zahlen als die Industrie), werden Handwerksarbeiten, die am Feierabend und am Wochenende geleistet werden, sehr hoch bezahlt. Wenn vom Freitagnachmittag bis Sonntagabend gearbeitet wird, kann ein Maurer an einem Wochenende soviel verdienen, wie regulär in 10–14 Tagen. Er kann auf diese Weise also sein Einkommen bequem verdoppeln. Macht er mal ein paar Tage blau, so kann er schnell zu viel Geld kommen. Da er auf diese Weise das ökonomische Prinzip des Niedrigpreissystems durchbricht, handelt er *asozial.* In Wirklichkeit aber verdient er mit seiner Feierabend-Arbeit genau das, was dieser Arbeiter tatsächlich wert ist.

Die dem Wert-Gesetz zuwiderlaufende enorme Verzerrung

des gesamten Lohn-Preis-Systems – sie entstammt übrigens der Kriegs- und Nachkriegswirtschaft nach dem Ersten und Zweiten Weltkrieg – ist nicht nur die ökonomische Grundstruktur des stalinistischen Systems, sie ist auch der überschwere Klotz am Bein der sozialistischen Wirtschaft in den Ostblockstaaten. Wenn in den Preisrelationen nicht mehr die Relationen der Werte der Waren zum Ausdruck kommen, so bedeutet dies nichts anderes, als daß man aus dem Preis nicht auf den tatsächlichen volkswirtschaftlichen Gesamtaufwand, der zur Erzeugung einer Ware erforderlich war, zurückschließen kann. Da das erste Ziel einer ökonomischen Planung aber sein muß, das wirtschaftliche Gesamtergebnis zu optimieren, d.h. die Wirtschaft zu organisieren, daß mit den gegebenen Mitteln an Menschen, Maschinen, Rohstoffen usw. ein maximales Ergebnis erzielt wird, stehen die Planer der DDR angesichts des Preiswirrwarrs vor einer schier unlösbaren Aufgabe. Denn eine Optimierung des finanziellen Ergebnisses bedeutet unter diesen Bedingungen womöglich geradezu das Gegenteil des Erstrebten. Die Planung wird praktisch zum Selbstbetrug.

Sehr drastisch wirkt sich das Wert-Gesetz in der Landwirtschaft aus. Durch Milliarden-Investitionen ist zwar die landwirtschaftliche Produktion kräftig angestiegen, aber wegen der zu niedrigen Preise – sowohl der Erzeuger- wie auch der Ladenpreise für landwirtschaftliche Produkte – ist dieser Abschnitt der Volkswirtschaft ein Faß ohne Boden. Wegen der Subventionierungspolitik sind die von den staatlichen Aufkäufern gezahlten Preise oft höher als die Ladenpreise. So ist eine bestimmte Sorte Brot im Laden billiger als das Getreide, aus dem es gebacken wurde. Es ist also das billigste Hühner- und Kleinvieh-Futter und wird dementsprechend verwendet. Ganz allgemein wird die arbeitsaufwendige Pflanzenproduktion unterbezahlt verglichen mit der Tierproduktion, die in erheblichem Ausmaß durch industrielle Verfahren intensiviert worden ist. Hier ist zu erkennen, wie die Diskrepanzen zwischen Werten und Preisen dazu führen, daß Fehlinvestitionen fast zwangsläufig werden. Je billiger die Pflanzenproduktion, d.h. die Futtermittel sind, desto gewinnbringender ist natürlich die Tierproduktion. Um so mehr lohnt es sich also, dort zu investieren, während die teuren Mähdrescher ein reines Verlustgeschäft sind.

Die kapitalistische Wirtschaft optimiert sich mit Hilfe des freien Marktes, der zwar auch nicht so frei ist, wie ihn sich liberalistische Wirtschaftstheoretiker wünschten. Aber soweit bei gleichzeitigem Wachstum und dauerndem technischen Fortschritt eine Optimierung überhaupt möglich ist, wird sie vom Markt geleistet. Dadurch erklärt sich der andauernde große Vorsprung der kapitalistischen Wirtschaft. Sie stellt ein elastisches, sich selbst regulierendes kybernetisches System dar, mit dem verglichen die sozialistische Planwirtschaft eher den Charakter eines starren *Klapperatismus* mit Hebeln und Schrauben hat.

Die Umverteilung mit Hilfe des Niedrigpreissystems ermöglicht die Begünstigung einer Schicht von Privilegierten. So stellen diese die Hauptstütze des Systems dar. Sie stimmen soziologisch etwa mit der oberen Mittelschicht im Westen überein. Es sind die Partei-, Staats- und Wirtschaftsfunktionäre, die technische Intelligenz, Wissenschaftler, Schauspieler, auch die Dichter und Denker sowie die Bildhauer und Maler, sofern sie nicht malen, was sie sehen und fühlen, sondern das, was sie hören – wie eine boshafte Definition des sozialistischen Realismus lautet. Trotzdem wende ich mich dagegen, diese Schicht, die in der Sowjetunion die Nomenklatura genannt wird, als eine Klasse oder gar als die neue Ausbeuterklasse zu bezeichnen. Die wahren wirklich Herrschenden sind eine relativ kleine Gruppe von Funktionären der obersten Parteispitze. Soziologisch verstehen sie sich selbst als die Vorhut, die Avantgarde des Proletariats, keineswegs aber als die Repräsentanten der Nomenklatura. Im Gegenteil, sie betrachten die Privilegierten, deren Münder sie mit Geld gestopft oder auch zum Reden gebracht haben, als ein vorübergehend noch notwendiges Übel. Gerade die ihnen am schmeichlerischsten nach dem Munde reden, werden von ihnen am meisten verachtet. Daß es unter unseren Herrschenden allerdings auch Ausnahmen von dieser Regel gibt, davon kann man sich fast täglich bei der Inaugenscheinnahme unserer Tageszeitungen ein Bild machen. Wenn auch diese Partei-Spitze gewiß kein schlechtes Leben führt und in ihren Konsumansprüchen wohl kaum den Leninschen Normen entspricht, Ausbeutung wäre hierfür doch ein unangebrachtes Wort. Ich glaube, daß es unter ihnen immer noch eine ganze Reihe gibt, die ehrlich vom Sendungsbewußtsein erfüllt sind und nur der Sache und nicht ihrem persönlichen Vorteil nützen wollen. Sie sind aber so vollkommen in das System integriert, daß sie nicht mehr in der Lage sind, über seine Grenzen hinauszusehen, ja nicht einmal die Grenzen selbst überhaupt als solche zu begreifen. Darum betrachten sie ehrlich jede ernsthafte Kritik an ihrem System des *realen* Sozialismus als einen böswilligen, ja konterrevolutionären

Angriff – nicht auf ihre persönliche Machtstellung, sondern auf den Sozialismus-Kommunismus im Ganzen. Daß inzwischen die Zahl ihrer Kritiker auch in den eigenen Reihen ständig und rapide wächst, beobachten sie mit großer Sorge. Nur so lassen sich ihre neuerlichen hektischen Reaktionen gegen Abweichler und Aufweichler erklären. Hinzukommt, daß sich in jüngster Zeit die größten kommunistischen Parteien des Westens, die italienische, die französische und die spanische, offen von ihrem System der Diktatur des Proletariats losgesagt haben. Die Intervention der Warschauer-Pakt-Staaten in der ČSSR im Jahre 1968 wird von diesen Parteien scharf verurteilt. Der Erste Sekretär der Kommunistischen Partei Spaniens (deren Vorsitzende die weltberühmte Dolores Ibbarruri ist), der Genosse Santiago Carrillo, hat erklärt, er wäre 1968 in der ČSSR für den bewaffneten Widerstand gegen die Interventionen eingetreten. Es ist ganz offensichtlich, daß die internationale Arbeiterbewegung in eine Phase wichtiger neuer Entwicklungen eingetreten ist, nachdem der durch die Intervention der ČSSR 1968 herbeigeführte Niedergang endlich überwunden wird.

Es liegt etwas Tragisches darin, daß sich die großen kommunistischen Parteien von der Politik der KPdSU distanzieren müssen, wenn sie nicht auf die Dauer ihre eigene Glaubwürdigkeit verlieren wollen.

In: ›Entstalinisierung in der Sowjetunion – die Folgen des XX. Parteitages der KPdSU 1956‹. Hrsg. v. Manfred Wilke. Suhrkamp, Frankfurt 1976; geschrieben Anfang 1976. – ›Esslinger Zeitung‹ 4./5. 12. 1976.

Erster Brief an Erich Honecker

Lieber Kamerad und Genosse Erich Honecker!
Ich wende mich an Dich in Deiner verantwortungsvollen Stellung als Kamerad der antifaschistischen Widerstandsbewegung und als Dein Knast-Kamerad im Zuchthaus Brandenburg-Görden. Ich wende mich an Dich mit der Bitte um Rettung des Schriftstellers Siegmar Faust, der als politischer Gefangener in Cottbus im Gefängnis sitzt. Er ist zu einer Strafe von viereinhalb Jahren verurteilt, von denen er schon über zwei Jahre abgesessen hat. Er ist mit einer lebenslustigen jungen Frau verheiratet und hat ein kleines Töchterchen. Beide sind in tiefes Unglück gestürzt. Ich glaube nicht, daß seine Verurteilung gerecht war. Er gehört zu denjenigen, die an unseren Zuständen gerade darum scharfe Kritik üben, weil sie leidenschaftliche Streiter für den Sozialismus sind. Ich wende mich an Dich, weil ich fürchte, daß er die schweren Bedingungen seiner Haft womöglich nicht lebend übersteht. Ich habe erfahren, daß sich auch der Bonner Vertreter Herr Gaus bereits um seine Freilassung bemüht hat, aber wohl vergebens. Ich bitte Dich, auch im Interesse unseres Staates, dem Siegmar Faust Gerechtigkeit zu gewähren und seine sofortige Freilassung zu veranlassen.

Vor einer Woche sandte Siegmar Faust einen Kassiber an seine Frau, den ich Dir hier mitteilen will:

> Tina! Wenn mich nicht bald etwas rettet, kratze ich ab. Ich möchte mit jedem Polit-Häftling Chiles oder Spaniens tauschen. Terror, Folterungen, Repressalien, Schikanen werden immer schlimmer. Warum läßt sich hier keine UNO-Kommission sehen? Laßt alle Glocken läuten! Ich friere, muß hungern, habe Seh-, Herz-, Kreislauf- und Schlafstörungen und verblöde langsam aber sicher. Habe ja nun schon über 23 Monate Einzelhaft und 63 Tage Folterarrest kennengelernt. Was noch? Wofür? Wenn Ihr mir wenigstens Mut machen könntet! ... Informationen von Wolf! Tina, es geht um mein Leben und um unsere Zunkunft. Haltet alle zusammen und entreißt mich diesen Meuchelmördern. Euer
> Faustus

Solch ein Brief macht mich für uns alle traurig. Lieber Kamerad, denke daran, wie schwer es manche von uns hatten, damals in der

Nazizeit, und daran, wieviel schwerer es ist, bei den eigenen Freunden und Genossen eingesperrt zu sein.

Mit kameradschaftlichem Gruß

Der Brief wurde am 16. 3. 1976 geschrieben. – ›stern‹ 13. 1. 1977.

Bürgerliche Reaktionäre haben schon immer behauptet, daß Sozialismus und Freiheit miteinander unvereinbar seien, nicht erst Franz Josef Strauß. Das Schlimme ist nur, daß proletarische Reaktionäre immer wieder dafür gesorgt haben, daß den Franz-Josefs die Argumente nicht ausgingen. Die absurden politischen Zustände, die als Ergebnis des Zweiten Weltkriegs in Deutschland entstanden sind, haben bewirkt, daß hier wie wohl nirgends sonst die angebliche Unvereinbarkeit von Freiheit und Sozialismus selbst gutmeinenden Anhängern des Sozialismus als zwar bedauerliche aber unvermeidliche Notwendigkeit erscheint. Dafür, daß es im Sozialismus keine Kapitalisten mehr gibt, keine privaten Geschäftemacher und Großverdiener, keine multinationalen Konzerne und Banken, dafür muß man eben einige Nachteile des *realen* Sozialismus in Kauf nehmen.

Was eigentlich *realer* Sozialismus ist, hat bisher keiner seiner Verteidiger klar definiert. »Der Sozialismus, so wie er wirklich ist, nicht irgendeine ideale Utopie, die im Grunde nur dem Zwecke dient, den realen Sozialismus zu diffamieren.« Das ist zwar auch keine Definition, die es vielleicht auch gar nicht geben kann. Denn dann müßten in der Definition neben der positiven auch negative Eigenschaften, gewisse unvermeidliche Mängel angeführt werden, die eben bewirken, daß der *reale* Sozialismus nicht in jeder Hinsicht dem *idealen* Bild des Sozialismus entspricht. Da nun einer dieser Mängel aber gerade darin besteht, daß man im realen Sozialismus zwar von den Mängeln, die andre haben, niemals aber von den eigenen, noch dazu unvermeidlichen, reden kann, werden wir wohl prinzipiell nicht damit rechnen können, jemals von einem realen Sozialisten zu erfahren, was eigentlich *realer* Sozialismus ist.

Ganz offensichtlich muß der Mensch im realen Sozialismus auf eine ganze Reihe von Rechten und Freiheiten verzichten, für die Sozialisten und Liberale in den Zeiten der bürgerlichen Klassenherrschaft gekämpft hatten: Versammlungs-, Rede- und Pressefreiheit, das Streikrecht, freie Wahlen und Parteienpluralismus, Nichteinmischung des Staates in Fragen des Glaubens und der Weltanschauung, parlamentarische Demokratie. Alle diese demokratischen Rechte und Freiheiten sind in den großen kapitalistischen Staaten zumindest anerkannt und formal in Kraft, wenn sie auch im *realen* Kapitalismus nicht nur ständig bedroht, sondern auch oft auf raffinierte Weise umgangen und ihrer Wirkung beraubt sind. Kapitalistische Staaten, in denen diese Rechte von Staatswegen auch nur zum Teil außer Kraft gesetzt sind, werden von jedem bürgerlichen Demokraten als faschistisch bezeichnet. Äußerlich betrachtet erscheinen die faschistischen Diktaturen als Systeme, in denen sich eine kleine Clique von Usurpatoren in den Besitz der Macht gesetzt hat und nun die Staatsmaschine zur Verteidigung ihrer Herrschaft rücksichtslos als Instrument der Unterdrückung gebraucht. Daß hinter der kleinen Clique faschistischer Führer und Militärs die ganze herrschende Klasse steht, die um ihre Besitzrechte zittert, wird von den bürgerlichen Ideologen immer wieder entschieden bestritten. Daß nur von den politischen Organisationen der Arbeiterklasse, den Gewerkschaften, den Sozialisten und Kommunisten entschiedener Widerstand gegen die faschistischen Regime geleistet wird, können sie zwar nicht leugnen. Aber daß der faschistische Putsch nichts anderes ist als der letzte Versuch, die bedrohte Macht der Bourgeoisie zu verteidigen und zwar gegen die Volksmassen, die sich konsequent ihrer demokratischen Rechte und Freiheiten bedienen, das will und kann der bürgerliche Ideologe des *realen* Kapitalismus nicht zugeben. Er kann es wahrscheinlich auch nicht einmal begreifen.

Von seinem Standpunkt aus gesehen erscheinen ihm die Sozialisten und Kommunisten im Grunde als die gefährlicheren, weil sie die Gesellschaft nicht durch einen Putsch, sondern auf legalem Wege von Grund auf umwälzen wollen. Sie wollen, wie er meint, die demokratischen Rechte und Freiheiten und Institutionen dazu mißbrauchen, um eben diese ganze Demokratie abzuschaffen und durch die Diktatur des Proletariats zu ersetzen.

Die *Diktatur des Proletariats* ist ein sozusagen ehrwürdiger Begriff des Marxismus. Als die französische KP auf ihrem 22. Parteitag beschloß, ihren Kampf nicht mehr auf die Errichtung der Diktatur des Proletariats zu richten, diesen Begriff also für historisch überwunden zu erklären, reagierte das ›Neue Deutschland‹ mit einem ganzseitigen empörten Artikel, in dem – zwar ohne die französischen Genossen zu nennen, aber doch offensichtlich an sie gerichtet – der Nachweis erbracht wurde, daß der Verzicht auf die Diktatur des Proletariats übelster Revisionismus sei, schon bei Kautsky und anderen »Verrätern« zu finden sei und daß in der Form der demokratischen Republik, wie sie in der DDR verwirklicht sei, genau das existiere, was unter der Diktatur des Proletariats zu verstehen sei. Ich glaube, an diesem Artikel ist zumindest eines richtig, daß nämlich der Begriff der *Diktatur des Proletariats* heute von Anhängern und Gegnern mit den Verhältnissen identifiziert wird, die in der DDR, der Sowjetunion und anderen sozialistischen Staaten bestehen. Ich glaube zwar nicht, daß Marx und Engels bereit gewesen wären, den realen Sozialismus als eine Form der Diktatur des Proletariats in ihrem Sinne anzuerkennen. Aber Begriffe ändern auch durch ihren Mißbrauch ihren Inhalt. Man soll ihnen nicht nachweinen. Wer nicht bereit ist, den realen Sozialismus zu akzeptieren, wer ihn nicht als Diktatur *des* Proletariats sondern als eine Diktatur einer Parteiführung *über* das Proletariat ansieht, der sollte den französischen Genossen zustimmen. Auf der Berliner Konferenz der kommunistischen und Arbeiterparteien Europas formulierte Georges Marchais die Position seiner Partei mit den folgenden Worten:

»Wir schlagen somit der Arbeiterklasse, den Werktätigen, dem Volk unseres Landes vor, für die Demokratisierung des wirtschaftlichen, sozialen und politischen Lebens, für die ständige Demokratisierung ›bis zum Ende‹, d. h. bis zum Sozialismus, zu wirken. Der Sozialismus, für den wir kämpfen, wird ein zutiefst demokratischer Sozialismus sein, denn er wird auf dem gesellschaftlichen Eigentum der großen Produktions- und Austauschmittel beruhen wie auch auf der politischen Macht der Volksmassen, in der die Arbeiterklasse eine entscheidende Rolle spielt. Er wird zutiefst demokratisch sein, nicht nur weil er den Werktätigen durch Abschaffung der Ausbeutung die unerläßliche Bedingung ihrer Freiheit gewährleisten wird, sondern auch weil er alle Freiheiten, die unser Volk sich erkämpft hat, garantieren, entwickeln und erweitern wird. Sei es die Meinungs- und Ausdrucksfreiheit, die Schaffens- und Publikationsfreiheit, die Kundgebungs- und Versammlungsfreiheit und die Freiheit, sich zusammenzuschließen, die Bewegungsfreiheit für Personen innerhalb des Landes und im Ausland, die religiösen Freiheiten oder das Streikrecht. Sei es auch die Anerkennung der Ergebnisse allgemeiner Wahlen (mit der darin eingeschlossenen Möglichkeit eines demokratischen Wechsels), sei es das Recht auf Existenz und Betätigungsmöglichkeit der politischen Parteien, einschließlich der Oppositionsparteien, die Unabhängigkeit und freie Betätigung der Gewerkschaften, die Unabhängigkeit der Justiz oder der Verzicht auf jede offizielle Philosophie ... Einen solchen Sozialismus, der von der Freiheit nicht zu trennen ist, wollen wir für unser Land, und wir halten dessen Aufbau für möglich. Da der Begriff *Diktatur des Proletariats* sich mit der Wirklichkeit der politischen Macht in dem sozialistischen Frankreich, für das wir kämpfen, nicht deckt, hat der 22. Parteitag unserer Partei beschlossen, auf ihn zu verzichten.« (Zit. nach ›Neues Deutschland‹ vom 1. Juli 1976, Seite 9)

Marchais sagte auch noch – es klang fast, als wolle er sich entschuldigen: »Um zum Sozialismus überzugehen und ihn aufzubauen, führen die unseren (die besonderen Verhältnisse und Traditionen Frankreichs) uns dazu, andere Wege ins Auge zu fassen als diejenigen, die die Völker beschritten haben, die die sozialistische Umgestaltung ihrer Länder bereits verwirklicht haben. Der Sozialismus in Frankreich wird ein Sozialismus in den Farben Frankreichs sein.«

Der Sozialismus in den Farben Frankreichs, der von der Freiheit nicht zu trennen ist, ist die eindeutige Absage an den realen Sozialismus der sozialistischen Staaten Osteuropas. Diese klare und unmißverständliche Absage ist einfach deshalb unvermeidlich, weil der politische Begriff *Sozialismus* durch niemand mehr und gründlicher diskreditiert worden ist als durch die Länder des realen Sozialismus. Der neue Sozialismus, von dem Marchais spricht, von dem auch der Italiener Berlinguer und der Spanier Carrillo sprechen, von dem viele Sozialisten und Kommunisten in vielen Ländern träumen, das war auch der Sozialismus des Prager Frühlings 1968, der von den Panzern der sozialistischen Bruderländer niedergewalzt wurde.

Die Verteidiger des realen Sozialismus werden nicht gern an den militärischen Überfall vom Jahre 1968 erinnert. Acht Jahre sind seitdem vergangen und von Vergessen und Vergeben kann noch immer nicht die Rede sein. Die offene und objektive Einschätzung dieses für die Entwicklung der Arbeiterbewegung so entsetzlich folgenschweren Ereignisses steht nach wie vor an erster Stelle auf der Tagesordnung. Und dort stehen auch noch weitere wichtige Punkte, die ungenügend oder gar nicht erledigt wurden: Der *Stalinismus*, ein höchst unsauberer und irreführender Begriff für die schlimmste Entartung des Kommunismus; der Neo-Stalinismus; das ökonomische Zurückbleiben der Länder des realen Sozialismus; das Verhältnis zur kommunistischen Partei Chinas. Wer geglaubt hatte, daß mit dem 20. Parteitag der KPdSU der Stalinismus endgültig überwunden wurde, daß nun eine, wenn auch langsame und zögernde Entwicklung einer sozialistischen Demokratie begonnen habe, wurde 1968 aber sehr drastisch von seinen Illusionen befreit. Weil Ulbricht und andere hohe Funktionäre des realen Sozialismus angesichts der Umwälzung in der ČSSR um ihre Macht fürchteten, ließen sie ihre Panzer nach Prag rollen und verübten damit eines der schwersten Verbrechen an der internationalen kommunistischen Weltbewegung. Wie zum Hohn versuchten sie nun auch noch, ihren Überfall als eine Tat des *proletarischen Internationalismus* zu rechtfertigen. Auch dieser Begriff ist inzwischen durch seinen ständigen konsequenten Mißbrauch verschandelt und praktisch in sein Gegenteil verkehrt worden. Er ist heute ein Synonym für das geworden, was man nach 1968 im Westen als *Breschnew-Doktrin* bezeichnet hat, nämlich den Anspruch der Sowjetunion, in ihrem Machtbereich alle politischen Fragen nach eigenem Gutdünken entscheiden zu können.

Auf der Berliner Konferenz Ende Juni 1976 einigten sich die versammelten Repräsentanten der europäischen kommunistischen Parteien, daß in Zukunft keine Partei das Recht beanspruchen könne, sich in die inneren Angelegenheiten einer anderen Partei einzumischen, und sie bekräftigten die Schlußakte der Konferenz von Helsinki, in der jede Anwendung und sogar jede Androhung von Gewalt gegen einen anderen Staat verurteilt wird. Damit ist der Überfall auf die ČSSR im Jahre 1968 auch von an diesem Überfall beteiligten Parteien verurteilt worden. Der Beschluß kommt einem feierlichen Versprechen gleich, daß sich dies oder ähnliches nie wiederholen wird.

Ein führender Vertreter einer westeuropäischen Partei wurde nach der Konferenz befragt, ob er glaube, daß sich die Sowjetunion nun wirklich an diesen Beschluß halten werde. Er zuckte die Achseln und meinte, er hoffe es im Interesse der kommunistischen Bewegung, aber er befürchte, daß, wenn reine Machtfragen berührt würden, dies nicht ganz sicher sei. Dieses Mißtrauensvotum beweist, daß die ganze Berliner Konferenz nicht mehr zustandegebracht haben wird als einen Haufen schöntönender Worte, solange keine der in erster Linie betroffenen Parteien von ihrem Ergebnis nicht demonstrativ praktischen Gebrauch gemacht haben wird. Bisher, vor diesen umwälzenden Beschlüssen, hieß es immer: Was sollen wir machen? Wir können uns nicht einmal einen blassen Schimmer vom *Prager Frühling* leisten. Wir haben ja die sowjetischen Panzer im Lande. Sie brauchen nicht weit zu rollen. Es wird uns nicht anders ergehen als Dubček und Smrkovský.

Ich will nicht von den Genossen in der SED reden, die vor den

Volksmassen mehr Angst haben als vor den sowjetischen Panzern. Sie sind sicher eine wenn auch mächtige kleine Minderheit. Für diese Minderheit sind Sozialismus und Freiheit in dem Sinne, wie es der Genosse Marchais dargelegt hat, ganz offensichtlich unvereinbar. Sie rechtfertigen die Mauer damit, das Volk sei noch nicht reif für die Freiheit im Sozialismus. Das Klassenbewußtsein der Arbeiter sei mangelhaft, der Abstand im Lebensstandard immer noch zu groß gegenüber der BRD. Aber ich meine, man soll wirklich nicht viel von diesen Leuten reden, für die die Arbeiterklasse und Volksmassen nur ein Haufen politisch unmündiger Kinder sind. Ganz sicher gibt es in den Parteien der sozialistischen Staaten viele Genossen, die ganz anderer Meinung sind. An diese Genossen wende ich mich.

Wir müssen uns darüber klar werden, welche außerordentliche Verantwortung auf uns liegt. Ich will mich bemühen, die ganz großen Worte Frieden und Zukunft der Menschheit nicht zu strapazieren. Aber wenn man beobachtet, in welcher Schnelligkeit sich die internationale Arena verändert und auf eine schwere und gefährliche Krise hinentwickelt, dann kommt man zu dem Ergebnis, daß nicht mehr viel Zeit zu verlieren ist. Wir müssen den Sozialismus von dem tödlichen Makel befreien, der ihm bis auf den heutigen Tag von den Stalinisten und Verteidigern des realen Sozialismus angehängt worden ist, von dem Makel, Sozialismus sei ein System, das den Menschen gegen ihren Willen aufgezwungen werden müsse, weil sie dafür noch zu unreif seien, ein System, in dem keine freie Kritik am System und an den Regierenden geübt werden dürfte, in dem es keine freien Wahlen und keine politische Opposition, keine Publikations- und Redefreiheit, keine unabhängigen Gerichte und kein Recht auf freie Wahl des Arbeitsplatzes und des Wohnsitzes einschließlich des Rechts auf Auswanderung in ein anderes Land gebe, mit einem Wort: Wir müssen real, konkret, in unserer politischen Praxis die Behauptung widerlegen, daß Sozialismus und Freiheit miteinander unvereinbar seien. Jeder Tag, an dem wir nichts tun, um diesen Beweis anzutreten, liefert eine erneute Bestätigung der dreisten Behauptung der westdeutschen CDU/CSU, die in den diesjährigen Bundestagswahlkampf mit dem demagogischen Schlachtruf gezogen ist: *Freiheit oder Sozialismus, Freiheit statt Sozialismus!* Die Beschlüsse der Berliner Konferenz müssen wahrgemacht werden, und zwar in erster Linie und vor allen anderen von uns, den Sozialisten und Kommunisten in den sozialistischen Staaten.

Wäre das wirklich so schwer? Ich glaube nicht. Was ist denn schon Utopisches an beispielsweise folgenden Vorschlägen?

Schrittweise Herabsetzung der Altersgrenze für Westreisen. Ausreichende Versorgung der in den Westen reisenden Bürger der DDR mit Devisen, die aus dem Zwangsumtausch der Westbesucher mehr als reichlich zur Verfügung stehen, Zulassung von mehreren Bewerbern für jedes Abgeordneten-Mandat zu den Wahlen in der Volkskammer. Zulassung unabhängiger Oppositionsparteien, Begründung einer Zeitung, die von der SED und den Staatsorganen unabhängig ist und öffentlich an allen politischen und wirtschaftlichen Vorgängen Kritik übt, Aufhebung aller Verbote, die gegen das öffentliche Auftreten bestimmter Personen gerichtet sind, Aufhebung der Genehmigungspflicht für solche Veranstaltungen (unter diesen Bedingungen könnte Wolf Biermann in der DDR öffentlich auftreten), Veröffentlichung dieses Artikels im ›Neuen Deutschland‹ – möglichst mit ausführlicher Entgegnung und Eröffnung einer fortlaufenden Diskussion politischer Probleme.

Glauben die Anhänger des realen Sozialismus wirklich, daß bei Befolgung dieser Vorschläge der Sozialismus in der DDR in Gefahr geriete? Ja, es mag unter ihnen einige Blinde geben, die das meinen. In Wahrheit begänne mit solchen neuen Schritten ein Weg, der aus dem realen Sozialismus heraus, dafür aber zu dem wirklichen Sozialismus hinführt. Die Worte *real* und *wirklich* sind eben nur scheinbar synonym. Nur der *reale* Sozialismus bedarf dieses ihn beschönigenden Adjektivs und nur deshalb, weil er nicht der wirkliche Sozialismus ist.

›europäische ideen‹ 24/25/1976.

Das Thema Volkskammerwahlen beherrscht seit Wochen die DDR-Massenmedien. Dabei steht die Normerfüllung im Vordergrund der Wahlkampagne. Wie beurteilen Sie eine solche Art der Wählermobilisierung?
Ja, ich bin der Meinung, daß die Wahlen in der DDR inzwischen gänzlich geändert werden müßten. Sie entsprechen nicht mehr den Verhältnissen, unter denen wir jetzt hier leben. Ich habe das schon öffentlich bekanntgegeben, daß ich vorschlage, man müßte mehrere Kandidaten aufstellen können für jedes Mandat in der Volkskammer, und weil ja schließlich die Zeiten seit 30 Jahren sich sehr verändert haben. Damals, als die Volkskammer gegründet wurde, als die DDR gegründet wurde, hat der damalige Präsident Wilhelm Pieck die Aufstellung einer einheitlichen Liste aus allen Parteien damit begründet, daß die Zeiten noch schwierig wären. Der Krieg war soeben erst beendet, es waren noch viel Not und Elend und politische, sehr komplizierte politische Verhältnisse, und mit denen hat Pieck damals die Notwendigkeit zur Aufstellung von einheitlichen Listen begründet. Aber die Zeiten sind dann auch wirklich weitergegangen, wir haben nicht mehr diese Not und nicht mehr diese Schwierigkeiten. Die DDR ist international anerkannt, also ich meine, wir könnten jetzt auch in der DDR wieder die demokratische Kontrolle durch eine Opposition, durch Oppositionsgruppen oder Oppositionsparteien zulassen. Wir könnten es auch zulassen, daß der Wähler wirklich entscheidet zwischen mehreren Möglichkeiten, wenn er zur Wahlurne geht, sagen wir, nicht nur etwa Parteien, sondern jedenfalls mindestens zwischen mehreren Personen zu entscheiden in die Lage versetzt wird.
Halten Sie diese Forderungen auf lange Sicht für realistisch in der DDR?
Ob sie realisierbar sind?
Ja.
Das hängt eigentlich davon ab, mit welcher Lautstärke sie auch innerhalb der DDR von den Bewohnern der DDR vertreten werden. Ich glaube, man hört schon sehr viel über solche Vorschläge.
Ja, gibt es dann eine politische und soziale Basis in der DDR für unabhängige Parteien, außer den Einzelstimmen?

Ja, die politische Basis für unabhängige Parteien ist natürlich in der DDR eine andere als, sagen wir, in der Bundesrepublik. Hier in der DDR gibt es ja nicht Parteien, die die Repräsentanten bestimmter ökonomischer oder wirtschaftlicher Interessengruppen sind oder Berufsgruppen, sondern die Parteien würden, und die entsprechenden Gruppen würden bestimmte politische Zielsetzungen repräsentieren. Eine neue Art, ich möchte sagen, der Infragestellung des ganzen Unternehmens Sozialismus in bezug auf seine Zielsetzung zur Debatte stellen, und dergleichen mehr. Ich glaube, daß in der DDR eine große Bereitschaft in der Bevölkerung wäre, einen solchen freiheitlichen und demokratischen Stil in die Politik einzuführen, und dementsprechend auch den Modus der Wahlen zu ändern und zu modernisieren.

Herr Prof. Havemann, nach dem derzeitigen Wahlgesetz in der DDR können die Wähler theoretisch Streichungen der Kandidaten vornehmen, hat das eigentlich eine praktische Bedeutung?

Ja, es werden einige Kandidaten mehr aufgestellt, als gewählt werden können. Aber gewählt wird jeder, der mehr als die Hälfte der Stimmen bekommen hat, und dann ist es ganz gleich, ob er viele oder wenige Stimmen bekommen hat. Das hängt dann nur noch von der Reihenfolge auf der Liste ab, wer gewählt ist. Wenn also jemand nur 52% bekommt und ein anderer 95%, der aber unter ihm steht, dann wird der mit den 95% nicht gewählt und der mit 52% ist dann doch gewählt. Damit jemand völlig abgewählt wird, müßte er ganz wenig Stimmen, also unter 50% der Stimmen bekommen, und das ist bei der hier üblichen Praxis, wie gewählt wird in den Wahllokalen, eigentlich ausgeschlossen.

Es fällt auf, Herr Prof. Havemann, daß sich der Wahlkampf bei Ihnen oft auf ein Mehr an Konsumleistungen stützt, und man verspricht für die Zukunft ein Ansteigen des Lebensstandards. Ist das noch die wesentliche, möglicherweise die einzige Leistungsmotivierung in der DDR?

Nach Meinung unserer Regierung und unserer Parteiführung scheint es so zu sein, daß man glaubt, daß die Bevölkerung immer noch in dem höheren Lebensstandard der westlichen Länder, und besonders dem der Bundesrepublik, gewissermaßen den Vergleichsmaßstab erblickt für das eigene Streben. Daß man eben den Leuten verspricht, wir werden es euch ebensogut machen wie denen da drüben. Ich persönlich glaube nicht, daß das die Hauptsache ist, die Leute wollen weniger mehr konsumieren, sie wollen mehr Freiheit haben in ihren Entscheidungen.

Ja, die Bundesrepublik spielt ja doch keinen unerheblichen Punkt in der DDR-Wahlkampagne. In den letzten Tagen setzten sich die DDR-Massenmedien mit der Bundesrepublik auseinander, der sozialen Sicherheit in der DDR wird die Arbeitslosigkeit in der Bundesrepublik entgegengesetzt. Der sozialistischen Demokratie werden die sogenannten Berufsverbote in der Bundesrepublik gegenübergestellt. Halten Sie solche Vergleiche, Herr Prof. Havemann, für zulässig?

Ja, was die soziale Sicherheit der Arbeiter in den Betrieben betrifft, bin ich der Meinung, daß ein solcher Vergleich sehr wohl zulässig ist, denn ganz zweifellos ist die soziale Sicherheit in der DDR größer als in der Bundesrepublik, und allerdings eben auf einem etwas niedrigeren Standard in bezug auf Einkommen und Verdienst und Realeinkommen. Aber eben die Sorge, arbeitslos zu werden, besteht hier eigentlich normalerweise praktisch nicht, was natürlich nicht besagt, daß jemand, der sich mißliebig macht durch politische Äußerungen, im höchsten Maße gefährdet ist. Das heißt, da ist also die Praxis der Berufsverbote zwar eine andere, aber in der Wirkung läuft es darauf hinaus, daß auch in der DDR jeder, der nicht nach der Pfeife tanzt, eben sehr schnell um seinen Job gebracht sein kann.

Können Sie das etwas an Beispielen erläutern?

Na, ich meine, die Kronzeugen sind ja Biermann und ich selbst und einige andere meiner Freunde. Aber es gibt auch viele kleinere Leute, denen das passiert ist, die zumindest von einer gutbezahlten in eine schlechtbezahlte Stellung gekommen sind, einfach deswegen, weil sie schon nur eine Frage vielleicht gestellt haben, noch nicht einmal eine richtige Meinung geäußert haben. Aber es gibt so eine Unzahl von Beispielen, solche Vorgänge, die jedem geläufig sind hier in der DDR, daß man sie nicht gerade alle erst aufzuführen braucht.

Herr Prof. Havemann, die Abgrenzung der DDR von der Bundesrepublik ist Kernstück der SED-Politik. Kann man sagen, wie es die SED behauptet, daß sich in der DDR eine spezifische sozialistische Nation entwickelt?

Nein, das halte ich für reinen Unsinn. Den Begriff der sozialistischen Nation halte ich sowieso schon für Blödsinn, und es kann höchstens eine Nation unter den Bedingungen des Sozialismus leben oder unter den Bedingungen des Kapitalismus. Aber die Nation ist entweder deutsch oder englisch oder so etwas. Also, der Begriff ist unsinnig. Und die Deutschen in der DDR fühlen sich natürlich in ihrer großen Mehrheit immer noch sehr nahe verwandt mit dem Deutschen in der Bundesrepublik, und jeder weiß, daß Deutschland nicht an der Grenze zwischen den beiden Staaten endet.

Können Sie Beispiele für deutsch-deutsche Gemeinsamkeiten aufzählen?

Na ja, die Tatsache allein, daß so viele Leute gerne, unsere ganzen Rentner zum Beispiel, alle so gerne in die Bundesrepublik reisen und ebenso Besuch empfangen von drüben. Der intensive Austausch zwischen den Deutschen auf beiden Seiten in jeder Hinsicht, auch das gewaltige Interesse, was zum Beispiel in der DDR für den Fußball in der Bundesrepublik zu beobachten ist. Ich meine, es gibt unzählige, ganz einfache Hinweise dafür, daß man sich eng mit dem anderen Deutschen verbunden fühlt.

In der DDR werden Ausreiseanträge immer häufiger registriert, Sie sprachen sie eben an. Schätzungen, wonach die Gesamtzahl der Ausreisewilligen bei 100000 liege, scheinen eher niedriger als zu hoch gegriffen zu sein. Äußert sich darin ein besonderer resignierender Zug der DDR-Bevölkerung?

Nein, das glaube ich nicht. Ich habe auch gehört, daß sogar über 120000 Anträge vorliegen sollen. Es zeigt sich darin, meiner Meinung nach, ein wachsendes Vertrauen der DDR-Bürger in ihre Regierung, indem sie sich tatsächlich es getrauen, einen solchen Antrag zu stellen. Früher haben viele Leute gar nicht daran gedacht, daß es in Frage käme, sie könnten einen solchen Antrag stellen, ohne gleich um ihre Stellung gebracht zu sein. Sie hatten viel zuviel Angst davor, dem Kadi zu offenbaren, daß sie nach Westen möchten. Jetzt haben immerhin 120000 Leute den Mut, was doch beweist, daß sie glauben, sie werden auch ordnungsgemäß behandelt werden.

Ja, und dies ist auch zu erwarten?

Ja, das nehme ich auch an.

Herr Prof. Havemann, hat die SED den Konflikt mit der Kirche überstanden?

Ja, ich glaube, der Konflikt mit der Kirche, der in der letzten Zeit im Zusammenhang mit der Selbstverbrennung des Pfarrers Brüsewitz entstanden ist, ist mehr ein Konflikt gewesen, der durch Dummheit unserer Organe, der Partei und der Regierung so hochgespielt worden ist. Ich halte auch dafür, daß der Artikel, der im ›Neuen Deutschland‹ dazu veröffentlicht ist, ein ausgesprochener Rohrkrepierer war, also wirklich eine Sache, die man im Grunde nicht wollte. Dadurch, daß es ganz ungeeignete und unfähige Leute gemacht haben, ist dieser mißliebige Eindruck entstanden, der auch in der Bevölkerung ziemliche Empörung hervorgerufen hat. Ich glaube nicht, daß die DDR-Regierung einen regelrechten Kampf mit der Kirche will. Im Gegenteil, sie wollen eigentlich Frieden haben. Es sind immer nur die kleinen Radikalinskis, die immer wieder überall ihre Klassenkampfpose spielen müssen, um sich bei den Oberen beliebt zu machen, die diese Schwierigkeiten dann hervorrufen.

Gibt es eine Koexistenz von Christen und Kommunisten, Herr Prof. Havemann?

Natürlich, da gibt es eine solche Koexistenz. Ich bin sehr für eine solche Koexistenz. Ich bin der Meinung, daß Glaube und Weltanschauung keine Sache des Staates sein dürfen.

Die Wahlagitation scheint auch noch einige andere Probleme in der DDR zu verdecken. Wie schätzen Sie beispielsweise die derzeitigen wirtschaftlichen Schwierigkeiten in Ihrem Lande ein?

Ich glaube, daß die wirtschaftlichen Schwierigkeiten hauptsächlich von außen in die DDR gebracht werden. Es sind weniger DDR-interne Schwierigkeiten als solche, die im Rat für gegenseitige Wirtschaftshilfe, in den ganzen COMECON-Ländern entstehen aufgrund der großen Schwierigkeiten der Integration.

Ja, eine letzte Frage vielleicht. Sie waren selbst viele Jahre Abgeordneter der Volkskammer, es waren exakt 13 Jahre, Herr Prof. Havemann. Wie denken Sie heute über diese Zeit?

Ja, ich denke über diese Zeit sehr kritisch, sehr selbstkritisch. Ich habe lange Zeit nach dem Krieg noch geglaubt, daß Deutschland, das ja durch den Faschismus so mit Schande bedeckt wurde, eine ziemlich energische Erziehung zur Demokratie brauche, daß gewissermaßen die Bevölkerung erst einmal erzogen werden müßte. Dieser überhebliche und falsche Standpunkt, der im Grunde im Kern des stalinschen Systems enthalten ist, dieser falsche Standpunkt, den betrachte ich heute als gefährlich und fehlerhaft. Ich bin der Meinung, daß wir uns vollkommen von ihm losmachen müssen.

Werden sie selbst am Sonntag zur Wahl gehen?

Nein, ich werde an dieser Wahl nicht teilnehmen.

Das Gespräch führte Heribert Schwan telefonisch für den Deutschlandfunk, 13. 10. 1976. – ›Deutschland Archiv‹ 11/1976. – ›Die Welt‹ 14. 10. 1976 (gekürzt).

Offener Brief an Oskar Neumann

Wer soll »in eigener Scheiße ersticken«?

Unter diesem unappetitlichen Titel, wie es da in Gänsefüßchen steht, ohne meine Umwandlung in eine Frage, hat in den ›roten blättern‹ vom März 1976 Oskar Neumann einen Artikel veröffentlicht, in dem er versucht, Wolf Biermann nicht nur zu kritisieren, sondern in einer Art und Weise politisch zu diffamieren, von der wir glaubten, daß sie wenigstens bei den ernsthaften und ehrlichen Genossen auch in der DKP schon der Vergangenheit – einer wenig rühmlichen, wie wir wissen – angehört. Aber Wolf Biermanns Lieder haben eine starke Resonanz, nicht nur in der DDR und bei vielen Genossen Sozialisten und Kommunisten in der Welt, sondern auch gerade bei vielen Mitgliedern der DKP. Weil er die politischen Zustände bei uns in der DDR und im ganzen sozialistischen Lager ungeschminkt beschreibt und vom kommunistischen Standpunkt aus kritisiert, hat die DKP es schwer mit ihren Mitgliedern, wenn es um Wolf Biermann geht. Aber ich glaube nicht, daß sie die Zweifel und Fragen ihrer Mitglieder beschwichtigen kann, indem sie Wolf Biermann beleidigt, diffamiert und verleumdet. Ich habe da eine bessere Meinung von den Genossen in der DKP als die Funktionäre der Partei und der SED. Den Genossen Oskar Neumann habe ich vor vielen Jahren ziemlich gut persönlich kennengelernt. Darum wundert es mich, daß ausgerechnet er diesen Artikel schreiben mußte. In diesem kleinen Wort »mußte«, das ich noch ganz unbedenklich hingeschrieben habe, liegt womöglich Tragik. Aber in mein persönliches Bild von dem Oskar Neumann will dieser Artikel eben gar nicht recht passen.

Zum Schluß ist es immer das gleiche. Der ketzerische Genosse, der es wagte, die heiligsten Güter anzutasten, ist ein Überläufer zum Klassenfeind geworden, er hat »ein Rollenspiel für die andere Seite« übernommen, »er hat nichts gemein mit der Bewegung, die für Frieden, Demokratie und Sozialismus kämpft. Er ist uns in den Rücken gefallen.« Zu Lebzeiten des größten Wissenschaftlers und größten Feldherrn aller Zeiten bedeutete ein Verdikt dieser Dimension die bevorstehende physische Vernichtung. Heute soll es wenigstens die politisch-moralische Verdammung bewirken. Wehe denen, die auch nur im stillen Kämmerlein eine Biermann-Platte auflegen.

Aber sie werden es weiterhin tun, lieber Oskar Neumann, und nach Deinem Artikel vielleicht mehr als vorher, und Du – ich glaube kaum, daß Dein »Fall Biermann« mit Deinem Artikel für Dich erledigt sein wird –, Du wirst auch wie bisher zu den vielen freiwilligen und unfreiwilligen Biermann-Fans gehören. Schon jetzt versuche ich mir vorzustellen, wie Du aussehen wirst, wenn Du Biermanns neue Spanien-Platte hören wirst. Was Du denken wirst, kann ich nicht genau sagen. Denn diese Lieder, die neuen wie die alten, werden viele von uns sehr nachdenklich machen. Aber, was Du wirst schreiben müssen, das kann man schon in Deinem jetzigen Schrieb lesen: das »ist doch nur sein spezieller Part im gesamten Ensemble des antikommunistischen Spektakels«. Das ist »die Variante von Antikommunismus ..., deren Macher vorgeben, selbst auf dem Boden des Sozialismus nicht nur zu leben, sondern auch zu stehen«. Mit einem Wort: Das ist der Klassenfeind in Volltarnung!

Lieber Genosse Neumann, solltest Du wirklich noch nicht bemerkt haben, daß diese ganze Argumentation nicht mehr zieht? Hast Du den XX. Parteitag der KPdSU vergessen? Haben wir nicht viele, viele Jahre lang die große sozialistische Sowjetunion gegen die Hetze ihrer Feinde blind verteidigt, jawohl: blind; denn nach der Enthüllung der ungeheuerlichen Verbrechen der Stalin-Ära – nicht etwa Stalins, der nur der allen sichtbare Repräsentant war – saßen wir alle da wie die betrogenen Betrüger. Die Leute lachten über uns. Das sozialistische Zukunftsland ein einziges riesiges Zuchthaus! Millionenfacher Mord an Unschuldigen! Der Archipel Gulag! Ja denkst Du, den hat Solschenyzin erfunden? Was in den Büchern, die er schrieb, von ihm selbst ist, danach würde kein Hahn im ZK krähen! Nein, was nicht von ihm ist, das versetzt heute Stalins Nachfolger in Wut. Das stammt nämlich von uns. Ja, auch von Dir und von mir und von den Tausenden guten Genossen, die nicht wahrhaben wollten, was wahr war, weil wir es einfach nicht glauben konnten, was da in unserem Namen geschehen war. Glaubst Du wirklich, daß die Genossen, die in dem Hotel Lux in Moskau saßen und erlebten, wie sie einer nach dem anderen abgeholt und später unter niederträchtigen Beschuldigungen als faschistische Agenten abgeurteilt wurden – daß sie nichts wußten, nichts ahnten? Sie schwiegen und schweigen noch heute, weil die schreckliche Angst immer noch in ihnen steckt. Hast Du die Prozesse gegen Slánský, gegen Rayk und auch gegen gute Genossen bei uns vergessen? Hast Du immer noch nicht begriffen, daß nicht die Kritik an der Politik unserer Partei und unserer Staaten, sondern daß die schamlose Unterdrückung der Kritik das Verbrechen ist, unter dem wir alle leiden und dem ihr in der Bundesrepublik das Hinschwinden Eurer Glaubwürdigkeit und Eurer Wählerstimmen verdankt?

Als die Truppen der fünf Staaten des Warschauer Paktes über die ČSSR herfielen, um den Prager Frühling zu ersticken, ging der eine meiner Söhne mit einem Freund nachts auf die Straße und malte mit weißer Farbe den Namen DUBČEK an Häuserwände, der andere ließ eine tschechoslowakische Fahne aus dem Fenster seiner Wohnung hängen. Beide wurden verhaftet und zu Freiheitsstrafen verurteilt. Sage mir bitte, mit welchem Recht dies geschah! In diesen Tagen damals ging es übrigens noch vielen anderen so, Menschen, die in fast wortloser Form nichts anderes öffentlich bekundet hatten als ihr Nichteinverständnis mit der Politik ihrer Regierung. Bitte, sage mir, ob Du dieses Verhalten unserer Regierung billigst. Hältst Du es nach allem für ganz ausgeschlossen, daß auch die Politik Dubčeks eines Tages anerkannt und von dem verleumderischen Vorwurf der Konterrevolution gereinigt werden wird? Was hältst Du von der Erklärung des Genossen Santiago Carillo, des Ersten Sekretärs der spanischen KP, er wäre im Falle eines Einmarsches von Truppen aus den sozialistischen Ländern für den bewaffneten Widerstand gewesen, eine Erklärung, die er erst kürzlich in einem Interview mit Debray bekräftigt hat? In der DDR wäre jeder, der das öffentlich erklärt hätte, damals zu einer hohen Freiheitsstrafe verurteilt worden. Wolf Biermann lebt in der DDR und hat den festen Willen, hierzubleiben. Er sehnt sich nicht nach den Segnungen des Westens. Wie auch viele andere gute Kommunisten glaubt er, daß die DDR trotz allem der bessere deutsche Staat ist. Aber er ist nicht der Meinung, daß man dem Sozialismus und der DDR hilft, indem man unseren führenden Genossen kritiklos nach dem Munde redet. Auf die Dauer ist gegen die Wahrheit eben kein Kraut gewachsen, wie die bitterste Erfahrung uns Kommunisten doch gelehrt haben sollte.

Der Genosse Herbert Mies hat sich auf dem jüngsten Bonner Parteitag der DKP auf Ernst Thälmanns Wort berufen: »Der Prüfstein für jeden Kommunisten ist sein Verhältnis zur Sowjetunion.« Wenn man das Verhältnis zur Sowjetunion nicht danach bewertet, wie kritiklos und blind, wie devot und bewundernd der Genosse sich allem unterwirft, was von dort kommt und was dort geschieht, dann kann Thälmanns Satz sehr wohl auch heute noch gültig sein. »Von der Sowjetunion lernen«, das heißt auch von ihren Fehlern und Schwächen lernen, von ihren Niederlagen, das heißt auch die Konsequenzen ziehen aus den Schrecken der Stalin-Ära, es heißt, die Ursachen davon zu erforschen und zu erkennen – und zu überwinden. Auch die DDR bietet hier ein reiches Lehrmaterial für Kommunisten, diesseits und jenseits der Mauer, diesseits und jenseits des Stacheldrahts und der Wachtürme, die das Wandlitzer Domizil unserer Herrschenden umgürten.

Wenn ich an meine guten und sicher auch gutmeinenden Genossen in der DKP denke, zum Beispiel an Dich, Oskar Neumann, dann werde ich nachdenklich und traurig zugleich bei den Worten des Genossen Wolf Biermann, die Du selbst in Deinem Artikel zitierst, wie es scheint, ohne zu erschrecken: »Ausgebrannt sind die Öfen der Revolution, früherer Feuer Asche liegt uns auf den Lippen/kälter, immer kältre Kälten sinken in uns.« Das ist auch Euch gesagt und allen, die im Namen der Revolution die Unterdrückung der Kritik und überhaupt jedes freiheitlichen und unabhängigen Denkens in der DDR zu rechtfertigen suchen. Was sollen die Leute von Eurem – berechtigten – Kampf gegen die Berufsverbote wegen politischer Parteinahme halten, wenn Ihr im gleichen Atemzug die gegen Wolf Biermann und gegen mich praktizierten Berufsverbote rechtfertigt, Berufsverbote, die nicht einmal mit Gegnerschaft gegen die bestehende Gesellschaftsordnung – wie in Eurem Falle – begründet werden können, sondern einfach nur damit, daß unseren Herrschenden die Verbreitung kritischer Meinungen von Kommunisten nicht paßt, weil sie eben nur Lobhudeleien wünschen?

Und dann soll Euch noch einer glauben, wenn Ihr als leidenschaftliche Verteidiger der demokratischen Rechte und Freiheiten auftretet. Dabei gibt es daran keinen Zweifel, daß die demokratischen Rechte und Freiheiten in der BRD bedroht sind – bei uns existieren sie nicht –, und es ist auch völlig richtig, daß die Kommunisten in den kapitalistischen Ländern berufen sind, den Kampf für die Verteidigung dieser Rechte und Freiheiten zu führen. Mit der weiteren Verschärfung der angelaufenen schweren wirtschaftlichen Krise des Kapitalismus werden sich die reaktionären und faschistischen Tendenzen verstärken, bis eines Tags wieder der Ruf nach dem starken Mann erschallen wird. Wie aber, liebe Genossen, seid Ihr für diesen Kampf gerüstet? Seid Ihr nicht schon fast nur noch eine Sekte? Schon wieder die alles besserwissenden Gralshüter der einzig wahren Lehre?

Warum zittert Ihr so vor »dem verwirrenden Text, mit dem Wolf Biermann die Scheidelinie zwischen Linken und Pseudolinken zuzuschmieren gedachte«?

Könnte es sich nicht eines Tages herausstellen, daß gerade Ihr die Pseudolinken wart und nicht die Biermänner und Genossen, die für die Einheit aller progressiven Linken gegen den gemeinsamen Feind eingetreten sind und dabei immer bereit waren, auch mit Euch zusammenzuarbeiten? Muß man Euch nicht schon heute sagen: Wenn Ihr so weitermacht, dann werden bei Euch die Öfen der Revolution wirklich bald endgültig ausgebrannt sein? Seid Ihr nicht womöglich auf dem besten Wege, in der eigenen ...?

In: Thomas Rothschild (Hrsg.), ›Wolf Biermann‹. Rowohlt, Reinbek 1976 (Nov.). S. 157–161. Titeländerung des Beitrags. Zwischentexte von O. Neumann sind weggelassen. – Vorabdruck in: ›Die Zeit‹ 15. 10. 1976 (Auslassungen).

Volksfront im Westen – Sozialismus im Osten: ein Widerspruch?

Um es gleich zu sagen: Ja. Und zwar ein tiefer, unaussöhnlicher Widerspruch. Die neue Volksfront, die noch nicht fertig da ist, sich aber unüberhörbar ankündigt und eine andere sein wird als die zur Zeit Léon Blums, wird im Ergebnis nichts Geringeres sein als die Wiederherstellung der Einheit der Arbeiterbewegung – während der reale Sozialismus das Endprodukt ihrer Spaltung ist.

Die Tragik des revolutionären Prozesses, der von der Oktoberrevolution zum realen Sozialismus führt, beginnt damit, daß die Bolschewiki nicht nur die Zarenmacht überwinden, sondern auch die Menschewiki besiegen mußten. Schon in der Geburtsstunde der unvollendeten Revolution also die Spaltung!

Die Arbeits- und Organisationsprinzipien der konspirativ-illegalen Organisation von Berufsrevolutionären, die Lenin in ›Was tun?‹ schon 1902 entwickelt hat, werden zur »Partei neuen Typs« umstilisiert, deren demokratischer Zentralismus nichts anderes ist als die vollständige Aufhebung der innerparteilichen Demokratie. Lenin hat die durch die konspirative und illegale Arbeitsweise unvermeidliche Einschränkung der innerparteilichen Demokratie noch als einen gefährlichen Prozeß aufgefaßt, der nach dem Sieg der Revolution sofort wieder rückgängig gemacht werden müsse. Aber er hat nicht bedacht, daß das politisch-strukturelle Grundprinzip, aus dem die zentralistisch-konspirative Organisationsform hervorgeht, immer dann gilt, wenn es heißt: Wenige gegen Viele. Solange die Vielen die organisierte Staatsmacht des Zarismus oder heute des Faschismus sind, scheint die Rechnung auch zu stimmen. Aber wenn die Vielen die Mehrheit der Arbeiter, die Mehrheit der Bauern, die Mehrheit der Intelligenz, kurzum die Mehrheit des Volkes sind – was dann? Dann haben wir die Herrschaft der Politbüros und den realen Sozialismus. Dann stimmt die Rechnung nicht mehr.

Hat sie überhaupt je wirklich gestimmt? In der Lage der Wenigen gegen die Vielen befanden sich stets die Herrschenden, die Fürsten, die Ausbeuter, die Konzernherren, doch nie die Revolutionäre. Ihre Existenzbedingung heißt vielmehr: Viele gegen Wenige. Oder »immer mehr« gegen »immer weniger«. Denn wenn die Gesellschaft umgewälzt werden soll, wird die überwältigende Mehrheit des Volkes gebraucht. Die sozialistische Revolution findet eben nicht in der Form eines Staatsstreiches statt. Sie vollzieht sich im Schoße der herrschenden Ordnung, deren endgültige Aufhebung nicht der Beginn der Revolution, sondern ihr Ende ist, ihr endgültiger Sieg.

Die Geschichte der Entwicklung der Bourgeoisie im Schoße der feudalen Gesellschaft belegt dies aufs Deutlichste. Daß dies aber auch für den Sozialismus und die Arbeiterklasse gelte, wird bis heute von unseren Dogmatikern mit aller Entschiedenheit bestritten. Dies gelte, so verkünden sie, nur für die bürgerliche Klasse und Gesellschaft, denn die Arbeiterklasse könne nicht, wie seinerzeit die Bourgeoisie, die ökonomische Macht erringen, bevor sie nicht die politische Macht errungen und die Diktatur des Proletariats errichtet habe. Es ist ganz offensichtlich, daß diese Theorie beinahe zwangsläufig zu der Vorstellung führt, die sozialistische Revolution könne nur durch einen bewaffneten Aufstand siegen.

Die russische Revolution entsprach diesem Schema tatsächlich noch. Die Arbeiterschaft war, entsprechend der technischen und ökonomischen Rückständigkeit des Landes, noch schwach und unterentwickelt. Von einer ökonomischen Macht der Arbeiter konnte keine Rede sein, und weder auf dem Lande noch in der Industrie gab es auch nur die geringsten Andeutungen einer zukünftigen sozialistischen Gesellschaft. Ja selbst für die bürgerliche Gesellschaft existierten im Zarenreich nur wenig Anzeichen. Das Land war ein riesiger Feudalstaat mit nur schwacher Zentralmacht und ein Agrarland, dessen armselige Bauernschaft eine in Luxus und Verschwendung lebende aristokratische Herrschaftsklasse zu ernähren hatte. In diesem Land stand die sozialistische Revolution weder aus politischen noch aus ökonomischen Gründen auf der Tagesordnung. Sie war einfach ein umgekehrter Anachronismus. Der Sieg der Revolution in einem solchen Land, das weder die bürgerliche Demokratie noch ein großes Industriekapital kannte, konnte nur unter einer Voraussetzung gelingen, nämlich nur dann, wenn diese Revolution zum Auftakt einer weiter greifenden Umwälzung in den großen Industriestaaten, zum Auftakt also der Weltrevolution würde. An diese Voraussetzung jedoch haben Lenin und seine Genossen fest geglaubt. Die Kette war an ihrem schwächsten Glied gerissen. Nun sollte das ganze kapitalistische System zerbrechen.

Der Kapitalismus setzte seine stürmische Entwicklung auf technischem und ökonomischem Gebiet in den folgenden Jahrzehnten aber fort. Die Kette blieb intakt. Nirgends wurden die kapitalistischen Produktionsverhältnisse zu Fesseln für die Entwicklung der Produktivkräfte. Die größten und folgenschwersten technischen Errungenschaften wurden sogar erst nach dem Zweiten Weltkrieg geschaffen: die Automation, die Atomtechnik, die elektronische Datenverarbeitung, die Computer- und die Weltraumtechnik. In der gleichen Zeit durchlief die Sowjetunion eine ununterbrochene Serie der bedrohlichsten Krisen und brachte jene entsetzliche gesellschaftliche Fehlentwicklung zustande, die man in sehr oberflächlicher Weise als Stalinismus bezeichnet hat: die Massenmorde an Unschuldigen, das Hinschlachten fast aller Generäle und Führer der Roten Armee und die ekelhaften Schauprozesse gegen die gesamte Garde der Bolschewiki sind davon nur die Spitze eines Eisberges. In den letzten zwanzig Jahren hat sich zwar einiges geändert. Nikita Chruschtschow hat den Archipel Gulag aufgelöst und die Verbrechen der Stalin-Ära vor dem XX. Parteitag enthüllt. Aber Chruschtschow scheiterte. Und die Gesellschaft, die den Eisberg der Stalin-Ära zum Gefrieren brachte, hat sich in nur leicht verfeinerter Form neu gebildet. Es ist dies die widerspruchsvolle politisch-ökonomische Struktur eines Systems, das sich in einer merkwürdigen Mischung aus Scham und Stolz den »realen« Sozialismus nennt.

Man muß bedenken, daß die Völker der Sowjetunion, die eine entwickelte bürgerliche Demokratie niemals kennengelernt haben, den realen Sozialismus nur am Maßstab der Schrecken der jüngsten Vergangenheit messen können; an der Ära des Personenkults, wie man den »Stalinismus« dort verlegen bezeichnet. Und bei diesem Vergleich schneidet der reale Sozialismus relativ vorteilhaft ab. Aber in den Ländern, welche bei hohem industriellen Entwicklungsstand die parlamentarische Demokratie bereits gründlich praktiziert haben, sieht der Vergleich anders aus. Denn man kann die demokratischen Rechte und Freiheiten, die sich ein Volk einmal erobert hat, nicht mir nichts, dir nichts außer Kraft setzen. Wenn aber ein System, in dem kaum ein einziges der selbstverständlichsten demokratischen Bürgerrechte gilt, sich selber Sozialismus nennt, dann bleibt nicht aus, daß sich die Sozialisten und Kommunisten in den bürgerlich-demokratischen Ländern des Westens von diesem Sozialismus distanzieren müssen, wenn sie nicht jede Aussicht auf eine Massenbasis verlieren wollen.

Forderungen der westlichen Kommunisten ...

Auf der Berliner Konferenz der kommunistischen und Arbeiterparteien Europas im Juni 1976 haben sich die Vorsitzenden der größten kommunistischen Parteien des Westens in zwar rücksichtsvollen aber unmißverständlichen Worten zu einem Sozialismus bekannt, in dem alle demokratischen Rechte und Freiheiten der bürgerlichen Gesellschaft in Kraft bleiben – mit einer Ausnahme: mit Ausnahme der Freiheit, andere Menschen unter Ausnutzung ihrer materiellen Abhängigkeit und Schwäche für sich (privat und egoistisch) auszubeuten. Im Sozialismus, wie er von den westlichen Kommunisten verstanden wird, soll es nicht nur Rede-, Presse- und Versammlungsfreiheit, nicht nur das Streikrecht und die freie Wahl des Berufes, sondern auch Parteienpluralismus geben, d.h. die Abwählbarkeit der Regierung und die uneingeschränkte Freizügigkeit aller Bürger einschließlich des Rechts auf Auswanderung. Jede von oben herab, also staatlich verfügte Weltanschauung, Philosophie oder Religion wird für unzulässig erklärt. Und in dem von allen Delegationen angenommenen Schlußdokument wird sogar ausdrücklich festgestellt, daß Kritik am Sozialismus und an der Politik sozialistischer Staaten keineswegs von vornherein als »Antikommunismus« denunziert werden darf, sondern berechtigt und für die Weiterentwicklung der Gesellschaft notwendig ist.

... und Realitäten des realen Sozialismus

In den Ländern des realen Sozialismus gilt – uneingeschränkt – kein einziger dieser Grundsätze und ist keine einzige dieser Freiheiten in Kraft. Die meisten existieren nicht einmal auf dem Papier. Artikel 27 der Verfassung der DDR garantiert zwar die Redefreiheit, allerdings mit dem kautschukartigen Zwischensatz: »den Grundsätzen dieser Verfassung gemäß«. Aber im Widerspruch zu diesem Artikel 27 bedroht das Strafgesetzbuch der DDR die sogenannte »staatsfeindliche Hetze« mit schweren Freiheitsstrafen, wobei *jede Kritik* an der Politik der Regierung als staatsfeindliche Hetze verfolgt werden kann und in der Praxis auch verfolgt wird. Meine beiden Söhne wurden zu einer Zeit, als der eine noch minderjährig war, zu solchen Freiheitsstrafen verurteilt. Der eine, weil er am Tage nach der 68er Invasion in die

ČSSR eine tschechoslowakische Fahne aus dem Fenster unserer Wohnung herausgehängt hatte; der andere, weil er, gemeinsam mit einem Freund, den Namen Dubček mit Ölfarbe an eine Hauswand gemalt hatte. Und weil er aus dem Buch Me-Ti von Bert Brecht einige Sätze über die Polizei abgeschrieben und sie dann auf große Plakate geklebt hatte, die am »Tag der Volkspolizei« an den Litfaßsäulen angeschlagen waren, wurde ihm von Staats wegen seine Schreibmaschine (!) weggenommen. Man stelle sich einmal vor, etwas auch nur vergleichsweise Ähnliches hätte sich ein Gericht in Frankreich oder Italien geleistet! Solche Beispiele könnte ich, bis in die jüngste Zeit hinein, serienweise aufführen, aber ich beschränke mich aus Gründen, die eben im System des realen Sozialismus liegen, auf den »Fall« meiner eigenen Söhne.

Die Lage, in welcher sich die führenden Parteikader des realen Sozialismus befinden, ist gleichermaßen tragisch, beschämend und hoffnungslos. Sie leben vom Volk, von der Partei und wohl auch voneinander weitgehend isoliert. Sie haben Angst, sich frei zu bewegen. Sie leben in einem abgeschlossenen Ghetto, in Wandlitz, abgesichert durch Mauern, Stacheldraht, Wachtürme und Infrarotsperren. Ein vor dem Volk verstecktes Leben. Sie haben die Macht im Staate, eine, wenigstens in der DDR, immer noch nur entlehnte Macht. Und jeder weiß das. Aber dafür werden sie auch, nicht immer zu Recht, für alles Mögliche verantwortlich gemacht, und zwar gerade darum um so mehr, als sie jeder Verantwortung entzogen sind. Sie wurden nie gewählt und können nicht mehr »abgewählt« werden. Sie sind unser Schicksal.

Zur »Diktatur des Proletariats«

Für diese kleine herrschende Gruppe gilt mit aller bedenklichen Konsequenz jenes fatale Grundschema des »Wenige gegen Viele«. Darum hat ihre Herrschaft alle Merkmale der Diktatur. Als sich die Kommunistische Partei Frankreichs in diesem Jahr von der alten marxistischen Forderung nach der Diktatur des Proletariats lossagte, erschien im ›Neuen Deutschland‹ ein mit marxistischen Klassikerzitaten gespickter Artikel, in dem nachzuweisen versucht wurde, daß es ohne die Diktatur des Proletariats niemals einen erfolgreichen Sozialismus geben könne und daß zweitens die »sozialistische Republik«, wie sie in den osteuropäischen Staaten existiert, nichts anderes sei als eben diese Diktatur des Proletariats. Damit ergibt sich das fatale Kuriosum, daß zwischen den Theoretikern der SED und der Führung der westdeutschen CDU/CSU wenigstens in dieser Frage eine lükkenlose Übereinstimmung besteht. Es ist wohl unumstritten, daß Marx und Engels sich die Diktatur des Proletariats nicht als die Diktatur eines Politbüros vorgestellt haben, sondern als die Unterdrückung einer kleinen Minderheit einstiger Ausbeuter durch die Massen des Volkes. Wer das staatliche System, das gegenwärtig noch in den sozialistischen Ländern Osteuropas existiert, als Diktatur des Proletariats bezeichnet, der mag dies tun – auf den marxschen Begriff aber kann er sich dabei wahrhaftig nicht berufen.

Da jedoch ein Begriff, wenn er ständig und lange Zeit mißbraucht wird, zwangsläufig seinen Sinn ändert, ließe sich umgekehrt auch sagen, daß die Vertreter des realen Sozialismus die Diktatur des Proletariats erst auf den Begriff gebracht haben, und zwar auf den Begriff, der ihnen paßt. Für den freiheitlichen Sozialismus, nach dem die Völker streben, aber ist der (mißbrauchte) Begriff damit gestorben. Denn alle Diktaturen, und nicht zuletzt die stalinistische, haben sich mit dem Blut des Volkes besudelt. Darum ist es gut, was die französischen Kommunisten getan haben.

Viele gegen Wenige: Das neue Prinzip der Revolution

Man könnte glauben, daß diese ganze Angelegenheit ein letztlich nur terminologischer Streit sei. Tatsächlich trifft sie aber das zentrale Problem der sozialistischen Revolution. Ohne einem historischen Determinismus das Wort reden zu wollen, meine ich, daß die besonderen Bedingungen, unter denen die Oktoberrevolution vor sich ging, sie selbst und die ganze ihr folgende Entwicklung mit einer unerbittlichen Logik geprägt haben. Ein winziges Proletariat macht unter der Führung einer noch winzigeren Gruppe von Intellektuellen sozialistische Revolution! Das Schema der revolutionären Avantgarde war dabei nicht nur das Produkt elitärer Überheblichkeit, sondern entsprach den vorgefundenen objektiven historischen Bedingungen. Erst später verselbständigte sich das historische Schema zum unhistorischen

Dogma nach folgendem Muster: das Proletariat ist die Avantgarde des ganzen Volkes, dessen Mehrheit von Bauern gebildet wird, die zur Revolution nicht »berufen« sind; die Partei ist die Avantgarde des Proletariats; das Politbüro die Avantgarde der Partei – und der Genosse Stalin ist die Avantgarde des Politbüros. Nichts anderes also als ein neues, streng hierarchisches System! Und so war es ganz konsequent, daß die sowjetische Partei in und mittels der Komintern die in allen Fragen entscheidende Führerin des Weltkommunismus wurde. Eine riesige internationale revolutionäre Organisation – beherrscht von ein paar Leuten, letzten Endes sogar von einem einzigen Mann.

Die politischen Verhältnisse in den Ländern des realen Sozialismus sind das Endergebnis dieser Entwicklung. Keine kommunistische Partei in den hochindustrialisierten kapitalistischen Staaten, die nach einer breiten Basis in den Volksmassen strebt, kann sich mit diesen Verhältnissen identifizieren, und auch nicht mit dem Weg, der zu diesen Verhältnissen führte. Denn Weg und Ziel hängen offenbar eng miteinander zusammen. Vom Standpunkt der Vertreter des »realen« Sozialismus aber, die sich für die einzigen konsequenten Marxisten halten, stellt die neue politische Linie der Parteien des »Eurokommunismus« nichts anderes dar als ein bedauerliches opportunistisches Zurückweichen vor dem sich verschärfenden Antikommunismus. Diese Linie wird bestenfalls als eine vorübergehende Taktik geduldet, von der man nicht viel Aufhebens machen sollte. Aus den Reden, die die Genossen Georges Marchais, Enrico Berlinguer und Santiago Carrillo auf der Berliner Konferenz gehalten haben, geht klar hervor, daß sie, bei aller Deutlichkeit ihrer Kritik, in grundsätzlichen Fragen bemüht waren, jede unnötige Schärfe zu vermeiden, um den östlichen Genossen zu helfen, das Gesicht zu wahren. Im Grunde ist es eher diese Rücksichtnahme vor der Empfindlichkeit der realen Sozialisten, die wir als opportunistisches Zurückweichen kritisieren müssen. Denn es geht in diesem letzten Viertel des Jahrhunderts um mehr als um den ruhigen Schlaf einiger Politbüros. Es geht um nichts weniger als um die Frage, ob es den vereinigten Kräften der Sozialisten, Kommunisten und progressiven Gruppen gelingen wird, die schon beängstigend nahe Katastrophe abzuwenden, die der bevorstehende Zusammenbruch der kapitalistischen Weltwirtschaft und die ökologische Krise uns mit Sicherheit bescheren werden, wenn in den großen Industriestaaten des Ostens und des Westens nicht endlich ein umwälzender Wandel der politischen Verhältnisse erreicht wird.

Gegenüber den Dogmen des realen Sozialismus stellt das Bündnis der französischen Kommunisten mit den Sozialisten Mitterands und der italienischen Kommunisten im »Historischen Kompromiß« mit den progressiven Kräften der Democrazia Cristiana die vollständige Umkehrung des Schemas der Oktoberrevolution dar. Jetzt heißt es nicht mehr: Führung durch eine Avantgarde, sondern demokratische Entscheidungsfreiheit der Volksmassen, und jetzt gilt in aller Konsequenz der revolutionäre Grundsatz: Viele gegen Wenige. Mit dem alten Schema der Revolution, dem bewaffneten Aufstand, dem Umsturz, wird hier Schluß gemacht. Und zwar nicht nur deshalb, weil dieses Schema zu dem System führen könnte, das den heutigen Sozialismus in aller Welt um seine Glaubwürdigkeit gebracht hat; und nicht nur deshalb, weil ein bewaffneter Aufstand in den USA, in Frankreich oder der Bundesrepublik Deutschland – mit Barrikaden, Handgranaten oder Panzern – eine absolute Absurdität wäre (ja sogar ein Verbrechen, und das nicht nur im Sinne der herrschenden Staatsmacht); sondern deshalb, weil dieses alte Revolutionsschema auf einem totalen Irrtum, auf einem totalen Mißverständnis des revolutionären Prozesses beruht, dessen ständige Zeugen und Zeitgenossen wir heute sind: Die sozialistische Revolution liegt nicht vor uns, sie findet auch nicht in einem einzelnen Land statt, sie hat längst begonnen.

Volksfrontpolitik ist daher keine Politik vorübergehender taktischer Bündnisse. Diese Auffassung entspräche dem alten Strategie-und-Taktik-Schema. Es geht aber nicht mehr um vorübergehende, sondern um dauernde Bündnisse, um politisches Zusammenwirken bei gleichzeitiger Pluralität der Anschauungen und Zielsetzungen. Einheit in der Vielheit. Tatsächlich vollzieht sich heute vor unseren Augen die Überwindung der tragischen Spaltung der alten Arbeiterbewegung; nicht einfach als Wiederherstellung der früheren Einheit, sondern als Entstehung einer ganz neuen umfassenden Solidarität in den Massen, welche dem fundamentalen Wandel gerecht wird, der sich in der Klassenstruktur der Gesellschaft und in der Struktur der Klassen selbst vollzogen hat. In der Volksfrontpolitik – unabhängig davon, ob gerade eine Volksfrontregierung an der Macht ist – wächst und formiert sich die kommende herrschende Klasse im Schoße der alten Gesellschaft. Die Entwicklung in Frankreich und besonders in Italien zeigt mit aller Deutlichkeit, wieviel politische und ökonomische Macht schon in den Händen der heranwachsenden neuen Klasse ist, ohne daß davon auch nur die geringste Gefahr für den Frieden der Gesellschaft ausgeht. Im Gegenteil: gerade hierdurch wurde und wird er gewahrt.

Das Mißtrauen zwischen Volk und Regierung

Der schwerste Klotz am Bein der sozialistischen Revolution sind in diesem Szenario nach wie vor wir. Es ist ein Irrtum zu glauben, wir hätten in der DDR, zwar nicht ganz mit dem Einverständnis unserer Bürger, aber trotzdem eine Art Anfang mit dem Sozialismus gemacht. Es komme nun darauf an, bei aller Unzulänglichkeit des Bisherigen an der schrittweisen Weiterentwicklung und dem fortschreitenden Ausbau der sozialistischen Demokratie zu arbeiten. Wie will man aber eine Demokratie »ausbauen«, die noch gar nicht existiert? Wie kann man von Freiheit reden, wenn man das ganze Volk hinter einer Mauer mit Minenfeldern und Selbstschußanlagen einsperren muß, damit dieses Volk nicht in den kapitalistischen Westen »abhaut«? Wie kann man sich über Menschenhandel empören, wenn man die eigenen politischen Gefangenen gegen Westmark an die geschmähte Bundesrepublik verkauft? Wie kann man sich über die üble Praxis der Berufsverbote in der Bundesrepublik beschweren, wenn man selber das gleiche seit Jahr und Tag praktiziert, und nicht nur gegen Biermann und mich, sondern gegen jeden, der es wagt, sich ernsthaft kritisch zu äußern? Glauben denn unsere Herren Genossen, daß die Menschen alles Schlimme, das ihnen widerfahren ist, gleich wieder vergessen? Ihr denkt vielleicht, ihr schafft es mit protzigen Bauten, mit dem Ausbau des Zentrums von Ost-Berlin nach der Art, wie sich der kleine Moritz Metropolis vorstellt. Ihr möchtet zeigen, daß ihr es auch könnt »wie die im Westen«, und glaubt, daß die Leute dann stolz sagen: Wir. Aber seit wann beurteilen wir die Freiheit der Menschen nach der Höhe der Betonklötze, in denen sie wohnen? Auf diesem Gebiet wird vorläufig, und wie ich hoffe auch für immer, Amerika unerreichbar bleiben. Sehnen wir uns deshalb nach Amerika? Ist etwa New York unser Traum? Diese riesige, stinkende, sterbende Stadt: Sie zeigt doch nur das eklige Ende einer Epoche, die wir, bei Strafe unseres Untergangs, überwinden müssen.

Die zentrale politische Aufgabe in den Ländern des realen Sozialismus ist die Überwindung des abgrundtiefen Mißtrauens zwischen Volk und Regierung.

Daß die Überwindung des Circulus vitiosus des Mißtrauens möglich ist, hat die tschechoslowakische KP im Jahre 1968 gezeigt. Die Partei gewann in wenigen Monaten das Vertrauen der Volksmassen, ein absolutes Novum in den Ländern des realen Sozialismus. Durch die militärische Intervention der fünf Warschauer-Pakt-Staaten wurde damals eine einzigartige Chance zunichte gemacht und der sozialistischen Bewegung in der Welt ein schwerer Schaden zugefügt. In den acht Jahren, die seitdem vergangen sind, hat sich vieles verändert. Der Vietnamkrieg wurde beendet; ein kleines mutiges Volk besiegte eine Weltmacht. Die faschistische Junta Pinochets zertrümmerte die junge sozialistische Demokratie in Chile. Die USA erlebten den schmählichen Abgang ihres korrupten Präsidenten Nixon. Schließlich die Ölkrise und die weltweite Wirtschaftskrise in den großen kapitalistischen Staaten. Das sind nur einige Stichworte. Wie vieles geschah noch: in Afrika, im Nahen Osten, in Indien, Australien und Südamerika! Ich erinnere daran, weil ich weiß, daß sehr viele von uns nichts schneller vergessen als unsere eigene jüngste Geschichte. Von dieser Vergeßlichkeit aber zehrt die Macht der Mächtigen.

Nichts bleibt, alles fließt. Die Welt hat sich in unserem Jahrhundert mehr und schneller verändert als je zuvor in vielen Jahrhunderten. Und weil die Welt im Fluß ist, kann man sie ändern. Einen Fluß können wir umlenken, aufstauen und kanalisieren, ein stehendes Gewässer nicht. Jeder Fatalismus in den sozialistischen Staaten ist daher gefährlich wie eine schlimme Krankheit. Wir dürfen nicht tatenlos zuschauen, wie sich die Sozialisten und Kommunisten Westeuropas abmühen, jenes Vertrauen der Massen zu gewinnen, das durch unsere Politik erschüttert und gefährdet ist. Wir müssen vielmehr alles tun, den Sozialismus so attraktiv zu machen, daß wir nicht nur keine Mauer mehr brauchen, um die Arbeiter und Bauern daran zu hindern, aus dem Arbeiter- und Bauernstaat fortzulaufen. Sondern wir müssen dafür arbeiten, daß unser Staat in jeder Hinsicht für das ganze deutsche Volk zum Beispiel dafür wird, daß es ohne Sozialismus keine Demokratie und ohne Demokratie keinen Sozialismus geben kann.

Acht Vorschläge zur Demokratisierung des realen Sozialismus in der DDR

Ich bin bei aller Schonungslosigkeit meiner Kritik an den politischen Zuständen der DDR noch immer der festen Überzeugung, daß von den beiden deutschen Staaten die DDR der bessere ist. Weil ich die Hoffnung nicht aufgeben will, daß es uns gelingen wird, auch bei uns die große sozialistische Solidarität zustande zu bringen, die die Basis des Vertrauens bilden muß. Der große chinesische Weise Lao Tse sagt: »Schenkst du kein Vertrauen, so findest du kein Vertrauen.« Um das Mißtrauen abzubauen, langsam und schrittweise abzubauen, müssen unsere führenden Genossen endlich den Mut haben, wenn auch zuerst nur in kleinen Portionen, Vertrauen zu schenken. Ich mache hierzu einige konkrete Vorschläge, die ich zum Teil schon an anderer Stelle veröffentlicht habe. Ich möchte sie aber hier erläutern und ergänzen.

1. *Schrittweiser Abbau der Mauer durch schrittweise Senkung der Altersgrenze für Westreisen.* Ich bin überzeugt, daß es eine stärkere Westflucht aus der DDR bei offener Grenze nur so lange gibt, wie die Bevölkerung noch damit rechnet, daß die Mauer eines Tages überraschend wieder zugemacht werden könnte. Darum schlage ich vor, die Altersgrenze zunächst auf 50 Jahre zu senken. Außerdem müßten alle Fälle von Westflucht dieser Altersgruppe veröffentlicht werden. Wer frei reisen will, wird die illegalen Auswanderer dann mit weniger Mitgefühl betrachten als heute noch. Außerdem müßte die legale Auswanderung dieser Altersgruppe sehr erleichtert werden. Ich bin überzeugt, daß die legale und die illegale Auswanderung sich in den harmlosesten Dimensionen bewegen würde, in Dimensionen, die überhaupt keiner staatlichen Kontrolle mehr bedürfen. Wenn sich herausstellt, daß die Sache mit der Altersgrenze bei 50 gut funktioniert (wovon ich überzeugt bin), kann man die Grenze weiter und weiter senken.
2. *Bildung eines Reisedevisenfonds für Auslandsreisen der DDR-Bürger, in den alle Deviseneinnahmen aus dem Zwangsumtausch der Besucher aus der Bundesrepublik, aus Westberlin und dem kapitalistischen Ausland eingezahlt werden.* Der Fonds sollte seine Einnahmen und Ausgaben öffentlich darlegen. Wäre es nicht im Interesse des Sozialismus und der Würde unseres Staates, wenn unsere Bürger bei Reisen nach Westdeutschland nicht auf die Portemonnaies ihrer Freunde und

Verwandten und die Unterstützung durch den westdeutschen Staat angewiesen sind, sondern eigenes gutes Geld in der Tasche haben?!

3. *Generalamnestie für alle politischen Gefangenen einschließlich der Grenzverletzer.* Kein Kommentar.

4. *Aufhebung des verfassungswidrigen Paragraphen 106 des Strafgesetzbuches der DDR über die staatsfeindliche Hetze.* Wie ich in meinem Buch ›Fragen, Antworten, Fragen‹ (Piper, München 1970) ausführlich dargelegt habe, ist dieser Paragraph unvereinbar mit Artikel 27 der Verfassung der DDR, dessen erster Abschnitt lautet: »Jeder Bürger der Deutschen Demokratischen Republik hat das Recht, den Grundsätzen dieser Verfassung gemäß, seine Meinung frei und öffentlich zu äußern. Dieses Recht wird durch kein Dienst- und Arbeitsverhältnis beschränkt. Niemand darf benachteiligt werden, wenn er von diesem Recht Gebrauch macht.« Das heißt: Alle Urteile nach § 106 sind nachträglich zu kassieren, die Betroffenen müssen entschädigt werden.

5. *Wiedereinführung des Streikrechts,* das in der ersten Verfassung der DDR noch garantiert war, in der zweiten, jetzt gültigen, jedoch nicht mehr vorkommt. Selbstverständlich hat der Streik im Sozialismus einen anderen Charakter als im Kapitalismus, weil das Element des Klassenkampfs fehlt. Aber auch im Kapitalismus ist der Streik kein reiner Trade-Unionismus, wie es Lenin unter den unentwickelten Betriebsverhältnissen im Rußland der Jahrhundertwende noch annehmen konnte. Heute ist der Streik ein Stück legaler Macht der Arbeiter im Betrieb. Das ist er auch im Sozialismus. Er ist das letzte Mittel, das die Arbeiter eines Betriebes mit Recht anwenden, wenn die Werksleitung glaubt, gegen den Willen der Arbeiter entscheiden zu können.

6. *Zulassung einer unabhängigen Zeitung,* in der an Partei und Regierung und allen gesellschaftlichen Erscheinungen Kritik geübt werden kann. Eine Zeitung, in der z.B. auch dieser Artikel erscheinen könnte.

7. *Zulassung mehrerer, von der Nationalen Front und der SED unabhängiger Bewerber für jedes Volkskammermandat.* Jedermann in der DDR weiß, daß er bei den sogenannten Wahlen überhaupt nicht an einer Wahl teilnimmt, sondern nur einer Wahl zustimmt, die vor ihm längst andere getroffen haben, als nämlich hinter den verschlossenen Türen der Parteibüros die Einheitsliste der Kandidaten zusammengestellt

wurde, die der Wähler durch Einwurf eines Zettels in einen Kasten bestätigen darf. Diese »Wahlen« sind ein Selbstbetrug, weil sie auf Mißtrauen beruhen und neues Mißtrauen säen. Ist es nicht eine phantastische Zumutung, ein ganzes Volk an die Wahlurne zu rufen, ohne daß dem Wähler tatsächlich irgendeine Wahl bleibt! Das einzige Risiko bei Wahlen von der Art, wie ich sie vorschlage, besteht darin, daß möglicherweise andere Kandidaten gewählt werden, als den Herren in den Parteibüros lieb ist. Wäre das ein Schaden?

8. *Zulassung wenigstens einer unabhängigen Oppositionspartei.* Die sogenannten »Block-Parteien« der DDR (CDU, LDP, NDP usw.) werden eine echte Demokratisierung kaum überleben, wenn sie bleiben, was sie jetzt verkörpern.

Für eine Volksfront im breitesten Sinn!

Ich beschränke mich vorläufig auf diese acht Punkte, deren Realisierung der Sache des Sozialismus in Europa ganz sicher einen enormen Auftrieb gäbe. Aber ich höre schon die Stimmen meiner Kritiker innerhalb und außerhalb des Parteiapparats. Von außerhalb bekomme ich zu hören: Du bist ein Phantast. Denkst du, die werden das je mitmachen? Da können sie gleich die Bude zumachen. Das ist einfach naiv, solche Demokratie hat es nie und nirgends gegeben und wird es nie und nirgends geben, und in der DDR am allerwenigsten. Und du denkst, das würden die Russen erlauben? Mit solchen Vorschlägen machst du uns das Leben schwerer, nicht leichter; uns ehrlichen Fortschrittlichen, die langsam und behutsam vorgehen wollen, zu den gleichen Zielen zwar, aber ohne sie ständig herauszuposaunen.

Diese Meinung, daß man mit unseren führenden Genossen wie mit rohen Eiern umgehen müsse, ist unter unseren Tuis sehr verbreitet. Ich teile sie nicht, sondern halte sie für eine Vorsicht, die eher zur Anpassung führt. Die Gegenargumente der Parteigenossen werden, in zwei Hauptkomplexen, etwa die folgenden sein:

1. »Die Gefährdung der inneren Sicherheit durch ideologische Aufweichung: Wahlreform, Oppositionspartei und -zeitung, Außerkraftsetzung des Staatsfeindliche-Hetze-Paragraphen und Streikrecht öffnen der antisozialistischen Propaganda Tür und Tor und bereiten die Konterrevolution vor.« Ich halte

diese Einwände für grundlegend falsch. Nichts öffnet der durch Radio und Fernsehen ohnehin in breitem Strom in unser Land flutenden antisozialistischen Propaganda mehr und wirksamer die Tore als eben das Fehlen der von mir vorgeschlagenen demokratischen Rechte und Freiheiten. Gerade davon, daß es eben nicht so ist, zehrt diese Propaganda. Daß Sozialismus und Freiheit miteinander unvereinbar seien, ist nicht zufällig der Wahlslogan der westdeutschen CDU/CSU.

2. »Die Gefährdung der äußeren Sicherheit infolge einer Unterschätzung des aggressiven Charakters des Weltimperialismus. Die interkontinentalen Raketen mit ihren nuklearen Sprengköpfen sind die furchtbarste Drohung, unter der die Menschheit bisher zu leben hatte. In dieser Situation muß der Sozialismus in jeder Hinsicht stark und unangreifbar sein, wenn er den imperialistischen Aggressor zügeln will.« Derartige Worte höre ich. Ich bin sehr für die Stärkung des Sozialismus. Aber ist er nicht gerade darum schwach, weil in unseren Ländern das Verhältnis zwischen der Regierung und den Volksmassen durch gegenseitiges Mißtrauen vergiftet ist? Gerade weil ich die große Gefahr des nuklearen Untergangs für so schrecklich und bedrohlich halte, bin ich dafür, daß alles geschieht, um den Sozialismus zu stärken, und zwar durch eine Volksfront im breitesten Sinne.

›Kursbuch‹ 46 (Dez. 1976). – ›Die Zeit‹ 29. 10. 1976 (gekürzt).

Zum Fall Reiner Kunze

Es gibt keinen Fall Reiner Kunze. Es gibt nur den Fall des Schriftstellerverbandes der DDR. Es ist nicht einmal ein Kniefall vor der Obrigkeit. Es ist ein Fall, mit dem wir nicht mehr rechneten. Es gibt eine ganze Reihe von bedeutenden Autoren, die Mitglieder des Verbandes sind – noch sind. Ich denke, sie sollten ernsthaft erwägen, ob sie weiterhin Mitglieder bleiben können, ohne sich der Gefahr auszusetzen, daß ihr Schweigen das allgemeine Mundtotmachen erst ermöglichen wird. Lao Tse sagte: Man muß auf die Dinge einwirken, die noch nicht da sind. Gehört Solidarität zu diesen Dingen? Ich frage, um wen es hier geht. Nicht um Reiner Kunze. Es geht um Euch, um uns, um alle, die das Schreiben für eine Sache halten, die allein zeigen kann, wie wir überleben können. Ich hatte Gespräche mit einigen angesehenen guten Schriftstellern der DDR, die entschlossen sind, gegen Kunzes Ausschluß zu protestieren. Ich will ihre Namen nicht nennen. Aber in ihren Händen liegt jetzt entscheidende Verantwortung für die Freiheit des Denkens in der Deutschen Demokratischen Republik.

Robert Havemann

Diese am 12. 11. 1976 geschriebene Stellungnahme hat Robert Havemann den ›europäischen ideen‹ zum Ausschluß Reiner Kunzes aus dem DDR-Schriftstellerverband übermittelt. – ›Der Tagesspiegel‹ 24. 11. 1976. – ›Nürnberger Nachrichten‹ 25. 11. 1976. – ›Esslinger Zeitung‹ 2. 12. 1976. – ›Basler Nachrichten‹ 30. 11. 1976. – ›Deutschland Archiv‹ 12/1976.

Zweiter Brief an Erich Honecker

Robert Havemann
1252 Grünheide/Mark
Burgwallstraße 4
18. 11. 1976

Lieber Kamerad und Genosse Erich Honecker!
Mit diesem Brief wende ich mich in diesem Jahr zum zweiten Mal an Dich mit der Bitte, aus der hohen Verantwortung heraus, die Dir auferlegt ist, eine Entscheidung, die einen einzelnen Menschen betrifft, zu ändern, – und zwar, nicht hauptsächlich, um diesem Menschen zu helfen, sondern weit mehr, um Schmach und Schaden abzuwenden, die uns allen und dem Ansehen unseres Staates drohen. Ich fühle mich zu diesem Brief ermutigt, weil der Schriftsteller Siegmar Faust damals im Frühjahr auf meinen Brief hin sogleich aus der Haft entlassen wurde, wofür ich Dir sehr danke.

Heute schreibe ich wegen der Ausbürgerung meines engsten Freundes, des Dichters und Sängers Wolf Biermann. Wolf Biermann hat unter den bedeutendsten Schriftstellern und Künstlern der DDR sehr viele, sehr gute Freunde. Einige davon, die sehr prominent sind, haben sich ja inzwischen auch schon öffentlich für ihn eingesetzt, viele neue Unterzeichner ihres Aufrufs sind schon hinzugekommen, und die Liste der Namen wird länger von Stunde zu Stunde. Sie alle haben es getan, weil sie wie Hunderte andere weniger Bekannte Wolf Biermann sehr gut, ganz von nahem, kennen und deshalb auch wissen, daß die Vorwürfe und Verdächtigungen, er sei ein Feind der DDR, einfach glatter Unsinn sind. Wolf Biermann übt Kritik, harte und scharfe Kritik. Aber war es nicht immer so, daß gerade unsere besten Genossen die Waffe der Kritik mit schonungsloser Schärfe handhabten, und zwar ganz besonders, wenn es darum ging, unsere eigenen Fehler und Irrtümer aufzudecken. Diese Art Kritik, kommunistischer Kritik, übt Wolf Biermann. Wer sie nicht ertragen kann, anerkennt damit schon, daß er ihr nichts entgegenzusetzen hat außer Gewalt.

Seit zehn Jahren des Schweigens über Wolf Biermann, den es nicht gab und von dem man flüsterte, er sei vergessen, bringt seit drei Tagen das ›Neue Deutschland‹ über ihn täglich mehrere

Spalten. Dazu die westlichen Radio- und Fernseh-Originalübertragungen von seinem Auftreten auf der großen Veranstaltung der IG Metall in Köln, die samt und sonders die Behauptungen widerlegen, Wolf Biermann sei ein Feind der DDR. Kannst Du Dir vorstellen, daß Ihr ihn jetzt zum Idealbild von Millionen junger Menschen in der DDR gemacht habt. Er verkörpert heute in zwiespältiger Weise eine Art letzter großer Hoffnung auf einen Sozialismus, von dem sie schon aufgehört hatten zu träumen. Vernichtet diese Hoffnung nicht! Zeigt die jetzt notwendige Großzügigkeit, die Euch schon keiner mehr zutraut, und nehmt den unbequemen Wolf Biermann wieder auf in den Staat, dem seine ganze leidenschaftliche Liebe gehört!

Mit sozialistischem Gruß

›Der Spiegel‹ 29. 11. 1976.

»Ohne allgemeine Wahlen, ungehemmte Presse- und Versammlungs-Freiheit, freien Meinungskampf erstirbt das Leben in jeder öffentlichen Institution, wird zum Scheinleben, in der die Bürokratie allein das tätige Element bleibt.« »Das öffentliche Leben schläft allmählich ein, einige Dutzend Parteiführer von unerschöpflicher Energie und grenzenlosem Idealismus dirigieren und dirigieren, unter ihnen leidet in Wirklichkeit ein Dutzend hervorragender Köpfe, und eine Elite der Arbeiterschaft wird von Zeit zu Zeit zu Versammlungen aufgeboten, um den Reden der Führer Beifall zu klatschen, vorgelegten Resolutionen einstimmig zuzustimmen, im Grunde also eine Cliquenwirtschaft – eine Diktatur allerdings, aber nicht die Diktatur des Proletariats, sondern die Diktatur einer Handvoll Politiker, das heißt Diktatur im rein bürgerlichen Sinne.«

(Rosa Luxemburg in: ›Zur russischen Revolution‹, abgedruckt in: Rosa Luxemburg, ›Gesammelte Werke‹, Band 4, Seite 362; erschienen in der DDR, Dietz-Verlag, Berlin 1974.)

Mit diesen unmißverständlichen Worten aus dem Munde der Frau, die gemeinsam mit Karl Liebknecht die Kommunistische Partei Deutschlands gründete, rechtfertigte Wolf Biermann auf der großen Kundgebung der IG Metall in Köln am 13. November 1976 die Kritik an den politischen Zuständen in der DDR und anderen sozialistischen Staaten, wie sie heute von der übergroßen Mehrheit der Kommunisten Europas geübt wird.

Diese Kritik ist auch Wolf Biermanns Kritik, und sie ist nicht eine Kritik am Sozialismus, sondern an seiner Handhabung. Wolf Biermann ist für die Enteignung der Kapitalisten, für die Vergesellschaftung der Produktionsmittel, für die Arbeiter-und-Bauern-Macht – aber er ist gegen »die Diktatur einer Handvoll Politiker« und für »Rosas rote Demokratie«, wie er es vor den 7000 Zuhörern in der Sporthalle in Köln nicht nur mit seinen Liedern, sondern auch mit leidenschaftlichen Worten bekannt hat. Für Wolf Biermann ist die DDR der bessere deutsche Staat, er ist die große Hoffnung auf den Sozialismus in ganz Deutschland, eben gerade darum, weil hier das kapitalistische Eigentum abgeschafft wurde.

Es ist eine Ungeheuerlichkeit, Wolf Biermann zu unterstellen, er sei dafür, daß »Abs nach Halle«, das heißt der Kapitalismus in die DDR zurückkehrt, wie es dem Leser in dem Artikel suggeriert wird, den das ›Neue Deutschland‹ aus der DKP-Zeitung ›UZ‹ nachdruckte. Wolf Biermann ist für den Sozialismus, der die »rote Demokratie« verwirklicht, wie ihn im Juni dieses Jahres auf der Berliner Konferenz der kommunistischen und Arbeiterparteien Europas der Vorsitzende der Kommunistischen Partei Frankreichs, der Genosse Georges Marchais, definiert hat und wie man es im ›Neuen Deutschland‹ vom 1. Juli 1976 auf Seite 9 nachlesen kann:

»... für die Demokratisierung des wirtschaftlichen, sozialen und politischen Lebens, für die ständige Demokratisierung ›bis zum Ende‹, das heißt zum Sozialismus ... Der Sozialismus, für den wir kämpfen, wird ein zutiefst demokratischer Sozialismus sein, denn er wird auf dem gesellschaftlichen Eigentum der großen Produktions- und Austauschmittel beruhen wie auch auf der politischen Macht der Volksmassen, in der die Arbeiterklasse eine entscheidende Rolle spielt.«

»Er wird zutiefst demokratisch sein, nicht nur weil er den Werktätigen durch die Abschaffung der Ausbeutung die unerläßliche Bedingung ihrer Freiheit gewährleisten wird, sondern auch weil er alle Freiheiten, die unser Volk sich erkämpft hat, garantieren, entwickeln und erweitern wird. Sei es die Meinungs- und Ausdrucksfreiheit, die Schaffens- und Publikationsfreiheit und die Freiheit, sich zusammenzuschließen, die Bewegungsfreiheit für Personen innerhalb des Landes und im Ausland, die religiösen Freiheiten oder das Streikrecht. Sei es die Anerkennung der Ergebnisse allgemeiner Wahlen (mit der darin eingeschlossenen Möglichkeit eines demokratischen Wechsels), sei es das Recht auf Existenz und Betätigungsmöglichkeit der politischen Parteien, einschließlich der Oppositionsparteien, die Unabhängigkeit und freie Betätigung der Gewerkschaften, die Unabhängigkeit der Justiz oder der Verzicht auf jede offizielle Philosophie.«

Die »zuständigen Behörden der DDR«, wie sie in der ADN-Meldung vom 16. November 1976 mit bemerkenswerter Verschwommenheit bezeichnet werden, begründen ihre Entscheidung über die Aberkennung der Staatsbürgerschaft mit dem Satz: »Mit seinem feindseligen Auftreten gegenüber der DDR hat er sich selbst den Boden für die weitere Gewährung der Staatsbürgerschaft entzogen.« Worin dieses angeblich feindselige Verhalten bestanden haben soll, wird dann einem kommentierenden Artikel des Chefredakteurs der Zeitung überlassen, wo man unter anderem die geradezu phantastische Behauptung findet: »Was er dort sang, rezitierte und zusammenredete, das waren massive Angriffe gegen unseren sozialistischen Staat, gegen unsere sozialistische Gesellschaftsordnung. Es enthielt die Aufforderung, diese Ordnung in der DDR zu beseitigen.«

Jeder, der Wolf Biermann auch nur einigermaßen kennt, weiß, daß diese Behauptung durch nichts begründet ist. Im Gegenteil, in zahlreichen Kommentaren der bundesrepublikanischen Presse wird Wolf Biermann zum Vorwurf gemacht, daß er bei aller von ihm an den politischen Zuständen in der DDR geübten Kritik immer noch ein leidenschaftliches Bekenntnis zu seinem DDR-Staat ablege.

Für reaktionäre Renegaten vom Schlage eines Günter Zehm ist die ungenierte Kombination von Kritik und Bewunderung der DDR, die Wolf Biermann zustande bringt, zuviel für sein kaltes Krieger-Gehirn: »Das sind Bocksprünge, die die Glaubwürdigkeit des Sängers untergraben« (›Die Welt‹ 15. November). Für diese Leute gibt es nur hier weiß, dort schwarz. Merkt Herr Zehm nicht, daß er nur die westliche Kehrseite der Medaille ist, deren östliche Wolf Biermann gerade dadurch glaubwürdig angreift und ändern will, daß für ihn die Welt mehr Farben kennt im Westen wie im Osten.

Wäre Wolf Biermann der Schwarzmaler, als den ihn seine Feinde in der DKP abqualifizieren wollen, wäre er ebensowenig glaubwürdig wie die Lobhudler und Schönredner auf der einen wie auf der anderen Seite. Aber so wollen ihn diese Leute haben, der Herr K. (Günter Kertzscher, stellvertretender Chefredakteur des ›Neuen Deutschland‹) ebenso wie Herr Zehm, als reinen Schwarzmaler der einen und schamlosen Weißwäscher der anderen Seite. Und sie merken dabei gar nicht, daß der katastrophale Schwund ihrer eigenen Glaubwürdigkeit auf nichts anderem beruht als auf ihrer totalen Unfähigkeit, das zu tun, was Herr Zehm die Bocksprünge des Dichters nennt.

Es ist eine Kleinigkeit zu beweisen, daß Wolf Biermann keine feindselige Haltung gegenüber der DDR einnimmt, und Millionen Hörer und Fernsehzuschauer werden in diesen Tagen den Beweis hierfür auf den Bildschirmen und aus den Lautsprechern gesehen und gehört haben. Wolfs wunderbare Balladen und Lieder, sein freundlicher Sinn ebenso wie seine leidenschaftliche Klage, seine Schwermut wie auch sein Optimismus werden weit über die Grenzen der beiden Deutschlands hinaus die Kraft und die künstlerische Größe dieses Dichters unserer Zeit sichtbar machen.

Wer sich hier an abgewetzten Kanzleitischen gedacht hat, er könne die weltweite Wirkung, die Wolf Biermann ausstrahlt, durch solche kleinliche, schnöde Handlung schmälern, wird schnell bemerken, daß er das Gegenteil erreicht hat. Die Männer, die diesen Beschluß gefaßt haben, waren wirklich schlecht beraten. Sie waren es, die das Ansehen unserer DDR, das wir verteidigen, beschmutzt haben. Sie gehören zu denen, die immer wieder nach dem Gesetz der griechischen Tragödie ihr Schicksal herbeiführen, indem sie es abzuwenden trachten. Nur daß das Schicksal, das herbeigeführt wird, kaum noch etwas von den erhabenen Dimensionen einer Tragödie an sich hat, weil es eigentlich schon eine Farce geworden ist.

Es ist zu fordern, daß die zuständigen Behörden ihre Entscheidung erneut überprüfen und aufheben, wenn nicht dem Ansehen unseres Staates ein nicht wiedergutzumachender Schaden zugefügt werden soll. Auch sollten sie dem Angeschuldigten das Recht einräumen, in der gleichen Öffentlichkeit wie sie sich gegen die Anschuldigungen zu verteidigen und sich zu rechtfertigen. Mit welcher Begründung könnte ein Staat, der auf Ansehen bedacht ist, diese Forderungen ablehnen?

Wolf Biermann wurde versprochen, daß er in die DDR ungeschoren zurückkehren könne. Aber der Artikel, der die Kampagne gegen ihn einleitete, wurde genau an dem Tage in der ›UZ‹ veröffentlicht, an dem Wolf Biermann aus Berlin abreiste. War das wirklich Zufall? Wenn nicht, so war es jedenfalls eine unbezahlbare kapitale Dummheit. Denn nun ist unvermeidlicherweise der peinliche Eindruck entstanden, daß die Mächtigen dieses Staates es nur mit Hilfe eines Tricks gewagt haben, indem sie Biermann aus dem Lande lockten, damit sie ihn in absentia verklagen und verurteilen konnten. Dieser schäbige Eindruck war bestimmt nicht beabsichtigt. Er müßte schnellstens aus dem Wege geräumt werden: durch Aufhebung dieser Fehlentscheidung.

Weil ich an diesen Staat und seine Zukunft, an die Kraft der Ideen des Sozialismus-Kommunismus ebenso wie an die unüberwindbare Kraft und Vernunft der Volksmassen glaube, appelliere ich an die Partei- und Staatsführung der DDR, diese Entscheidung wieder aufzuheben und dem großen und leidenschaftlichen Dichter und Sänger die Bürgerrechte seines Staates nicht weiterhin vorzuenthalten.

›Der Spiegel‹ 22. 11. 1976. ›Spiegel‹-Überschrift: ›Biermann muß Bürger der DDR bleiben‹.

Zehntes Gespräch

Ich finde den Protest der sehr berühmten und bedeutenden Künstler und Schauspieler gegen die Ausbürgerung als etwas ganz Einmaliges in der DDR. Bisher haben wir niemals solch eine Solidarität mit einem Menschen, dem unrecht getan worden ist, erlebt in einem solchen Umfang. Das ist ein Politikum ersten Ranges. Und die dagegen aufgebotenen anderen Leute – na ja, ich glaube nicht, daß sie sich mit Ruhm bedecken. Entscheidend ist, daß die SED von der Methode der Einschüchterung nun absehen muß und versuchen muß, gewissermaßen sich mit den gleichen Waffen zu verteidigen, mit denen sie angegriffen worden ist.

Glauben Sie, daß es nun in der SED oder in der DDR und damit auch in der Presse einen wirklich öffentlichen Dialog geben wird zwischen denen, die gegen die Ausbürgerung sind, und denen, die für die Ausbürgerung sind?

An und für sich wäre das zu begrüßen, aber ich fürchte, vorläufig wird das nicht der Fall sein. Den Mut dazu wird man nicht haben.

Man hat Ihnen vorgestern und auch Frau Biermann das Telefon abgeschaltet offiziell durch die Post. Wie beurteilen Sie diese Tatsache?

Man will nur verhindern, daß ich in Kontakt mit der übrigen Welt bin, Interviews gebe und Freunde anrufe, mit denen ich berate, wie man weiterhin für meinen Freund Biermann eintreten kann.

Sind Sie selbst behelligt worden in den letzten Tagen durch staatliche Organe?

Nur dadurch, daß ich immer von einer ganzen Gruppe von Autos der Staatssicherheit verfolgt wurde, wenn ich mit meinem Wagen gefahren bin. Da hatte ich immer einen Schwanz von vier bis acht Wagen in dreifacher Besetzung.

Der Schriftsteller Jürgen Fuchs ist festgenommen oder verhaftet worden, und er befand sich in Ihrem Wagen. Wie ging das vor sich?

Ich fuhr durch Erkner. Wir waren zu vieren im Wagen, drei Freunde, darunter eben Jürgen Fuchs. Wir wurden plötzlich durch einen Wagen der Staatssicherheit gestoppt. Die Ausweise meiner mitfahrenden Freunde wurden kontrolliert – meiner übrigens nicht. Dann wurde Jürgen Fuchs rausgeholt und zum Mitgehen aufgefordert. Seitdem haben wir von ihm nichts gehört. Es war also gestern mittag.

ARD-Fernsehen 20. 11. 1976. – ›Deutschland Archiv‹ 1/1977.

Die kommunistischen Parteien Westeuropas, vor allem die Italiener, haben sich inzwischen zum Fall Biermann geäußert. Sehen Sie die Chance, daß diese Parteien Einfluß auf die SED ausüben können, um eine Änderung der Situation von Wolf Biermann herbeizuführen?
Ja, das glaube ich. Ich glaube, daß zwischen den kommunistischen Parteien Europas – auch, was die Beziehungen zur SED und anderen Parteien der sozialistischen Länder betrifft – immerhin eine solch enge Freundschaft und Kameradschaft besteht, daß die Einwendungen einer Partei sehr wohl angehört werden und auch ein Gewicht, eine Wirkung haben ...

Man muß bei der SED einsehen, daß man nicht mehr in einem Getto lebt, wo kein Mensch hineingucken kann. Was man jetzt tut, man sitzt immer auf dem Präsentierteller der Weltöffentlichkeit. Da wollte man ja unbedingt hin. Ist ja auch sehr gut, daß man dort ist. Man muß aber bitte zur Kenntnis nehmen, daß das auch bedeutet, daß man sich an bestimmte Regeln zu halten hat.
Wie wird sich nach Ihrer Einschätzung die Lage weiterentwikkeln? Wird es zu einer offenen Diskussion zwischen den beiden Fraktionen im Lager der Intellektuellen kommen?
Es wird die härtesten Streite und Auseinandersetzungen geben. Wobei natürlich die Seite, die im ›Neuen Deutschland‹ abgedruckt werden kann, schon von vornherein den kürzeren zieht. Das wissen die Leute auch, die da Sachen schreiben. Herr Kant würde mit diesen Dummheiten gar nicht wagen, anzukommen, wenn er sich mit mir darüber unterhalten würde, zum Beispiel. Wenn er wüßte, ich würde im ›Neuen Deutschland‹ ebenso ungeniert meine Meinung sagen können wie er, würde er sich wahrscheinlich sehr überlegen, ob er es wagen würde, solch einen Blödsinn von sich zu geben.

dpa 9. 12. 1976. Das Gespräch führte Dietmar Schulz.

Diktatur oder Demokratie?

In ihrer Schrift ›Zur russischen Revolution‹ übt Rosa Luxemburg scharfe Kritik an der Lenin-Trotzkischen Theorie der sozialistischen Revolution. »Der Grundfehler der Lenin-Trotzkischen Theorie ist eben der, daß sie die Diktatur, genau wie Kautsky, der Demokratie entgegenstellen. ›Diktatur *oder* Demokratie‹ heißt die Fragestellung sowohl bei den Bolschewiki wie bei Kautsky. Dieser entscheidet sich natürlich für die Demokratie, und zwar für die *bürgerliche* Demokratie, da er sie eben als die Alternative der sozialistischen Umwälzung hinstellt. Lenin-Trotzki entscheiden sich umgekehrt für die Diktatur im Gegensatz zur Demokratie und damit für die Diktatur einer Handvoll Personen, d.h. für die *bürgerliche* Diktatur. Es sind zwei Gegenpole, beide gleich weit entfernt von der wirklichen sozialistischen Politik.« – »... eine Elite der Arbeiterschaft wird von Zeit zu Zeit zu Versammlungen aufgeboten, um den Reden der Führer Beifall zu klatschen, vorgelegten Resolutionen einstimmig zuzustimmen, im Grunde also eine Cliquenwirtschaft – eine Diktatur allerdings, aber nicht die Diktatur des Proletariats, sondern die Diktatur einer Handvoll Politiker, d.h. Diktatur im rein bürgerlichen Sinne...« (Rosa Luxemburg, ›Gesammelte Werke‹, Dietz-Verlag, Berlin 1974, Bd. 4, Seite 362) »... es kommt ... die Abschaffung der wichtigsten demokratischen Garantien eines gesunden öffentlichen Lebens und der politischen Aktivität der arbeitenden Massen in Betracht: der Pressefreiheit, des Vereins- und Versammlungsrechts, für die alle Gegner der Sowjetregierung vogelfrei geworden sind.... Hingegen ist es eine offenkundige, unbestreitbare Tatsache, daß ohne eine freie, ungehemmte Presse, ohne ungehindertes Vereins- und Versammlungsleben gerade die Herrschaft breiter Volksmassen völlig undenkbar ist.« (Ebenda S. 358) »Nur ungehemmtes, schäumendes Leben verfällt auf tausend neue Formen, Improvisationen, erhält *schöpferische Kraft,* korrigiert selbst alle Fehlgriffe. Das öffentliche Leben der Staaten mit beschränkter Freiheit ist eben deshalb so dürftig, so armselig, so schematisch, so unfruchtbar, weil es sich durch Ausschließung der Demokratie die lebendigen Quellen allen geistigen Reichtums und Fortschritts absperrt.« (Ebenda S. 360) »Die stillschweigende Voraussetzung der Diktaturtheorie im Lenin-Trotzkischen Sinn ist, daß die sozialistische Umwälzung eine Sache sei, für die ein fertiges Rezept in der Tasche der Revolutionspartei liege, das dann nur mit Energie verwirklicht zu werden braucht.« (Ebenda S. 359)

Rosa Luxemburg hat die Preisgabe der Demokratie zugunsten einer drakonischen Parteidiktatur der Bolschewiki zwar mit aller Entschiedenheit und ohne jede Beschönigung verurteilt, aber sie hat diese tragische Fehlentscheidung doch mit verschiedenen historischen Umständen der russischen Revolution zu erklären versucht. Als eine der Hauptursachen erscheint ihr das Versagen der internationalen Arbeiterbewegung. Weil die von Lenin erhoffte sozialistische Revolution in Westeuropa ausblieb, weil – wie auch Rosa Luxemburg meinte – die Arbeiter Europas die russische Revolution im Stich gelassen hatten, und weil dann das ehemalige russische Reich zerfiel, Polen, Finnland und die baltischen Länder sich als selbständige Staaten etablierten, deren Nationalismus offen antibolschewistisch, d.h. konterrevolutionär, war, mußte es zu einer noch ärgeren Verschärfung der Diktatur kommen. Als Rosa ihren Artikel schrieb, war sie aber voller Hoffnung, daß es den in Westeuropa neu gegründeten kommunistischen Parteien gelingen werde, die von den reformistischen Führungen der sozialdemokratischen und sozialistischen Parteien in die Irre geführten Arbeitermassen doch noch zu aktivieren und die sozialistische Revolution in ganz Europa zu verwirklichen. Hier war ihr die von Lenin herbeigeführte Spaltung der russischen Sozialdemokratie in Menschewiki und Bolschewiki als durchaus zulässige Form der innerparteilichen Auseinandersetzung erschienen. Schließlich war es Lenin gelungen, aus seiner Fraktion, die »im Beginn der Revolution eine von allen Seiten verfemte, verleumdete und gehetzte Minderheit« (ebenda S. 338) war, die siegreiche Mehrheit zu machen, der es gelang, die Revolution zum Siege zu führen. Aber für die westeuropäische Arbeiterbewegung erwies sich diese Spaltung als ein tragisches und zugleich trügerisches Vorbild. Hier gelang es nirgends, die sich von der Sozialdemokratie abspaltenden revolutionären, kommunistischen Gruppen zu Führern der Mehrheit der Arbeitermassen zu machen. Im Gegenteil, die Spaltung stärkte die Positionen der reformistischen Führungen, während sich in den kommunistischen Parteien mehr und mehr sektiererische Tendenzen und neue Spaltungen in rechte Versöhnler und ultralinke Terroristen und damit zusammenhängend interne Machtkämpfe entwickelten. In der deutschen KPD ging aus ihnen schließlich die von der KPdSU begünstigte Thälmannsche

Gruppe als Sieger hervor, die noch 1933 behauptete, daß nicht die Hitler-Faschisten sondern die SPD, die *Sozial-Faschisten*, der Hauptgegner seien. Diese für die deutsche Arbeiterbewegung geradezu selbstmörderische Linie wurde erst 1935 in Moskau auf dem 7. Weltkongreß der Komintern revidiert. Aber die Einsicht kam zu spät. Zehntausende deutscher Arbeiter, Funktionäre der SPD wie der KPD, der Gewerkschaften und der linken Splitterparteien SAP, KAP und KPO, waren längst in den KZs dem brutalen Terror der faschistischen Schlägerkommandos wehrlos ausgeliefert. Die deutsche Arbeiterbewegung mußte die Spaltung mit dem Blut ihrer Besten bezahlen, zu teuer bezahlen, weil mit diesem Blut nicht einmal eine neue Hoffnung erkauft wurde.

Doch nach dem militärischen Zusammenbruch des Faschismus im Jahre 1945 hatten wir plötzlich aufs neue die große Hoffnung auf den endgültigen Sieg des Sozialismus in Europa. Die Männer und Frauen der europäischen Widerstandsbewegung, unter ihnen auch viele Deutsche, Tausende, die den Mordterror der Nazis in den KZs und Zuchthäusern überlebt hatten, schworen sich gegenseitig als wichtigste Lehre, daß die unglückselige Spaltung der Arbeiterbewegung nun radikal überwunden werden müsse. Im Machtbereich der Sowjetunion wurde in den sich bildenden sozialistischen Staaten diese Einheit hergestellt – aber mit den Mitteln und in der Form der Lenin-Trotzkischen Diktatur. Das Endergebnis dieser Entwicklung haben wir heute vor uns: den realen Sozialismus. Was Rosa Luxemburg nicht voraussehen konnte, den mörderischen deutschen Faschismus und den Zweiten Weltkrieg und die ohne diese äußere Bedrohung wahrscheinlich zumindest in ihren Ausmaßen nicht denkbare Stalin-Periode, hat bewirkt, daß der von ihr in schrecklicher Deutlichkeit vorausgesehene *reale Sozialismus* verglichen mit den Schrecken der jüngsten stalinistischen Vergangenheit als relativ erträgliche gesellschaftliche Lebensform erscheint. Dabei hatte sie wohl kaum ernstlich geglaubt, daß die Formen und Folgen der Lenin-Trotzkischen Diktatur einer Clique noch 60 Jahre nach der Revolution fortbestehen würden. Sie hatte diese düstere Prognose mehr als Warnung an die Genossen Bolschewiki gedacht – aber sie wurde nicht gehört, sondern von Lenin in der schärfsten Weise deswegen kritisiert. Eine ganze Generation von Kommunisten hat in dieser Kontroverse Lenin recht gegeben. Die von uns Kommunisten selbst gemachte Geschichte aber hat schließlich gezeigt, daß nicht Lenin, sondern Rosa Luxemburg im Recht war.

Die Enthüllung der Verbrechen der Stalin-Zeit durch Chruschtschow auf dem XX. Parteitag der KPdSU rief unter den Anhängern der kommunistischen Parteien des Auslandes zunächst eine tiefe Enttäuschung und Verbitterung hervor. Die schlimmsten angeblichen Greuellügen des Antikommunismus erwiesen sich als unfaßbare Wahrheiten. Danach folgten zwei Jahrzehnte, eine lange Zeit immer wieder erneuerter und immer wieder enttäuschter Hoffnungen auf einen endgültigen Wandel. Als 1968 in der ČSSR dieser Wandel mit dem Prager Frühling endlich Wirklichkeit zu werden versprach, als sich die Hoffnung auf den Sozialismus mit menschlichem Antlitz unter den Arbeitern und Studenten Europas auszubreiten begann, denunzierten die sozialistischen Brüder, tief erschreckt und voller Furcht, das Prager Beispiel könnte Schule machen, die KPČ der Konterrevolution, überfielen das Land mit Waffengewalt und knüppelten schonungslos alles nieder, was wagte, sich ihnen entgegenzustellen. Wieder wurde eine große Hoffnung vernichtet, weil der reale Sozialismus die Macht in zu wenig Hände gelegt hat, in zu schwache Hände, die jeden Wandel fürchten.

Seitdem sind wieder fast neun Jahre vergangen. Die Situation sieht heute nicht sehr hoffnungsvoll aus – in unseren sozialistischen Staaten. Aber in Westeuropa hat in den kommunistischen Parteien eine neue Entwicklung begonnen, für die sich die Bezeichnung *Eurokommunismus* einzubürgern beginnt. In erster Linie die italienische, die französische und die spanische und in jüngster Zeit auch die britische kommunistische Partei vertreten diese Linie, für die nicht nur neue Vorstellungen über den Weg zum Sozialismus typisch sind. Es wird darüber hinaus eine gänzlich neue Sozialismus-Konzeption entwickelt, die eine entschiedene Absage an die Konzeptionen des realen Sozialismus darstellt. Selbstverständlich werden diese Parteien, deren neue Politik bei den Massen großen Anklang findet, von ihren bürgerlichen parlamentarischen Gegnern verdächtigt, es handle sich bei dem Eurokommunismus nur um eine taktische Finte. Die Distanzierung des Eurokommunismus von gewissen politischen Erscheinungsformen in den Staaten des realen Sozialismus diene nur dem Zweck, die Massen über die wahren Ziele der Kommunisten zu täuschen. Erst einmal zur Macht gekommen, werden sie die gleiche drakonische Herrschaft errichten wie ihre Genossen im Osten. Wie der Wolf im Schafspelz versuchen sie, sich zu tarnen, und gaukeln den Massen das Bild eines friedlichen und demokratischen Weges zu einem Sozialismus vor, der die ökonomischen Probleme der modernen Industriegesellschaft löst – und das ohne Diktatur und Einparteienherrschaft, als ideale pluralistische Gesellschaft, in der es keine staatlich verordnete oder auch nur begünstigte Weltanschauung, Ideologie oder Religion gibt.

Der zentrale Punkt dieser bürgerlichen Sozialismus-Kritik und damit auch der Warnungen vor dem Eurokommunismus ist die These, es sei durch die Erfahrung bewiesen, daß Sozialismus und Demokratie unvereinbar seien und daß Sozialismus unweigerlich und unvermeidlich zur Diktatur führen muß, zumindest zu dem, was in den Ländern des realen Sozialismus ganz ungeschminkt unter der Diktatur des Proletariats verstanden wird. Aus der scharfen Kritik, die Rosa Luxemburg schon kurz nach der Oktoberrevolution an der Lenin-Trotzkischen Diktaturtheorie geübt hat, geht aber hervor, daß sie unter der Diktatur des Proletariats etwas anderes verstand, nämlich die Unterdrückung der kleinen Minderheit der Reste der ehemals herrschenden Klasse durch die überwältigende Mehrheit des Volks bei völliger Freiheit, freier Selbstbestimmung und demokratischer Selbstkontrolle des Volkes. »... diese Diktatur besteht in der Art der *Verwendung* der Demokratie, nicht in ihrer Abschaffung, in energischen, entschlossenen Eingriffen in die wohlerworbenen Rechte und wirtschaftlichen Verhältnisse der bürgerlichen Gesellschaft, ohne welche sich die sozialistische Umwälzung nicht verwirklichen läßt. Aber diese Diktatur muß das Werk der *Klasse* und nicht einer kleinen, führenden Minderheit im Namen der Klasse sein, d.h., sie muß auf Schritt und Tritt aus der aktiven Teilnahme der Massen hervorgehen, unter ihrer unmittelbaren Beeinflussung stehen, der Kontrolle der gesamten Öffentlichkeit unterstehen, aus der wachsenden politischen Schulung der Volksmassen hervorgehen.« (Ebenda S. 363f.) Rosa Luxemburgs Vorstellungen von der Diktatur des Proletariats waren hier in völliger Übereinstimmung mit den Ideen von Marx und Engels. Im Kommunistischen Manifest heißt es, »daß der erste Schritt in der Arbeiterrevolution die Erhebung des Proletariats zur herrschenden Klasse, die Erkämpfung der Demokratie ist« (Marx-Engels, ›Werke‹, Berlin 1959, S. 481). »Alle bisherigen Bewegungen waren Bewegungen von Minoritäten oder im Interesse von Minoritäten. Die proletarische Bewegung ist die selbständige Bewegung der ungeheuren Mehrzahl im Interesse der ungeheuren Mehrzahl.« (Ebenda S. 473)

Rosa Luxemburg war der Meinung, daß die russische Revolution unter Bedingungen stattfand, die eine gewaltsame Diktatur zunächst fast unvermeidlich machten: »Es hieße, von Lenin und Genossen Übermenschliches zu verlangen ..., unter solchen Umständen die schönste Demokratie, die vorbildliche Diktatur des Proletariats und eine blühende sozialistische Wirtschaft hervorzuzaubern.« Aber »das Gefährliche beginnt dort, wo sie aus der Not die Tugend machen, ihre von diesen fatalen Bedingungen aufgezwungene Taktik nunmehr theoretisch in allen Stücken fixieren und dem internationalen (Proletariat) als das Muster der sozialistischen Taktik zur Nachahmung empfehlen wollen« (Rosa Luxemburg, ›Gesammelte Werke‹, Bd. 4, S. 364).

Was die Mitbegründerin der Kommunistischen Partei Deutschlands in diesen Zeilen auf das schärfste ablehnt, ist in den Ländern des realen Sozialismus bis auf den heutigen Tag zum unerschütterlichen Credo der Parteiführungen geworden. Wenn wir heute lesen, mit welchem Entsetzen Rosa Luxemburg der Möglichkeit einer solchen Entwicklung entgegensah, muß es uns erschrecken, wieviel kostbare Zeit vergehen und verlorengehen mußte, was alles Grausame und Sinnlose in unser aller Namen geschehen mußte, bevor wir nun zu ihren Positionen zurückfinden und, wie zu hoffen ist, auch über sie hinaus gelangen konnten.

Die große historische Fehlentscheidung war nicht die durch Lenin herbeigeführte Spaltung der russischen Sozialdemokratie in Bolschewiki und Menschewiki, sondern es war die Übertragung dieser durch fatale Umstände den Russen aufgezwungenen Entscheidung auf die gesamte internationale Arbeiterbewegung. Die Lenin-Trotzkische Diktaturtheorie war nur das ideologische Nebenprodukt, nicht die Ursache der Tragödie. Diese Spaltung zu überwinden und eine neue Einheit auf höherer Stufe herzustellen, darin sehe ich den eigentlichen politischen Kern der Bewegung des Eurokommunismus.

Die politische Vereinigung aller progressiven Kräfte in der Gesellschaft kann an den traditionellen Klassengrenzen nicht haltmachen. Arbeiter im politischen Sinn sind heute nicht nur die Industriearbeiter, die Bergleute und lohnabhängigen Landarbeiter, sondern auch die große Mehrzahl der kleinen Gewerbetreibenden des Handwerks- und Dienstleistungsgewerbes, die kleinen Einzelhändler, die kleinen Verwaltungsangestellten in der Wirtschaft und im Staatsapparat, die *unabhängigen* Einzelbauern, Weinbauern und Obst- und Gemüsezüchter – die ganze riesengroße Mehrheit des Volkes, deren Leben auf Gedeih und

Verderb dem wirtschaftlichen Niedergang des siech gewordenen Kapitalismus ausgeliefert ist. Diese Menschen sind heute Anhänger sehr verschiedener politischer und konfessioneller Gruppen, Parteien und Organisationen. Weil sie zahlenmäßig die Mehrheit des Volkes sind, sind sie es auch in den meisten demokratischen Parteien und Organisationen. Die Vertreter des Kapitals und der herrschenden Klasse bilden auch in den reichsten kapitalistischen Staaten zahlenmäßig immer eine Minderheit. Trotzdem verfügen sie über große wirtschaftliche Macht, solange das System des Kapitalismus funktioniert. Sie beherrschen einen großen Teil der Presse und aller anderen Massenmedien und beschäftigen ein ganzes Heer von hochbezahlten Meinungsmachern, die in vielerlei Gestalt die Ideen der Herrschenden verbreiten, darunter vor allem den Antikommunismus, den Thomas Mann die Grundtorheit unseres Jahrzehnts genannt hat. Das gegenwärtige Hauptziel aller Progressiven in den vielfältigen Parteien und Organisationen muß sein, diese undemokratische Vormacht der herrschenden Klasse zu reduzieren und aufzulösen, was aber keineswegs bedeutet, die Vielheit der politischen und weltanschaulichen Gruppierungen zu beseitigen. Im Gegenteil, wer als einzelne Partei danach strebt, sich mit allen Mitteln die absolute Mehrheit zu verschaffen, setzt sich dem Verdacht aus, auf eine Diktatur auszusein, die auch dann die Macht noch behaupten will, wenn sie die Zustimmung der Mehrheit längst verloren hat. Die Vereinigung aller Progressiven findet viel wirksamer ihren Ausdruck in einem großen Bündnis vieler Gruppen und Parteien, das politisch und soziologisch letzten Endes doch nur der Ausdruck der Arbeitermehrheit im Volk ist. Nur in diesem Bündnis kann eine demokratische Herrschaft durch das Volk geschaffen werden, die nicht auf irgendeiner Form der Unterdrückung durch eine Minderheit beruht.

Die *Union populaire* in Frankreich, der *Historische Kompromiß* in Italien und die *Demokratische Koordination* in Spanien sind also nicht einfach Neuauflagen der Volksfront der dreißiger Jahre unter Leon Blum in Frankreich und Largo Caballero in Spanien. Damals handelte es sich von Anfang an nur um taktische Wahlbündnisse, nicht aber um die Gründung eines langdauernden Bündnisses mit dem Ziel einer neuen gemeinsamen Politik des schrittweisen Übergangs zum Sozialismus. Schon die *Unidad Popular* in Chile kann nicht mehr mit der Volksfront der dreißiger Jahre identifiziert werden. Sie ging nicht an den inneren Widersprüchen ihrer einander widerstrebenden Partner zugrunde wie die französische und auch die spanische Volksfront. Die unseligen politischen Machtkämpfe während des Krieges gegen die Franco-Faschisten haben nicht wenig dazu beigetragen, daß schließlich Franco der Sieger war. Die *Unidad Popular* in Chile aber wurde kaltblütig von außen durch die übermächtigen USA zuerst wirtschaftlich erdrosselt und dann militärisch abgeschlachtet, wobei die Tatsache, daß sich dies durch den CIA und die korrupten und kriminellen chilenischen Generale bewerkstelligen ließ, nicht den Schatten eines Beweises dafür liefert, die *Unidad Popular* sei an ihren eigenen inneren Widersprüchen gescheitert. Der Sieg der kubanischen Revolution unter Fidel Castro hatte die US-Konzerne derartig erschreckt, daß sie nun von der Revolution in Chile die revolutionäre Umwälzung ganz Lateinamerikas befürchteten. Und diese Furcht war auch nicht ganz unbegründet. Weitere Erfolge der Regierung Allende im Kampf gegen ihre reaktionären Gegner und bei der Abwehr des wirtschaftlichen Boykotts, der ja auch bei Cuba sein Ziel nicht erreicht hatte, hätten die politische Landschaft Lateinamerikas in wenigen Jahren sehr stark beeinflußt, vielleicht sogar wirklich zu revolutionären Umwälzungen in weiteren Ländern beigetragen. So erklärt sich die Skrupellosigkeit des Vorgehens der USA. Damit soll aber nicht gesagt sein, daß die neue Volksfront-Politik, wie sie der Eurokommunismus anstrebt, aus der chilenischen Tragödie nichts zu lernen hätte. Gerade in Chile hat sich gezeigt, wie entscheidend wichtig es ist, bei der Polarisierung der Klassen wirklich die übergroße Mehrheit auf die Seite der Arbeiterklasse zu bringen und die herrschende Kapitalistenklasse von dieser Mehrheit zu isolieren und bloßzustellen.

Die Theorie der sozialistischen Revolution, die, auf den Erfahrungen der Oktoberrevolution aufbauend, im Laufe der Stalin-Ära ausgearbeitet wurde, geht von der These aus, daß das Proletariat zuerst die politische Macht erringen muß, bevor es sich auch in den Besitz der ökonomischen Macht setzen kann. In diesem Punkte, so heißt es, unterscheide sich die sozialistische Revolution grundsätzlich von der bürgerlichen. Die bürgerliche Klasse, die sich im Laufe einer langen Epoche im Schoße der Feudalgesellschaft entwickelt, gewinnt lange vor dem Zusammenbruch der Feudalmacht große wirtschaftliche Macht. Die Bourgeoisie und ihre Gesellschaftsformation wachsen lange vor der bürgerlichen Revolution innerhalb der feudalen Gesellschaftsformation heran und entwickeln die neuen Produktivkräfte, welche die Feudalgesellschaft nicht zustandezubringen vermag. Nach dieser Theorie beginnt die Umwälzung der Gesellschaft in der sozialistischen Revolution erst mit dem Augenblick der Machtergreifung durch das Proletariat, ganz im Gegensatz zur bürgerlichen Revolution, die am Ende einer langen Epoche des Wachstums der neuen Gesellschaft steht, die in der Revolution ihren Abschluß findet. In der bürgerlichen Revolution wird ein neuer Überbau für die längst gewandelte Basis errichtet. Der feudale Überbau war zur Fessel für die Entwicklung der Produktivkräfte geworden und mußte deshalb beseitigt werden. In der sozialistischen Revolution hingegen wird – so nimmt diese Theorie an – der neue Überbau geschaffen, bevor überhaupt die neue Basis existiert. Der neue Überbau soll sie erst erschaffen.

Es ist logisch, daß nach dieser Theorie die Oktoberrevolution der Geburtsakt des Sozialismus in der Welt gewesen ist. Lenin und seine Genossen waren zwar in der Bewertung der historischen Bedeutung der Oktoberrevolution bescheidener. Sie hofften, sie werde durch Sprengung des schwächsten Kettengliedes des internationalen Kapitalismus wie eine Initialzündung wirken, die Revolution in den westeuropäischen kapitalistischen Staaten auslösen und damit die Weltrevolution einleiten. Daß diese Hoffnung sich nicht erfüllte, wurde später zum Trauma der Bolschewiki, die sich von den Arbeitern Europas im Stich gelassen und verraten vorkamen.

Tatsächlich ist diese Revolutionstheorie die theoretische Rechtfertigung der Spaltung der Arbeiterbewegung und des Hegemonie-Anspruchs der KPdSU, wie sie unter Stalin in der Komintern und auch noch danach praktiziert wurde. Es ist die folgenschwere Spaltung in Revolutionäre und Reformisten, in Kommunisten und Sozialdemokraten, in Berufsrevolutionäre und Trade-Unionisten, wie es Lenin in ›Was tun?‹ dargelegt hat. Im zaristischen Rußland des 19. Jahrhunderts und noch bis in den Ersten Weltkrieg hinein entsprach diese Theorie auch weitgehend den Realitäten. Rußland war überwiegend Agrarland, die Industrie auf wenige Gebiete beschränkt, die Arbeiterklasse zahlenmäßig eine Minderheit, die Produktionsmethoden rückständig. Die russische Arbeiterbewegung war illegal. Die zaristische Ochrana verfolgte ihre Anhänger und Funktionäre rücksichtslos. Die Leitungen der Parteien und Gruppen befanden sich größtenteils im Ausland. Rußland war ökonomisch überhaupt noch kein *Kettenglied des Kapitalismus,* in dessen internationalem Verband es noch kaum eine Rolle spielte. Es war ein zwar kolossales, aber auch kolossal rückständiges Agrarland, dessen Bevölkerung – zu 90% Bauern und wohl kaum weniger Analphabeten – eine in Luxus und Verschwendung lebende Schicht von feudalen Schmarotzern zu ernähren hatte. Nicht nur das Proletariat, auch die Bourgeoisie befand sich noch in den ersten Anfängen ihrer Entwicklung. Und von den Formen und Freiheiten der westeuropäischen Demokratien war im Lande noch nichts zu spüren. Die Bolschewiki waren wirklich eine Vorhut, eine Avantgarde. Aber sie waren ihrer Zeit zu weit voraus. Sie konnten nur eine Minderheit zum Siege führen, weil eine Mehrheit, wie sie die entwickelte kapitalistische Industriegesellschaft in der Form der sich organisierenden Arbeiterklasse hervorbringt, noch gar nicht existierte. So konnte die Revolution nur zur Diktatur führen, zur Diktatur *im Lenin-Trotzkischen Sinne.*

Die Theorie der modernen sozialistischen Revolution in den hochentwickelten kapitalistischen Staaten mit fest verwurzelten demokratischen Traditionen findet Verhältnisse vor, die nicht nur in keinem Punkte mit denen der Oktoberrevolution verglichen werden können, sondern diesen in vielem diametral widersprechen. Im Spätkapitalismus tritt uns mit aller Deutlichkeit die Tatsache vor Augen, daß der Kapitalismus das Proletariat nicht nur als seinen zukünftigen Totengräber hervorbringt, sondern daß das Proletariat im Schoße der bürgerlichen Gesellschaft auch zu immer mehr wachsender ökonomischer Macht gelangt und bereits lange vor der endgültigen Umwälzung aller politischen Institutionen die neuen sozialistischen Strukturen entwickelt. Die Arbeiterklasse hat in der Revolution »nur die Elemente der neuen Gesellschaft in Freiheit zu setzen, die sich bereits im Schoß der zusammenbrechenden Bourgeoisgesellschaft entwickelt haben«, heißt es ganz unzweideutig bei Marx (Marx-Engels, ›Ausgewählte Schriften‹, Moskau 1950, S. 459). Der Grundwiderspruch des Kapitalismus, der Widerspruch zwischen gesellschaftlicher Produktion und privater Aneignung, der den Produzenten, den Arbeiter also, von seinem Produkt trennt, es ihm entfremdet, wird in der schrittweisen Erkämpfung immer neuer Bereiche der gesellschaftlichen Aneignung des Produkts, d.h. der gesellschaftlichen Konsumtion, überwunden. Die entscheidenden Fortschritte und Neuerungen werden von den Arbeitern direkt im Bereich der Produktion erkämpft, aber auch überall da, wo sich in örtlichen Volksvertretungen, Gemeinderäten und Stadtparlamenten eine Arbeitermehrheit durchgesetzt hat, wobei, wie schon gesagt, der Begriff *Arbeiter* die große Mehrheit des Volks, nicht nur die Industriearbeiter, umfaßt. Die Gewerkschaften und Genossenschaften bilden das Zentrum, die Kraftquelle der Revolution.

Die sozialistische Revolution ist die Phase des Übergangs vom Kapitalismus zum Sozialismus. Die Oktoberrevolution hat in Rußland und nach dem Zweiten Weltkrieg auch in einigen Ländern Osteuropas diese Phase eingeleitet, unter den unsäglich schwierigen und komplizierten Bedingungen, die sich aus dem Verlauf des Ersten und später des Zweiten Weltkriegs ergaben. Die politischen und gesellschaftlichen Verhältnisse des *realen Sozialismus*, der das vorläufige Endergebnis dieser Entwicklung ist, sind noch weit von den eigentlichen Zielen der Revolution entfernt. Heute werden wir uns bewußt, daß die eigentliche große Revolution in den Zentren des Kapitalismus, auf die Lenin und Genossen verzweifelt und vergeblich gewartet hatten und die auch heute noch vielen wie das trügerische Bild einer Fata Morgana erscheint – daß diese Revolution in Wirklichkeit längst begonnen hat. Wir waren nur blind für ihre Signale, solange wir glaubten, der Übergang vom Kapitalismus zum Sozialismus müsse sich auch unter den Bedingungen unserer Zeit nach dem Schema der Oktoberrevolution vollziehn. Was in Rußland und später in den Staaten des realen Sozialismus die große langdauernde Umwälzung der Gesellschaft einleitete, der revolutionäre und unter diesen Bedingungen zwangsläufig unfriedliche Machtwechsel, erscheint nun zeitlich am Ende des revolutionären Prozesses als dessen fast vollständig friedlicher Abschluß. Dieser letzte Akt der Revolution, die Umwälzung des kapitalistischen Überbaus und die Abschaffung aller Privilegien des Kapitals, wird nicht auf den Barrikaden erkämpft werden. Er wird sich im friedlichen Einvernehmen aller vollziehen. Allerdings, der Weg zu diesem Ziel wird trotz allem nicht einfach und voller Gefahren sein. Die Welt, in der wir heute leben, ist gefährdet wie nie zuvor. Überall droht Krieg und Mord. Die Wirtschaft des Kapitalismus gelangt an die Grenzen ihrer Existenzbedingungen. An die Stelle der zyklischen Krisen ist die schleichende Dauerkrise getreten. Kein schwarzer Freitag an den Börsen, dafür aber Dauerinflation, Zerrüttung des internationalen Währungssystems, die von internationalen Gangstern für Devisenspekulationen grandiosen Stils ausgenutzt wird, langsam aber stetig zunehmende Massenarbeitslosigkeit, wachsende öffentliche Unsicherheit durch sich ausbreitende Kriminalität mit zum Teil gänzlich neuen Formen wie Geiselnahme, Terror-Überfälle, Flugzeugentführungen, fortschreitender kultureller Verfall. Diese Gesellschaft ist in eine Phase äußerster Gefährdung eingetreten. Es ist nicht der Sozialismus, der sie bedroht, sondern es sind die Widersprüche, die sie selbst hervorbrachte. Der Sozialismus ist zur einzigen Möglichkeit der Rettung geworden.

Aber nicht nur in den Zentren des verfaulenden Kapitalismus breitet sich eine zunehmende Verelendung der Massen aus. Längst leben Hunderte von Millionen in den ehemals kolonialen Ländern der dritten Welt am Rande des Hungertods. Noch herrschen die reaktionären weißen Regime in Südafrika und Rhodesien. Was wird geschehen, wenn es dort zu dem unvermeidlichen blutigen Zusammenprall kommen wird? Wie werden sich die USA, die Sowjet-Union und China dann verhalten? Die Kriegsgefahr, die von diesen Pestbeulen des Kapitalismus in Afrika ausgeht, bedroht die ganze Menschheit. Erst wenige Jahre sind vergangen seit der gerade noch glimpflichen Beendigung des Vietnam-Kriegs, der unverhüllt die Grausamkeit und Barbarei gezeigt hat, zu der die »demokratischste aller Nationen der Welt« noch in unseren Tagen fähig ist. Und dabei wachsen von Jahr zu Jahr noch immer die Vorräte in den Arsenalen, in denen die nuklearen Sprengköpfe gestapelt sind, längst genug, um die ganze Menschheit mehrere Male zu töten. Wir waren noch nie so perfekt darauf vorbereitet, uns selbst und alles Leben auf der Erde zu vernichten, wie gegenwärtig. Wir verfügen zwar über die phantastischsten Mittel der Technik und enorme wissenschaftliche Kenntnisse. Zum ersten Mal in der Geschichte ist der allgemeine Wohlstand keine unerreichbare Utopie mehr. Aber wir verschwenden stattdessen unsere Arbeit und den Reichtum dieser Erde in gigantischen Rüstungen und sinnlosem Konsum einer winzigen Minderheit. Wir steuern direkt auf unseren Untergang zu. Es gibt wirklich nur eine einzige Möglichkeit unserer Rettung.

Der Kapitalismus kennt nur ein ökonomisches Ziel: den Mehrwert und damit den Profit zu optimieren. Aufgrund des Gesetzes des tendenziellen Falls der Profitrate ist die Aufrechterhaltung großer Profite nur durch ständiges wirtschaftliches Wachstum mit Hilfe des technischen Fortschritts möglich. Da aber die Rohstoff- und Energie-Vorräte der Erde begrenzt sind und da die mit der exponentiell zunehmenden Industrie einhergehende verheerende Umweltverschmutzung das bio-ökologische System Erde bedroht, muß es zwangsläufig über kurz oder lang zu einer katastrophalen Entwicklung kommen. Dabei ist es ziemlich unwesentlich, ob die Zahlen des Meadow-Berichts nach oben oder nach unten revidiert werden müssen. Im Sozialismus, dessen ökonomisches Ziel die Optimierung des Gebrauchswerts ist, wird der Circulus vitiosus des Kapitalismus aufgehoben. An die Stelle des uferlosen extensiven Wachstums tritt eine neue Form: das intensive Wachstum.

Die Situation, in der sich die Menschheit gegenwärtig befindet, erfordert äußerste Anstrengungen und weltweite Zusammenarbeit, wenn die menschliche Zivilisation nicht doch noch in der Barbarei statt in der Freiheit einer sozialistischen Gesellschaft enden soll. Die Konferenz der kommunistischen und Arbeiterparteien in Berlin im Juni 1976 war hierfür von großer Bedeutung, weil hier der Geist eines neuen proletarischen Internationalismus zur Welt kam. Er versteht sich als eine Politik der gegenseitigen Hilfe und Unterstützung, auch durch Diskussion und Kritik, nicht aber als Vorwand, sich mit Gewalt in die inneren Angelegenheiten anderer »helfend« einzumischen. Wenn also mit diesem neuen proletarischen Internationalismus die Hilfe jeder Partei in erster Linie darin bestehen soll, bei sich selbst auf dem Wege des Sozialismus voranzukommen, nicht nur wirtschaftlich, sondern auch politisch, dann kann dies der Wendepunkt unserer Entwicklung sein. Der entscheidende Beitrag, der von den Ländern des realen Sozialismus hierbei geleistet werden muß, ist die Vollendung der sozialistischen Revolution durch breite Entfaltung der sozialistischen Demokratie im Sinne Rosa Luxemburgs. Aus der »Diktatur einer Handvoll Politiker, d.h. (einer) Diktatur im rein bürgerlichen Sinne« muß eine freie sozialistische Gesellschaft hervorgehen, mit Pressefreiheit auch für Andersdenkende, Versammlungsfreiheit und Streikrecht, Freiheit des Glaubens, der Weltanschauung, des künstlerischen Schaffens, d.h. der Aufhebung jeglicher Einmischung oder Bevormundung in Kultur und Wissenschaft durch den Staat. Sozialismus bedeutet nicht kollektive Uniformierung, bedeutet nicht Aufhebung, sondern freie Entfaltung der breitesten Mannigfaltigkeit des menschlichen Lebens und Denkens. Sozialismus ist freier Pluralismus auf allen Gebieten des gesellschaftlichen Lebens.

Die Frage, die sowohl Lenin als auch Kautsky stellte und die jeder auf seine Weise beantwortete, die Frage: *Diktatur oder Demokratie?* muß nun für immer aus dem politischen Vokabular der Sozialisten und Kommunisten gestrichen werden. Sie ist ja in der Form des Wahlslogans der deutschen CDU/CSU *Freiheit oder Sozialismus* bereits zu einer Phrase des Antikommunismus geworden. Darum ist es so wichtig, daß wir in den sozialistischen Staaten alles unternehmen, um überzeugend zu beweisen, daß diese Phrase wirklich nichts als Lüge und Verleumdung ist. Ich bin auch heute noch – im Frühjahr 1977 – davon überzeugt, daß es möglich ist, in unseren Ländern des *realen Sozialismus* Rosas rote Demokratie zu verwirklichen. Allerdings hängt dies wohl leider ganz entscheidend davon ab, ob unsere führenden Genossen dies einsehen und den Mut dazu aufbringen. Gegenwärtig allerdings scheint dieser Mut wieder auf einen Tiefpunkt gesunken zu sein.

Bei uns in der DDR steht dieser Prozeß der innenpolitischen Abkapselung und Selbstisolierung eigentlich in schroffem Widerspruch zu den nicht geringen ökonomischen Erfolgen. Darum, denke ich, ist ein fortgesetzter intensiver, internationaler Meinungsaustausch, öffentlich und intern, dringend erforderlich, damit der große Fortschritt, der im realen Sozialismus durch Zerstörung der materiellen Basis des Kapitalismus erreicht worden ist, auch seine politischen Früchte zur Welt bringen kann. Diese Schrift ist ein, wie ich weiß, höchst unvollkommener Beitrag zu diesem Meinungsaustausch.

›europäische ideen‹ 31/32/1977. – Gekürzt in: ›Der Spiegel‹ 6. 6. 1977.

Bin ich Marxist?

Marx hat auf die entsprechende Frage geantwortet, daß er nicht daran denke, Marxist zu sein. Und Kolakowski hat gesagt, wenn die Lehren von Karl Marx dereinst wissenschaftliches Allgemeingut geworden sind, wird es den Begriff Marxismus nicht mehr geben, so wenig wie man etwa in der modernen Physik von Newtonismus redet, wenn man die von Newton begründete klassische Physik meint. Kolakowski hat sicher recht, aber die von ihm genannte Voraussetzung ist noch nicht erfüllt, so daß der Begriff – oder nur das Wort? – Marxismus noch gebraucht wird.

Bevor ich mir darüber klar werden kann, ob ich ein Marxist bin, muß ich versuchen, die schwierige Frage zu beantworten: Was ist überhaupt ein Marxist? Welchen Aussagewert haben Sätze wie: Er ist ein Marxist, oder: Ich bin ein Marxist. Es liegt nahe, solchen Sätzen nur einen weitgehend subjektiven Charakter zuzubilligen. Man sagt zum Beispiel: Herr M. *bekennt* sich zum Marxismus. In dieser Formulierung kommt zum Ausdruck, daß unter Marxismus nicht eine wissenschaftliche Theorie, sondern eine politische Richtung, eine Art Heilslehre, verstanden wird, als deren Anhänger Herr M. sich bezeichnet. Parallel zu diesem Buch erscheint eine Sammlung mit dem Thema: Warum ich Christ bin. Hier liegen die Verhältnisse selbstredend viel einfacher. Zum Christentum muß man sich bekennen, es ist eine religiöse Lehre. Andererseits ist auch hier die Frage, ob jemand ein Christ sei, durch dessen verbales Bekenntnis noch nicht entschieden. Das Bekenntnis muß erst durch die Praxis bewiesen werden. Was die Menschen, die sich für Christen erklären, dabei denken oder glauben, mag sein was will. Ob sie wirklich Christen sind, wird nur durch ihr Tun und Lassen entschieden. Beim Marxismus ist es offensichtlich anders. Er ist keine Religion und auch keine Morallehre. Er ist Wissenschaft. Ein Marxist kann man ebenso sein wie ein Physiker. Ob man ein guter oder ein schlechter Mensch ist, ist dabei vollkommen unerheblich.

Wenn aber der Marxismus eine Wissenschaft ist, was für einen Sinn kann es dann überhaupt haben, sich zu ihm zu *bekennen*? Offensichtlich hängt dies damit zusammen, daß der Marxismus noch nicht wissenschaftliches Allgemeingut geworden ist. Auch auf dem Gebiet der Naturwissenschaften gab es diese Situation des öfteren, daß eine bedeutende neue Theorie lange Zeit von der Mehrheit der Fachwelt abgelehnt wurde. So war es bei der Relativitätstheorie Einsteins und in gewissem Maße auch bei der Quantenmechanik. Es ist ganz natürlich, daß sich neue, umwälzende Theorien, deren Denkweise oft allem Gewohnten zuwiderläuft, erst nach längerer Zeit gründlicher Bewährung allgemein durchsetzen. So gibt es bis in unsere Tage immer wieder Leute, die die von der Relativitätstheorie konstatierte Relativität der Gleichzeitigkeit einfach nicht begreifen wollen und deshalb für logisch falsch halten.

Trotzdem liegt der Fall beim Marxismus noch etwas anders. Zwar gilt auch für ihn, daß seine Denkweise dem bis dahin Gewohnten zuwiderläuft und deshalb von manchen seiner Opponenten sogar für logisch falsch gehalten wird. Auch wird immer wieder behauptet, er sei inzwischen durch die Erfahrung widerlegt, weil einige der Marxschen Behauptungen über die Entwicklung des Kapitalismus nicht eingetroffen seien. Entscheidend ist aber bei dem ganz großen Streit um den Marxismus, daß es sich bei ihm eben nicht um eine Naturwissenschaft, sondern um die Wissenschaft von der menschlichen Gesellschaft handelt. Jede Theorie aber, die sich auf die menschliche Gesellschaft bezieht, ist unvermeidlicherweise politisch, schon deshalb, weil sie zu gesellschaftlichen Vorgängen und Erscheinungen kritisch Stellung nimmt. Aus ihren Ergebnissen leiten sich stets bestimmte politische Forderungen ab.

Es hat zu allen Zeiten Lehren gegeben, deren Aussagen sich hauptsächlich auf das Leben der menschlichen Gesellschaft bezogen. Man kann sogar sagen, daß jede gesellschaftliche Ordnung ganz bestimmte Sozial- und Morallehren hervorbringt, die zu ihr gehören, wie die Gedanken der Menschen zu ihren Handlungen. Teils dienen sie der Rechtfertigung, teils der Selbsttäuschung über die wahren Motive, teils aber enthalten sie auch den Zweifel an allem, ohne den die menschliche Gesellschaft nicht leben kann. So entstehen im Lauf der historischen Entwicklung immer neue Denkweisen und Bilder, in denen die Menschen sich ihres gesellschaftlichen Lebens bewußt zu werden versuchen, Bilder, in denen Wahrheit und Irrtum, Erkenntnis und Selbsttäuschung in oft phantastischer Weise ineinander geschlungen sind. Es ist das, was Marx die »Ideologie« der Gesellschaft nannte, das »falsche Bewußtsein«, die Täuschung über sich selbst, die eine Gesellschaft braucht, wenn sie ihren Kritikern widerstehen will.

Auch die äußere Form, in welcher die Ideologie in Erscheinung tritt, wandelt sich. Waren es früher mystische, phantastische, religiöse und philosophische Formen, so finden wir heute die Ideologien in das Gewand der Wissenschaft gekleidet.

Bürgerliche Kritiker fassen den Marxismus deshalb in erster Linie als eine Ideologie auf, die sich mit wissenschaftlichen Attributen tarnt, als eine Pseudowissenschaft also. Andererseits legt jede moderne politische, ökonomische oder sozialkritische Theorie den größten Wert auf den Nachweis, daß sie im Gegensatz zum Marxismus »rein wissenschaftlich«, also »ideologiefrei« sei. Merkwürdigerweise besteht in dieser Frage eine Art unausgesprochenes Einverständnis zwischen den offiziellen Vertretern des Marxismus in den Ländern des »realen Sozialismus« und ihren bürgerlichen Kritikern. Der Begriff »Ideologie« hat hier einen erstaunlichen Wandel durchgemacht und wurde zu einem positiven politischen Begriff ersten Ranges aufgewertet. Ideologie im Sinne von Marx als falsches Bewußtsein, das gab es demnach nur in der Epoche der Ausbeuterordnungen. Aber mit dem Marxismus wurde die »ideologische Waffe des Proletariats im Kampf für den Sozialismus« geschaffen. Der Marxismus, heißt es, das ist die Ideologie der sozialistischen Gesellschaft und besonders ihrer führenden Kraft, der Arbeiterklasse. Und weil diese Ideologie zugleich Wissenschaft ist, ist jede von ihr abweichende Meinung, jede Kritik, jeder Einwand gegen ihre Grundthesen von vornherein unwissenschaftlich und das heißt falsch. Wehe denen, die ideologisch straucheln! Sie verlassen den ideologischen Boden der Arbeiterklasse und werden, ob sie wollen oder nicht, zu Verbündeten des Klassenfeindes.

Ich verzichte darauf, hier diese sattsam bekannten Selbstbewertungen noch ausführlicher zu reproduzieren. Der Marxismus, um den es sich hier handelt, ist ganz offensichtlich eine Angelegenheit, über welche nicht wissenschaftliche Auseinandersetzung und sachliche Argumentation entscheidet, sondern – wie Kolakowski schon vor vielen Jahren gesagt hat – eine Behörde. Bekanntlich hat diese Behörde zeitweilig fast alle bedeutenden naturwissenschaftlichen Theorien für unmarxistisch, d. h. unwissenschaftlich, d. h. falsch und klassenfeindlich erklärt: Die Relativitätstheorie und besonders die auf ihr aufbauenden Kosmogonien und Kosmologien, die Quantenmechanik, die Resonanztheorie von Linus Pauling, die Kybernetik von Norbert Wiener, die moderne Theorie der Genetik einschließlich der Lehren ihres Begründers Mendel. Ganz besonders der Sowjetunion wurde durch diese Tätigkeit ihrer ideologischen Wachhunde unermeßlicher wirtschaftlicher und politischer Schaden zugefügt.

Wenn wir uns diese so höchst beklagenswerten Tatsachen vor Augen halten, liegt der Gedanke sehr nahe, daß es sich bei diesem Marxismus in der Tat um eine widerspruchsvolle Mischung von Wahrheit, Irrtum und Selbsttäuschung handelt, deren wissenschafliches Mäntelchen ihren wahren Charakter kaum verbergen kann. Dieser Marxismus wäre demnach eine Ideologie im Marxschen Sinne.

Aber warum, so müssen wir fragen, wirkt sich diese Ideologie dann so außerordentlich schädlich gegen die sozialistische Gesellschaft aus, der sie doch eigentlich zu dienen hätte, wie es die bürgerlichen Ideologien für die bürgerliche Gesellschaft so ausgezeichnet fertigbringen. Von Marx stammt das Wort, daß die herrschenden Ideen immer die Ideen der Herrschenden sind, wobei er unter den herrschenden Ideen eben gerade jenes Sammelsurium von Ansichten und Überzeugungen versteht, aus dem die gesellschaftliche Ideologie besteht. Von unserem behördlich verordneten Marxismus kann man zwar sagen, daß er wohl den Ideen der bei uns Herrschenden entsprungen sein dürfte, zum Teil wenigstens. Denn es finden sich auch einige abgedroschene alte Klamotten darunter, die man nicht als Eigenbau bezeichnen kann. Die ursprünglichen Marxschen Ideen haben sich weitgehend in einen Katechismus von Glaubenssätzen verwandelt, die dazu dienen, meist unter gewaltigen Verrenkungen die jeweiligen Ideen unserer Herrschenden in eine Sprache zu übersetzen, die nur von Eingeweihten verstanden wird. Aber man kann mit Gewißheit sagen, was in unseren Ländern des realen Sozialismus diese Ideen unserer Herrschenden nicht sind: nämlich herrschende Ideen!

Der Marxismus, der behördlich verordnet und von Jahr zu Jahr auf den neuesten Stand gebracht wird, wobei nicht nur die »größten Marxisten, die die Ideen von Marx, Engels und Lenin schöpferisch weiterentwickelt« haben, wie der unvergeßliche Josef Wissarionowitsch Stalin oder wie auch unser weniger großer Walter Ulbricht sich fast über Nacht aus Sternen von der Leuchtkraft einer Super-Nova in erkaltete Zwergsterne verwandelt sehen, dieser Marxismus wird nur von denen, die ihn anbeten, und – noch mehr – von den Gegnern des Marxismus als veritabler Marxismus im Sinne der Ideen und Erkenntnisse von Karl Marx und Friedrich Engels verstanden. Da ich weder zu den einen noch zu den anderen gehöre, kann ich diese Staats- und Polit-Lehre nicht als Marxismus akzeptieren.

Der Marxismus, dessen Inhalt und dessen aktuelle Aussagen und Forderungen von Fall zu Fall von einer Behörde dekretiert werden, übrigens mit sehr erheblichen Abweichungen von Land zu Land und von Partei zu Partei, kann also nicht beanspruchen, als wissenschaftliche Disziplin respektiert zu werden.

Die Behörden und die ideologischen Büros honorieren jede Übereinstimmung mit den von ihnen vertretenen und dekretierten Meinungen. In der Wissenschaft gilt allein die Widerlegung bestehender Ansichten als bedeutende Leistung, weil anders kein Fortschritt der Erkenntnis geschieht. Eine Lehre, in der jede Änderung ihrer grundlegenden Positionen von vornherein als unmöglich gilt oder – um den politischen Jargon zu gebrauchen – die jeden Revisionismus verdammt, hat einfach mit Wissenschaft nichts mehr zu tun.

Um in Marxens Sinn Wissenschaftler zu sein, muß man also jederzeit bereit sein zum Revisionismus. Selbstverständlich gehören auch alle Theorien und Ideen, die von Marx stammen, zu dem, woran nicht nur gezweifelt werden darf, sondern immer wieder gezweifelt werden soll, wenn der Marxismus lebendig bleiben und zur allgemein anerkannten Grundlage der Wissenschaft von der menschlichen Gesellschaft werden soll. Und daß er das werden wird und zwar gerade dank dem Wirken seiner Revisionisten, davon bin ich fest überzeugt.

In diesem Sinne als Marxist zu gelten bin ich bereit.

›Die Zeit‹ 22. 7. 1977.

Hartmut Jäckel: Havemann-Bibliographie

I. Veröffentlichungen von Robert Havemann zu politischen, philosophischen und wissenschaftlichen Fragen (Auswahl)

1. *Grenzen menschlicher Intelligenz,* in: Sonntag. Eine Wochenzeitung für Kulturpolitik, Kunst und Unterhaltung (Berlin), 3. Jg., 1948, Nr. 51, S. 6;
2. *Planung und Freiheit der Forschung,* in: Deutschlands Stimme. Wochenblatt für Volksbewegung, für Einheit und gerechten Frieden (Berlin), 2. Jg., 1949, Nr. 1, S. 11;
3. *Wissenschaftler zur »Wasserstoff-Superbombe«,* in: Kulturaufbau. Aussprache- und Mitteilungsblatt für Freunde des Kulturbundes zur Demokratischen Erneuerung Deutschlands (Düsseldorf), 1950, Heft 4, S. 93;
4. *Die Entwicklung der Kultur,* in: Neue Gesellschaft. Zeitschrift der Gesellschaft zum Studium der Kultur der Sowjetunion (Berlin), 1951, Nr. 8, S. 602–609;
5. *Walter Hollitscher: »... wissenschaftlich betrachtet ...«,* in: Einheit. Zeitschrift für Theorie und Praxis des wissenschaftlichen Sozialismus, hrsg. vom Zentralkomitee der SED (Berlin), 6. Jg., 1951, Heft 20, S. 1635–1643;
6. *Wissenschaft im Geist der Jugend,* in: Sonntag, 6. Jg., 1951, Nr. 33, S. 6;
7. *Dialektik der Natur,* in: Einheit, 7. Jg., 1952, Heft 9, S. 842–855;
8. *Der Völkerkongreß für den Frieden,* in: Staat und Recht (Berlin), 2. Jg., 1953, Heft 1, S. 97–106;
9. *Greifen und Begreifen.* Wettstreit zwischen Kapitalismus und Sozialismus, in: Wissenschaft und Fortschritt (Berlin), 3. Jg., 1953, S. 321;

[10.] *Über philosophische Fragen der modernen Physik,* in: Deutsche Zeitschrift für Philosophie (Berlin), 1. Jg., 1953, S. 378–381;

11. *Zu einigen Fragen der Dialektik und der modernen Naturwissenschaft,* in: Einheit, 8. Jg., 1953, S. 833–839;
12. *Ende und Anfang* (Zur Atombombe), in: Aufbau. Kulturpolitische Monatsschrift (Berlin), 10. Jg., 1954, S. 399–403;
13. *Ein großzügiges Angebot der Sowjetunion* (Zur friedlichen Anwendung der Atomenergie), in: Einheit, 10. Jg., 1955, S. 163 ff.;

[14.] *Meinungsstreit fördert die Wissenschaften.* Idealistische Wurzeln des Dogmatismus / Erstarrung hindert wissenschaftliche Erkenntnis, in: Neues Deutschland. Organ des Zentralkomitees der Sozialistischen Einheitspartei Deutschlands, 8. 7. 1956;

15. *Der Zauber des Neuen,* in: Sonntag, 11. Jg., 15. 7. 1956, Nr. 29, S. 12;
16. *Engels oder Dühring,* in: Sonntag, 11. Jg., 9. 9. 1956, Nr. 37, S. 12;

[17.] *Rückantworten an die Hauptverwaltung »Ewige Wahrheiten«,* in: Sonntag, 11. Jg., 28. 10. 1956, Nr. 44, S. 12;

[18.] *Unsere Philosophie und das Leben,* in: Neues Deutschland, 20. 3. 1957;

19. *Der Künstler und die moderne Wissenschaft,* in: Geist und Zeit (Düsseldorf), 1960, Nr. 2, S. 120–124;
20. *Über Kausalität,* in: Naturwissenschaft und Philosophie. Beiträge zum internationalen Symposium über Naturwissenschaft und Philosophie anläßlich der 550-Jahr-Feier der Karl-Marx-Universität Leipzig, Berlin 1960, S. 113–128;
21. *Der Flug Iuri Gagarins beweist den Sieg des Sozialismus,* in: Wissenschaft und Fortschritt (Berlin), 11. Jg., 1961, S. 417–421;

22. *Hat Philosophie den modernen Naturwissenschaften bei der Lösung ihrer Probleme geholfen?* Rede auf der Tagung »Die fortschrittlichen Traditionen in der deutschen Naturwissenschaft des 19. und 20. Jahrhunderts«, Leipzig, September 1962, abgedruckt in: Dialektik ohne Dogma (Nr. 24), S. 9–20;

[23.] *Ehrlich um Klarheit ringen.* Zu den Bemerkungen von Dr. Bodo Wenzlaff zu meinen Vorlesungen, in: Humboldt-Universität, hrsg. von der SED-Parteiorganisation der Humboldt-Universität, 29. 11. 1963, Nr. 27, S. 6;

24. *Dialektik ohne Dogma?* Naturwissenschaft und Weltanschauung, Reinbek bei Hamburg 1964 (enthält die unter Nr. 22 genannte Leipziger Rede sowie vierzehn Vorlesungen und Seminarvorträge, die zwischen dem 18. 10. 1963 und dem 31. 1. 1964 an der Berliner Humboldt-Universität gehalten wurden);

[25.] *»Ja, ich hatte unrecht.«* Warum ich Stalinist war und Antistalinist wurde, in: Die Zeit, 20. Jg., Nr. 19, 7. 5. 1965, S. 2;

[26.] *Nach zwanzig Jahren,* in: Hans Werner Richter (Hrsg.), Plädoyer für eine neue Regierung oder Keine Alternative, Reinbek bei Hamburg 1965, S. 132–139;

27. *Plädoyer für eine neue KPD* (»Die Partei ist kein Gespenst«), in: Der Spiegel, 19. Jg., 1965, Heft 52, S. 30ff.;

28. *Über die Ungleichheit der Menschen,* in: Frankfurter Hefte, 1966, Heft 3, S. 183–191 (es handelt sich hierbei um den letzten, am 7. Februar 1964 gehaltenen akademischen Vortrag im Rahmen der Vorlesung ›Naturwissenschaftliche Aspekte philosophischer Probleme‹);

[29.] *Kommunismus – Utopie und Wirklichkeit,* in: Erich Kellner (Hrsg.), Christentum und Marxismus – heute. Gespräche der Paulus-Gesellschaft, Bd. 2, Wien 1966, S. 239–245; ferner in: Forum, Österreichische Monatsblätter für kulturelle Freiheit (Wien), 13. Jg., 1966, Heft 147, S. 163–166;

[30.] *Sozialismus und Demokratie.* Ein freisinniges Wort zu der Umwälzung in der Tschechoslowakei, in: Die Zeit, 23. Jg., Nr. 22, 31. 5. 1968, S. 2 (auch erschienen in: Information [Kopenhagen], 20. Mai 1968, Svet v Obrazech [Prag], 20. Mai 1968, tagebuch [Wien], Mai/Juni 1968, konkret [Hamburg], Juli 1968);

[31.] *Der Sozialismus von morgen,* in: Das 198. Jahrzehnt. Eine Teamprognose für 1970 bis 1980, Hamburg 1969, S. 199–212;

[32.] *Die gesellschaftliche Verantwortung der Wissenschaft,* in: Ulrich K. Preuß, Das politische Mandat der Studentenschaft, Frankfurt a. M. 1969, S. 122–127;

33. *Dialektik des Materialismus,* in: Neues Forum (Wien), Januar/Februar 1970, Heft 193/I, 193/II, 194/I und 194/II;

34. *»Tauwetter ist ein gefährliches Klima«,* in: Der Spiegel, 24. Jg., Heft 12, 16. 3. 1970, S. 38–41;

35. *Der Irrtum der Leninisten.* Auch im Sozialismus: Widerspruch zwischen Individuum und Gesellschaft, in: Die Zeit, 25. Jg., Nr. 17, 24. 4. 1970, S. 7;

36. *Fragen Antworten Fragen.* Aus der Biographie eines deutschen Marxisten, München 1970.

II. Interviews mit Robert Havemann (Auswahl)

1. *Wir Deutschen machen alles ganz besonders gründlich* ..., in: Echo am Abend (Hamburg), 11. 3. 1964, S. 9 (bei diesem – von R. H. nicht autorisierten – Text handelt es sich um Gesprächsnotizen, die der Hamburger Journalist Karl-Heinz Neß zu einem Interview zusammengestellt hat); nachgedruckt in: Ossip K. Flechtheim (Hrsg.), Dokumente zur parteipolitischen Entwicklung in Deutschland seit 1945, Bd. 7, Berlin 1969, S. 645 ff.;

2. *»Der Marxismus leidet an Sklerose«*. DDR-Professor Havemann über Deutschland und Kommunismus, in: Der Spiegel, 18. Jg., Heft 51, 16. 12. 1964, S. 37–49 (Interview mit dem in den USA lebenden Journalisten Werner G. J. Knop);
[3.] *Die Partei kann irren.* frontal sprach mit Robert Havemann, in: frontal. Zeitschrift für demokratische Studenten, hrsg. vom Bundesvorstand des SHB (Bonn), Heft 35, Juni 1966, S. 16ff.;
[4.] *Die III. Kommunistische Weltkonferenz, die DDR und die Rolle der Linken in der Bundesrepublik*, in: konkret, Nr. 17, 11. 8. 1969, S. 22–26;
[5.] *Die unvollendete Revolution.* Gespräch mit R. H. über ›Fragen Antworten Fragen‹, in: Die Zeit, 25. Jg., Nr. 39, 25. 9. 1970, S. 7;
6. *»Uns liegt ein Klotz im Weg«*, in: Der Spiegel, 24. Jg., Heft 42, 12. 10. 1970, S. 204–207.

III. Reden in der Volkskammer

[1.] 29. 8. 1956, 14. Sitzung der 2. Wahlperiode, Stenogr. Niederschrift, S. 425 f.;
2. 4. 10. 1960, 15. Sitzung der 3. Wahlperiode, Stenogr. Niederschrift, S. 496ff.;
[3.] 11. 8. 1961, 19. Sitzung der 3. Wahlperiode, Stenogr. Niederschrift, S. 693 f.

Diese Bibliographie entstammt dem Buch Robert Havemann: ›Rückantworten an die Hauptverwaltung ‚Ewige Wahrheiten'‹, Piper, München 1971. Die in der Bibliographie mit eckigen Klammern gekennzeichneten Texte sind in dem Sammelband im Wortlaut abgedruckt.

Robert Havemann, geboren 1910 in München, studiert in München und Berlin Chemie. 1935 promoviert er in Berlin zum Dr. phil. in Physikalischer Chemie und habilitiert sich 1943.

1932 wird Robert Havemann KPD-Mitglied. 1933 verliert er durch die Nazis die Stelle als Mitarbeiter am Berliner Kaiser-Wilhelm-Institut für Physikalische Chemie und Elektrochemie.

Im gleichen Jahr schließt er sich der Widerstandsgruppe »Neu Beginnen« an. Diese Gruppe bereitet sich seit 1931 systematisch auf die Illegalität vor, da sie eine nationalsozialistische Diktatur schon früh voraussieht. 1938 werden die führenden Mitglieder durch die Gestapo verhaftet, mehr als dreißig werden hingerichtet.

Die Widerstandsarbeit von Robert Havemann, der seit 1937 wissenschaftlicher Assistent am Pharmakologischen Institut der Berliner Universität ist, bleibt unentdeckt. 1938 wird Robert Havemann Mitbegründer der Widerstandsgruppe »Europäische Union«. Diese Gruppe führt in der Illegalität Hilfsaktionen für Juden und politisch Verfolgte durch. Am 16. Dezember wird Robert Havemann und drei weitere führende Mitglieder der Widerstandsgruppe »Europäische Union« vom Volksgericht unter Freisler zum Tode verurteilt.

Georg Großcurth, Herbert Richter und Paul Rentsch werden am 8. Mai 1944 hingerichtet. Freunde von Robert Havemann erreichen, daß auf Weisung des Heereswaffenamtes das Todesurteil für ihn immer wieder aufgeschoben wird mit der Begründung, Havemann werde im Zuchthaus Brandenburg noch für kriegswichtige Forschung benötigt.

Im Zuchthaus Brandenburg organisiert er erneut Widerstand. Täglich gibt er für die Zuchthausinsassen illegal eine Zeitung mit den neuesten Nachrichten heraus.

Am 27. April werden die Insassen des Zuchthauses Brandenburg durch die Sowjetarmee befreit. Robert Havemann erkrankt lebensgefährlich an TB und Typhus als Folgeerscheinungen seiner Haftzeit.

1945 wird Robert Havemann Verwaltungsdirektor und Abteilungsleiter des Kaiser-Wilhelm-Instituts für Physikalische Chemie und Elektrochemie sowie, am 5. Juli 1945, zum vorläufigen

Leiter der Kaiser-Wilhelm-Gesellschaft zur Förderung der Wissenschaft bestellt.

Robert Havemann tritt 1946 in die SED ein. 1948 wird er von der amerikanischen Militärregierung als Leiter des Dahlemer Instituts suspendiert, er behält lediglich seinen Posten als Abteilungsleiter, den er im Februar 1950 verliert.

Am 18. Juli 1950 nimmt er an einer Demonstration zur Ächtung der Atombombe teil. Er wird vorübergehend in West-Berlin verhaftet.

1950 wird er Lehrstuhlinhaber für Physikalische Chemie an der Humboldt-Universität. 1950–1964 ist er Abgeordneter der Kulturbundfraktion der Volkskammer der DDR.

Im Wintersemester 1963/64 hält er eine kritische Vorlesungsreihe über ›Naturwissenschaftliche Aspekte philosophischer Probleme‹ mit scharfen Angriffen gegen die stalinistische Einengung von Forschung und Lehre.

Im ›Hamburger Echo‹ erscheint 1964 ein Interview mit ihm, das von einem Journalisten stammt, den Robert Havemann als fragwürdig bezeichnet. Dieses Interview ist ein willkommener Anlaß, den mißliebigen Robert Havemann seines Lehramtes an der Humboldt-Universität zu entheben.

Am 13. März 1964 wird er auch aus der SED ausgeschlossen wegen seiner anhaltenden Systemkritik. Im gleichen Jahr erhält er Reiseverbot.

Im Herbst 1964 wird er Leiter der Arbeitsstelle für Fotochemie im Forschungszentrum Adlershof der Deutschen Akademie der Wissenschaften. 1965 verliert er auch diese Stelle, als er im ›Spiegel‹ vom 22. Dezember 1965 ein Plädoyer für eine neue kommunistische Partei in Westdeutschland (anstelle der verbotenen KPD) zur Diskussion stellt.

Am 1. April 1966 wird er statutenwidrig aus der Deutschen Akademie der Wissenschaft in Ostberlin ausgeschlossen.

Sein einziges Einkommen ist seither eine kleine Rente, die er als Antifaschist vom Staat erhält.

1968 engagiert er sich für den Kurs der Prager Reformer und protestiert im Juli 1968 gegen die Moskauer Diffamierungen des demokratischen Sozialismus der KPČ.

Nach dem 21. August 1968 werden seine beiden Söhne Frank und Florian, die zusammen mit anderen Jugendlichen in der DDR Flugblätter gegen die Okkupation der ČSSR verteilt haben, verhaftet. Nach einer späteren Amnestie werden sie wieder freigelassen.

1975 wird Robert Havemann, Gründungsmitglied des »Komitees der Antifaschistischen Widerstandsmitglieder« aus der Mitgliederliste gestrichen.

Bücher

›Dialektik ohne Dogma‹, Rororo aktuell Nr. 683, Reinbek 1964, Büchergilde Gutenberg 1971
›Fragen Antworten Fragen‹, Piper, München 1970, Rororo Nr. 1556, Reinbek 1972
›Rückantworten an die Hauptverwaltung ‚Ewige Wahrheiten'‹, Piper Nr. 8, München 1971

Anmerkung des Herausgebers zur 1. Auflage

Dies ist Robert Havemanns erste größere Buchpublikation nach über fünf Jahren. Die in den ›Berliner Schriften‹ abgedruckten Beiträge umfassen im wesentlichen die Jahre 1973–1976. Das (Erste) Gespräch mit der ›Zeit‹ aus dem Jahre 1971 ist zwar noch von der Präsenz des alternden Ulbricht geprägt, aber die neue sachlichere Honecker-Ära zeichnet sich hier schon ab. Auf Wunsch Havemanns ist der 1969 verfaßte Text ›Der Sozialismus von morgen‹ an den Anfang gestellt.

Für diese Edition unberücksichtigt blieb der Wortlaut eines Fernsehgesprächs Havemanns, das die Frosch Produktion Ende 1974 in ihren Vertrieb nahm und das zuerst im Juni 1975 vom Österreichischen Fernsehen ausgestrahlt wurde. Das interne Gerangel um diese Produktion auf bundesdeutscher Ebene wird als Faksimile aus der in Frankfurt erscheinenden Zeitschrift ›medium‹ für diesen Band dokumentiert.

Ein Punkt sei jedoch festgehalten: Havemann, der es in dem Fernsehgespräch ablehnte, in die Bundesrepublik zu gehen, weil er dann, »um ehrlich zu bleiben«, nicht mehr zur Situation in der DDR Stellung nehmen könnte und im übrigen »nicht in den Reihen jener Wauwaus« sein wolle, die die »DDR anbellen«, ging (...) entschieden mit den gegenwärtigen Machthabern der DDR ins Gericht, denen er zunächst Unkorrektheit bei der Machtergreifung nach dem Krieg, dann das »große Trauma« vom 17. Juni 1953 und schließlich die Berliner Mauer vorwarf. (›Der Tagesspiegel‹, Westberlin, 13. 6. 1975, nach AP Wien, auch abgedruckt in ›europäische ideen‹ 10/11/1975, S. 47)

Zur Orientierung des Lesers wird eine Havemann-Bibliographie, die Hartmut Jäckel 1970 zusammengestellt hat, hier erneut vorgelegt. Die seitdem erschienenen, unübersichtlich verstreuten zahlreichen Havemann-Texte der letzten Jahre müssen erst noch bibliographisch erfaßt werden, was der vorliegende Band – schon wegen der kurzen Vorbereitungszeit – nicht leisten konnte. Zumindest als Teilbibliographie können jedoch die Publikationshinweise am Ende der einzelnen Beiträge betrachtet werden. Auf diese Weise wird der Wirkungsgrad einzelner Havemann-Veröffentlichungen besonders deutlich: erwähnenswert z. B. die weite Verbreitung von ›Schreiben für die DDR‹, ein Text, den Havemann Anfang 1973 für die erste Nummer der Zeitschrift ›europäische ideen‹ schrieb. Erstdrucke in diesem Band sind ›Die DDR nach Stalin‹ und ›Der Sozialismus und die Freiheit‹.

Berlin, im August 1976

Anmerkung des Herausgebers zur 3. Auflage

Robert Havemanns ›Berliner Schriften‹ haben seit der Frankfurter Buchmesse (September 1976) Aufsehen erregt. Die ersten beiden Auflagen sind nahezu vergriffen. Eine 3. Auflage wurde notwendig, gefördert (leider) durch unpopuläre Maßnahmen der DDR-Regierung: Ausschluß Reiner Kunzes aus dem DDR-Schriftstellerverband (29. Oktober), Ausbürgerung Wolf Biermanns (16. November), Verhaftung von Jürgen Fuchs (19. November), Gerulf Pannach, Christian Kunert (21. November) u. a., Hausarrest Havemanns (26. November bis Ende Dezember), Abschiebung von Thomas Brasch u. a. (10. Dezember).

Am 21. November 1976 gegen 16 Uhr begann das Ministerium für Staatssicherheit, Havemanns Wohnung in Grünheide abzuriegeln. Um 17 Uhr traf ich bei H. ein: nach einer Ausweiskontrolle konnte ich meinen Wagen auf H.s Grundstück parken. Gegen 22 Uhr fuhr ich zurück nach Berlin, Wagen der Staatssicherheit im Nacken. Nach einem Gespräch in der Ständigen Vertretung der BRD in der DDR noch am selben Abend passierte ich den Grenzübergang Invalidenstraße (eine Stunde Kontrolle). Als ich mich von Havemann verabschiedete, sagte ich zu ihm: »Vielleicht haben wir uns das letzte Mal gesehen.« – Ich war seitdem der letzte westliche Besucher, der H. in seiner Wohnung sprechen konnte.

Inzwischen hat das DDR-Außenministerium den in der DDR akkreditierten westdeutschen Journalisten Kontakte zu Havemann untersagt (»bis sein Fall geklärt ist«); Kontakte zu H. wurden als Einmischung in die inneren Angelegenheiten der DDR bezeichnet. Der ARD-Korrespondent Lothar Loewe ist zu Weihnachten aus der DDR ausgewiesen worden.

Neun Havemann-Beiträge sind neu hinzugekommen: Den Brief in Sachen Siegmar Faust behielt sich Havemann für eine spätere Publikation vor. Doch die Zeit ist zur Veröffentlichung reif, zumal der utopische Sozialist jetzt selber in Bedrängnis geraten ist. – Die bibliographischen Angaben zu den früheren Aufsätzen wurden auf den neuesten Stand gebracht.

Am 28. Oktober 1976 wurde eine Lizenz der ›Berliner Schriften‹ an den Deutschen Taschenbuch Verlag (München) vergeben. Havemanns Wunsch einer möglichst großen Verbreitung seiner Gedanken ist damit entsprochen worden.

Berlin, 11. Februar 1977

Anmerkung des Herausgebers zur Taschenbuchausgabe

Robert Havemanns Beitrag ›Diktatur oder Demokratie?‹ wurde zuerst in voller Länge veröffentlicht in der Nr. 31/32 der ›europäischen ideen‹. Dieser Artikel ist in der 3. Auflage der ›Berliner Schriften‹ noch nicht berücksichtigt. Havemann schrieb ihn im Februar 1977 für die italienische KP-Zeitschrift ›Studii storici‹; die Übersetzung besorgte das ZK-Mitglied Lombardo-Radice.

Ebenfalls neu in dieser Ausgabe ist Havemanns bisher letzte Arbeit ›Bin ich Marxist?‹, die am 22. Juli 1977 von der Hamburger ›Zeit‹ abgedruckt wurde.

Am 24. Mai schrieb mir Havemann, dieser unverbesserliche Optimist, daß es »uns hier in Heidegrün ausgezeichnet geht, in jedem Sinne dieses vielschichtigen Superlativs«. Seit dem 21. November 1976 (seit Jürgen Fuchs, Gerulf Pannach und Christian Kunert verhaftet wurden) steht Havemann unter militärischer Bewachung. Er hat zwar keinen Hausarrest mehr, aber er kann sich auch nicht frei bewegen. Mitte Mai verwehrten Beamte des Staatssicherheitsdienstes der DDR Havemann den Zutritt zu dem Ostberliner Restaurant Berolina. Havemann hat gegen das Vorgehen der Stasi-Beamten lautstark protestiert und es als einen »unerhörten und empörenden Skandal« bezeichnet. Die Stasi-Beamten hatten zu verstehen gegeben, daß sie Havemann auch mit Gewaltanwendung am Betreten anderer Lokale hindern würden. Havemanns Wagen wurde von sieben Fahrzeugen des Staatssicherheitsdienstes verfolgt. Zuvor wurde Havemann in Jena, wo er seine (inzwischen aus der DDR ausgereiste) Tochter Sibylle besuchte, zur Persona non grata erklärt. Ihm wurde zur Auflage gemacht, die Stadt am nächsten Tag zu verlassen. Auch bei dieser Gelegenheit wurde Havemanns Wagen von der Staatssicherheit »eskortiert«.

Am 21. August 1977 meldete dpa, daß Havemann seit nunmehr fast neun Monaten von östlichen Sicherheitskräften »pausenlos überwacht« werde. Zutritt zu seinem Haus erhielten lediglich nahe Angehörige Havemanns sowie dessen Ehefrau. Westliche Korrespondenten seien nach wie vor aufgefordert, keine Verbindung mit Havemann herzustellen. Am 28. August 1977 meldete der Westberliner ›Tagesspiegel‹, daß Havemann seit dem 23. August wieder unter verschärftem Hausarrest stehe. Er dürfe sein Haus in Grünheide nicht verlassen. Angehörige würden nicht zu ihm gelassen. Staatssicherheitsbeamte seien nun sogar auch in seinem Garten und auf der Terrasse seines Hauses postiert. Die Burgwallstraße, in der Havemann wohnt, sei weiterhin abgeriegelt.

Die verschärfte Überwachung Havemanns durch die DDR-Behörden steht offenbar im Zusammenhang mit der Verhaftung des SED-Publizisten Rudolf Bahro (23. August), der in seinem Buch ›Die Alternative‹ scharfe Kritik an der SED übt.

Am 27. August 1977 sind – überraschend – Jürgen Fuchs, Gerulf Pannach und Christian Kunert aus der DDR-Haft entlassen und nach Westberlin abgeschoben worden. – In den letzten Monaten waren weitere DDR-Intellektuelle emigriert: Reiner Kunze, Manfred Krug, Tilo Medek u. a.

Robert Havemann, Knast-Kumpel von Erich Honecker in Brandenburg, dürfte in relativ guter Laune alle kulturpolitischen Stürme überstehen, obwohl sein Gesundheitszustand nicht der beste ist.

Ein Sozialist in einem antisozialistischen Land. Ob die Deutsche Demokratische Republik ihrem aufrechten Sohn Havemann je ein Denkmal errichten wird?

Berlin, 28. August 1977